Claudia Meyenburg
(Hrsg.)
Achter, X und über Kreuz

Reihe LERNEN DURCH BEWEGUNG

Claudia Meyenburg
(Hrsg.)

Achter, X und über Kreuz

Edu-Kinestetik® in Theorie und Praxis

VAK Verlag für Angewandte Kinesiologie GmbH
Freiburg im Breisgau

Wichtige Hinweise des Verlags

Die Deutsche Bibliothek – CIP-Einheitsaufnahme

Achter, X und über Kreuz : Edu-Kinestetik in Theorie und Praxis / Claudia Meyenburg (Hrsg.). – Freiburg im Breisgau : VAK, Verl. für Angewandte Kinesiologie, 1996
(Die Sache mit dem X ; Bd. 2)
ISBN 3-924077-92-4
NE: Meyenburg, Claudia [Hrsg.]; GT

© VAK Verlag für Angewandte Kinesiologie GmbH, Freiburg 1996
Lektorat: Norbert Gehlen
Umschlag: Hugo Waschkowski
Druck: Friedrich Pustet GmbH & Co. KG, Regensburg
Printed in Germany
ISBN 3-924077-92-4

Inhalt

Einführung

Eine Fortsetzung der *Sache mit dem X* gehörte nicht zum ursprünglichen Konzept. Die Idee dazu entwickelte sich mit einer Eigendynamik, die die Situation der Edu-Kinestetik (Edu-K) widerspiegelt. Allein aus den Beiträgen einiger wichtiger Referate anläßlich des 1. LehrerInnen-Kongresses *Edu-K in der Schule* (Juni 1995 in Rahden[1]) und aus Gesprächen mit Protagonisten der Edu-K beim Update 1995 mit Paul Dennison entstand ein „Stau" an mitteilenswerten Gedanken. Da in gleichem Maße auch das Informationsbedürfnis zum Thema Edu-K anwuchs, die Kurse in der LehrerInnenfortbildung, zum Beispiel in Hamburg, immer voller werden und zum Teil mit über einhundert Namen auf der Warteliste operieren, bietet dieser Folgeband ein Forum, um der Ideenflut einerseits und der Nachfrage nach Unterrichtshilfen andererseits gerecht zu werden.

Dabei wurde bald ein erweitertes Konzept sichtbar: Es entstand ein Forum für Edu-Kinestetik als Plattform für die Weiterentwicklung und den Austausch zwischen Theorie und Praxis in der pädagogischen Kinesiologie. Es sind also weiterhin zu einem großen Prozentsatz Berichte und Anregungen von LehrerInnen, Schulleitern und anderen Anwendern für die praktische Arbeit mit Brain-Gym® enthalten. Hinzu kommen nun aber auch Forschungsergebnisse und Wissenschaftsberichte zum Bereich Edu-K und Kinesiologie allgemein. So finden hier LehrerInnen, Dozenten in der Lehrerfortbildung und private KursleiterInnen der Edu-K hochinteressantes Material für die Diskussion mit Kollegen oder Eltern und für ihre Kurskonzepte.

Sollte die Entwicklung innerhalb und um die Edu-K herum so weitergehen, läßt sich eine Fortführung der Reihe über *Die Sache mit dem X* absehen. In diesem Sinne möchte ich alle, die praktisch *mit* der Edu-K oder theoretisch *über* sie arbeiten, dabei Mitteilenswertes herausfinden und auch noch Lust am Schreiben haben,

---

[1] Veranstaltet von der „Arbeitsgruppe Edu-K in der Schule" und der Deutschen Gesellschaft für Angewandte Kinesiologie e.V. (DGAK)

ermuntern, mir ihre Ideen oder schon fertigen Arbeiten zuzusenden.

*

Wie bereits angedeutet, schreitet die Verbreitung der Edu-K rasch voran. Wie sehr sie teilweise bereits internalisiertes Wissen auch von Schülern geworden ist, erleben Anwender der Edu-K immer wieder. Grundschüler kennen in steigendem Maße die Übungen, hier finden sie nach wie vor auch ihren größten und sehr effektiven Einsatz. Wie oft höre ich in meinen Kursen, daß Lehrern, die zum ersten Mal Brain-Gym®-Übungen einsetzen, von neuen Schülern mitgeteilt wird, daß sie diese schon aus der alten Schule kennen. In höheren Schulformen wie Gymnasien, Berufs- und Handelsschulen greifen viele SchülerInnen sehr interessiert nach dieser neuen Lernhilfe und kaufen sich die Literatur dazu. So informiert, wird Brain-Gym® für viele zu einem Stück Alltag, um sich effektiv und streßfrei auf das Lernen einzustimmen. BerufsschullehrerInnen, die ihre eigene Klasse oft nur einige Stunden in der Woche sehen oder als FachlehrerInnen die SchülerInnen ebenfalls nur zwei Stunden wöchentlich sehen, lösen dieses Problem damit, daß sie meist eine Doppelstunde mit dem Thema *Das Lernen lernen* vorbereiten oder aber das *Thema Lernen* als Unterrichtsinhalt für eine oder mehrere Biologiestunden nehmen. Die SchülerInnen können dann selbst entscheiden, ob sie diese Hilfe zum streßfreien Lernen für sich anwenden wollen oder nicht. Erfahrungsgemäß nehmen die jugendlichen und erwachsenen Schüler diese Neuerung gerne auf und wenden Brain-Gym® selbständig an. Es kommt nicht selten vor, daß SchülerInnen Edu-K-unkundige Lehrkräfte am Anfang des Unterrichts um einige Minuten Zeit bitten, damit sie ihre Übungen machen können.

Internalisierter Umgang mit Brain-Gym® zeigt sich auch an dem folgenden Beispiel, das ich zwei Tage vor Abgabe der Manuskriptdisketten in meiner Schule beobachten konnte: Meine 5. Förderschulklasse will bei der Abschlußfeier für die 9. Klassen den Song „Freedom" von ihrem Liebling DJ Bobo vortanzen und eigene Texte dazu sprechen. Ein aufregendes Unternehmen. Einige Minuten vor der Aufführung – das Publikum hat bereits Platz genommen, es herrscht erwartungsvolle Spannung – gibt es einen heftigen Streit zwischen zweien meiner Schülern. Imer, der eine, kann sich nicht wieder beruhigen, auch die ernstgemeinten Versöhnungsversuche seines Kontrahenten Muzaffer laufen an ihm ab. Imer ist ein extrem rechtsdominantes Kind, ein Kind, das in einer Freien Schule vermutlich besser aufgehoben wäre, das mit seinem übermäßigen Bewegungs- und Spieldrang in unserem Schubladensystem von Schule überall aneckt. Hinzu kommt seine Bereitschaft, ganz schnell zutiefst eingeschnappt zu sein. So steht er also da, von oben bis unten schlechte Laune demonstrierend, und sagt: „Ich mach' nicht mit!" Mir wird ganz anders, denn Imer ist einer von den drei Solotänzern – und der beste. „Du mußt auftreten! Du kannst das den anderen nicht zumuten! Laß dich nicht so gehen!" So ähnlich donnere ich ihn an, selbst sehr aufgeregt. Und was sehe ich einige Sekunden später? Imer steht in einer dunklen Ecke, hält den Kopf tief gesenkt, schaut mit traurigen Augen in die Welt und macht – kaum sichtbar für andere – die *Hook-ups*! Die Bedeutung dieser Tatsache, daß er mitten in einer völlig desolaten seelischen Situation sich selbst da heraushelfen will, wird mir erst nach der Aufführung klar. Und er tritt auf, tanzt, strahlt über das ganze Gesicht, und alles ist vergessen.

Wenn Brain-Gym® dergestalt umgesetzt wird, wie oben beschrieben, entspricht dies den wesentlichen Intentionen und dem Charakter der Edu-Kinestetik: Es geht immer und zuvörderst darum, dem Edu-K-Benutzer die Autonomie über sein Lernen zurückzugeben. Es geht nie darum, Kinder oder Hilfesuchende von Therapeuten und deren Techniken abhängig zu machen. Ziel einer jeden Arbeit mit Brain-Gym® ist es, zu spüren: Ich kann mir selbst aus kniffligen, unangenehmen, streßbelasteten Situationen heraushelfen. Es ist keine Schande, daß ich jetzt mitten in der Mathearbeit festhänge, sondern ein Ergebnis meiner inneren Anspannung, meines Streßlevels. Ich kann mich darauf verlassen, daß ich das Gelernte abgespeichert habe, und kann jetzt etwas dafür tun, das Gehirn von der Streßbewältigung zu entlasten und so wieder Zugriff zum Gelernten zu bekommen …

Ein wesentliches Merkmal jedes Einführungskurses in die Brain-Gym®-Arbeit sind die Berichte von Kollegen und Kolleginnen darüber, wie sehr sie sich selbst durch die Anwendung der Übungen verändert haben. Tenor vieler Berichte ist die größere Gelassenheit dem Beruf gegenüber, die Wiedergewinnung von Freude an der Berufsausübung, die nach etlichen Jahren im Schuldienst oft schon verloren geglaubt war, die größere Belastbarkeit im Beruf und im Alltag und die veränderte Wahrnehmung der SchülerInnen durch Hintergrundinformationen über ihre Probleme. Die Grundschullehrerin Edelgard von Raußendorf, eine der Autorinnen dieses Bandes, brachte die eigene Veränderung für sich auf die Formel: Mein ganzes Lehrerinnenleben hat sich verändert, ich bin wie aus einem Dornröschenschlaf aufgewacht!

*

In der allenthalben stattfindenden Diskussion über Schule als Ort der Therapie bietet die Edu-K eine gewichtige Antwort. Der Einsatz der Brain-Gym®-Übungen ist noch nicht Therapie, ist aber viel mehr als reine Wissensvermittlung. Daß Bewegung Grundlage für jedes Lernen ist, haben schon andere Techniken wie die Feldenkrais-Pädagogik, die Psychomotorik oder die Sensorische Integration postuliert. Nur sehr schwer aber sind diese Methoden im täglichen Unterricht praktizierbar. Dadurch bleibt es wieder dabei, Kinder zu einem Ort zu bringen oder gehen zu lassen, wo sie therapiert oder behandelt werden. Das Besondere des Brain-Gym® aber ist es, daß diese Übungen unspektakulär überall und ohne jeden Aufwand eingesetzt werden können. Und die Übungen dieser Bewegungspädagogik sind gut von Eltern zu erlernen, so daß auch sie dem Kind und nicht zuletzt sich selbst im Alltag damit helfen können, indem sie sich um ihre eigene Integration bemühen.

Es ist schon ein Paradoxon: In der Schule bieten fortschrittliche LehrerInnen heutzutage den SchülerInnen so viel Bewegung an wie nur möglich. In der Freizeit, das wissen wir genau, erstarren viele unsere SchülerInnen in Bewegungslosigkeit: vor ihren Bildschirmen der Computer oder der Fernseher. Man erinnert sich dunkel, daß es vor einigen Jahrzehnten umgekehrt war: In der Schule wurde auf stundenlangem Stillsitzen beharrt, und in der Freizeit wurde getobt, auf Bäume geklettert, wurden innere und äußere Abenteuer erlebt und auch lange Schulwege zu Fuß bewältigt. Heute werden die

Schüler überall hingefahren; zur Schule, zu den Ballettstunden, zum Klavierunterricht, zum Kindergeburtstag – und zur Kinesiologin, die sich um ihre Bewegungslosigkeit kümmern soll.

Neben dem Bewegungsmangel gibt es weitere Ursachen für das Phänomen „veränderte Kindheit": So zum Beispiel die Lärmüberflutung und generelle Überflutung mit Medienreizen, die bereits, wie neuere Forschungen zeigen, das Gehirn in Richtung Vergröberung zu verändern beginnen.[2] Was zur Folge hat, daß die Kinder immer stärkerer Reize bedürfen, um etwas wahrzunehmen und zu empfinden. Aber auch Ursachen wie Elektrosmog, Allergien, Schwermetallbelastungen, Mangelernährung durch Fehlernährung mit denaturierter Nahrung und Candidaüberwucherungen kommen hier in Betracht.

Auf SchülerInnen mit derartigen Belastungen hat uns das Studium nicht vorbereitet. Und es ist keine Antwort, Kinder mit immer neuen Unterrichtsmaterialien, teuren Materialien, die den Schuletat überflüssigerweise belasten, zu konfrontieren. Oder sie – wie es überall üblich geworden ist – immer häufiger auch in der Schule noch vor Bildschirme zu setzen, weil man sich durch die Faszination dieses Mediums Erfolg verspricht. Diese Bemühungen haben Sackgassencharakter, da sie nicht der Tatsache Rechnung tragen, daß die physiologische Basis zum Lernen intakt sein muß, damit das Gehirn frei fürs Lernen ist. Das Instrument zum Lernen, der Körper, muß gestimmt werden, *bevor* wir die Lerninhalte vermitteln. Genausowenig, wie es nützt, einem Kind, das auf einem verstimmten Klavier spielen möchte, immer neue, teure Noten zu kaufen oder immer bessere Klavierlehrer zu engagieren, nützt es, sich nur um neue, aufwendigere Unterrichtsmaterialien zu bemühen. Solange der Körper, das Instrument des Lernens (wie in unserem Beispiel: das Klavier) nicht gestimmt ist, haben diese Bemühungen wenig Sinn. Es würde aber Sinn machen, zu Beginn des Unterrichts, der Förder- oder Nachhilfestunden, der Hausarbeiten etc. das Instrument Körper durch einige gezielte Brain-Gym®-Übungen zu stimmen.

---

[2] Kneissler, Michael: „Unser Gehirn baut sich soeben radikal um!", in: *P. M.* 11/93, S. 15-20

Wie weit Lehrerausbildung von diesen Erkenntnissen noch entfernt ist, zeigt ein Blick in die Referendarausbildung. Hier liegt das Augenmerk auf dem perfekten Tafelbild, der tadellosen, etliche Seiten zählenden Unterrichtsvorbereitung mit überkorrekten Formulierungen, sowie auf raffiniert am PC hergestellten, überladenen Arbeitsblättern. Doch wer, so Paul Dennison, stellt die Frage, ob die Kinder, die SchülerInnen gelernt haben, in der Lage sind, zu lernen? Eine Lehrkraft, die sich um die Zusammenhänge von Bewegungsstruktur und Lernen bemüht, kann durch gezielte Körperübungen das Lernen erleichtern. Das ist nicht Therapie, sondern Bewegungspädagogik. Schule wird durch den Einsatz von Brain-Gym® nicht zum therapeutischen Ort. Im Gegenteil, Schule kann durch den Einsatz dieser Bewegungsarbeit manchen Gang zum Therapeuten überflüssig machen!

Grundsätzlich muß die Frage gestellt werden, ob eine Lehrerausbildung noch zeitgemäß ist, die keine Grundkenntnisse von Bereichen wie Sensorischer Integration, NLP, Edu-Kinestetik, Yoga, Atemarbeit und dem generellen Zusammenhang zwischen Aufbau der Bewegungsstruktur und den Folgen einer instabilen physischen Struktur für den abstrakten Lernprozeß vermittelt. An den Universitäten Köln, Bremen und Oldenburg haben die Pädagogikstudenten das Glück, während ihres Studiums einige Veranstaltungen zum Thema Edu-Kinestetik belegen zu können. Welch naheliegende, verlockende hypothetische Frage drängt sich hier auf: Läßt sich eine Lehrkraft, die von Anbeginn mit diesen Kenntnissen arbeitet, nicht vielleicht weniger erschöpfen, als es zur Zeit überall zu konstatieren ist? Wäre es nicht möglich und logische Konsequenz einer sich um konstante eigene Integration bemühenden Lehrkraft, daß sie Kapazitäten frei hätte, um diesem Schulsystem ihre Kreativität, ihren Widerspruchsgeist zu bieten und Innovationen einzuleiten? Und daß sie somit auch wieder mehr Freude am Beruf und am Leben bekommen könnte?

*

Die Fragen nach der Wissenschaftlichkeit, wer kennt sie nicht, diese immer wiederkehrenden Fragen in Kursen und Gesprächen, die sich um die Wirkung der Brain-Gym®-Übungen drehen. Davon sollten wir als Anwender der Edu-Kinestetik uns nicht ins Bockshorn jagen lassen. Nicht nur, weil die Edu-Kinestetik inzwischen einige wichtige empirische Untersuchungen über die Wirksamkeit ihrer Techniken sowie Untersuchungen über die physiologischen Grundlagen des Brain-Gym® vorweisen kann (unter anderem auch in diesem Band: Hinter diesen Fragen steht die Annahme, daß Wissenschaft und Naturwissenschaft Synonyme seien. Mit „wissenschaftlich" ist auch im allgemeinen Sprachgebrauch meist „naturwissenschaftlich" gemeint. Dem aber ist nicht so, auch wenn das augenblickliche Vulgärverständnis von Wissenschaftlichkeit dies suggerieren mag. Es sei hier an den sogenannten *Positivismusstreit in der deutschen Soziologie* erinnert, den Theodor W. Adorno vornehmlich mit Karl R. Popper als Vertreter des Positivismus austrug. Popper baute auf das Gesetz der Zahl, und er akzeptierte eine Aussage nur dann als *wahr,* „wenn sie mit den Tatsachen übereinstimmt oder den Tatsachen entspricht oder wenn die Dinge so sind, wie die Aussage sie darstellt."[3]

Adorno, bedeutender Vertreter des dialektischen Denkens in der Philosophie, sah eine *genuine Erfahrung* als wissenschaftlich an. Er nannte in diesem Zusammenhang oft den Psychoanalytiker Bruno Bettelheim als Beispiel, der durch *eine* profunde, genuine Erfahrung sein Lebenswerk, das ganze Gebäude seiner Psychotherapie begründet habe. Bettelheim hatte zwei autistische Kinder adoptiert, um ihnen optimal helfen zu können. Er mußte aber erfahren, daß nicht die Kinder sich veränderten, sondern seine Familie. So begriff er die Notwendigkeit einer institutionellen Hilfe. Und er schuf diese therapeutische Einrichtung, die *Orthogenic School.* Einzig und allein aufgrund dieser tiefgreifenden Erfahrung.

Im Hinblick auf Wesen und Genese der Edu-Kinestetik lohnt es sich, diese Thematik etwas näher zu betrachten. Allem Anschein nach ist die Edu-K von ihrem Begründer, dem Sonderpädagogen Paul Dennison, ebenfalls aufgrund einer optimalen Begabung zur genuinen Erfahrung und aufgrund der Fähigkeit, die daraus folgende Erkenntnis in praktische Konzepte umzusetzen, entwickelt

---

[3] Adorno, Th. W., u. a.: Der Positivismusstreit in der deutschen Soziologie, Darmstadt: Luchterhand, 1972; S. 117

worden. Das *Brain-Gym®-Lehrerhandbuch* und die *Befreiten Bahnen* legen immer wieder den Gedanken nahe, daß dem so war und ist. Wenn wir nur die Entstehungsgeschichten zu den einzelnen Übungen im Lehrerhandbuch ansehen, blitzen Dennisons erkenntnisgebende Erfahrungen auf; so zum Beispiel die Entdeckung der Brain-Gym®-Übung *Wadenpumpe*: „Dr. Paul Dennison entdeckte die Wadenpumpe bei der Arbeit mit Jugendlichen und Erwachsenen, die sich weder verbal ausdrücken noch mit eigenen Worten sinnvolle Aussagen über eine bekannte Thematik schreiben konnten. Er beobachtete, daß diese Menschen ihre Knie blockierten, den Sehnenkontrollreflex aktivierten und die Wadenmuskulatur verspannten. Er veränderte eine Unterschenkelreflexorenübung (die er als Marathonläufer kennengelernt hatte) dahingehend, daß sie besonders die Wadenmuskulatur ansprach. So wurde die Wadenpumpe entwickelt, die den Schülern Bewußtheit über ihre Wadenregion bringen soll, wo der Instinkt zum 'Zurückhalten' entspringt. Schüler nehmen oft aktiver am Unterricht teil und finden Zugang zu ihren sprachlichen Fähigkeiten, sobald dieser Reflex zum Zurückhalten gelöst ist."[4] Eben dieser interpretatorische Mut, Schlüsse wie derjenige, daß in der Wadenmuskulatur der *Instinkt des Zurückhaltens* entspringt, macht eine genuine Erfahrung aus und ist ihr Indiz.

Auch wir AnwenderInnen der Edu-K sollten Erkenntnis stiftende Erfahrungen bei uns selbst und bei den Menschen, mit denen wir Brain-Gym® praktizieren, nicht mißachten. Es gehört allerdings der Mut dazu, den beobachteten Erfahrungen zu trauen. Wo dies nicht gelingt, zeigt es sich in Äußerungen wie: „Na ja, sie konnte ja plötzlich besser lesen, aber ob das nun etwas mit den Übungen zu tun hat...?" Skepsis ist immer gut und wichtig; wo sie jedoch die Öffnung für Neues verhindert, sollte sie hinterfragt werden.

Mit diesen wenigen Reflexionen zu dieser Thematik soll dem einzelnen Anwender, der einzelnen Anwenderin, ein wenig Mut gemacht werden, dazu zu stehen, daß auch seine/ihre Beobachtungen sehr wichtig und gewichtig sind. Wir müssen in einer Zeit, da die Allmacht von Zahlen und Prozentrang in den Köpfen des

---

4 Dennison, Paul E. und Gail E.: *Brain-Gym®-Lehrerhandbuch*, Freiburg: VAK, 1995, S. 28

Allgemeinbewußtseins fest etabliert ist, unsere Qualität als denkende Individuen neu kennen- und wertschätzen lernen.

Die Wertschätzung der individuellen Erfahrung bedeutet aber nicht, daß es unwichtig wäre, sich auch in dieser Richtung gründlich aus- und fortzubilden. Wenn mangels Fachkenntnis und Ausbildung die Wirkung der Edu-K mit subjektiven Glaubensmustern und verquasten Energiebegriffen, die weder Hand noch Fuß haben, „erklärt" wird, hat der betreffende Anwender schlechte Karten und gereicht der gemeinsamen Sache damit unversehens zum Schaden.

*

Bei aller Sorgsamkeit und theoretischen Abklärung sollten wir eines nicht vergessen: die große Freude über die Existenz einer neuen Methode wie die der Edu-Kinestetik! Endlich macht die Arbeit als LehrerIn wieder Spaß. Endlich kann ich in den typischen Sackgassensituationen während des Unterrichtens Hilfe anbieten, kann dem Kind die Verzweiflung über seine scheinbare Unzulänglichkeit nehmen, kann Störungen nicht nur benennen – Störungen, von deren Existenz ich vorher nicht einmal gewußt habe –, sondern ich bin auch in der Lage, selbst eine Hilfe zur Selbsthilfe anzubieten, oder weiß, wohin ich mich wenden kann, wenn die Übungen in der Schule allein nicht ausreichen. Daß die Edu-K selbstverständlich kein Allheilmittel für jegliches Problem ist, versteht sich von selbst, und es sollte bei aller Begeisterung über die schönen Wirkungen nicht vergessen werden!

Die Edu-K wird erst seit zwölf Jahren in Deutschland eingesetzt. Zunächst nur zögerlich von ganz wenigen, inzwischen ist sie sehr beachtlich etabliert. Nach den anfänglichen Jahren des oft ungläubigen Staunens ist nun die immer mehr ins Allgemeinbewußtsein dringende Erkenntnis von der Notwendigkeit einer solchen Lernhilfe da. Die Wirkungen der Edu-K sind oft sehr verblüffend und setzen hin und wieder so spontan ein, daß es gilt, sehr achtsam mit diesen Erfolgsberichten umzugehen, um nicht zu Recht in den Geruch der Unseriösität zu kommen. Mit den Wirkungen und der enormen Verbreitung der Methode stieg naturgemäß auch das Selbstbewußtsein der Edu-K-Anwenderinnen und -Anwender.

Diese Freude an der Arbeit und das Bewußtsein, Wertvolles damit zu tun, drückt sich auch in fast allen der hier abgedruckten Beiträge aus. Zwei exemplarische Zitate mögen den Abschluß dieser einleitenden Reflexionen bilden:

So schreibt Ernst Tumpold: „Aus eigener Erfahrung kann ich die Feststellung Dr. Paul Dennisons bestätigen, daß die Überzeugungsphase für Brain-Gym® und verwandte Systeme, die ungefähr eine Dekade gedauert hat, zu Ende gegangen ist und nun die Zeit des Tuns beginnt." Und weiter: „Viele Schulen haben schon so wie meine in ihrem Schulprofil den Hinweis, daß Brain-Gym® als Hilfe eingesetzt wird. So wird die Kinesiologie meiner Meinung nach in nicht allzu langer Zeit zu einem Qualitätssiegel für die Schule werden." Ähnliches liest man auch in dem Beitrag der Kinesiologin Elfriede Kirchhoff, die ihren Beitrag gleich mit einem wohldosierten Paukenschlag an beruflichem Selbstbewußtsein beginnt. Zum Thema des Zusammenhanges von Wahrnehmung(sverarbeitung) und Bewegung(sfähigkeit) kommt sie zu dem Schluß: „Wer sich mit Lernvorgängen befaßt, wird es sich künftig nicht mehr leisten können, an solchen und ähnlichen Erkenntnissen vorbeizugehen."

In diesem Sinne wünsche ich den Leserinnen und Lesern, daß die folgenden Beiträge zur Inspiration, Information und auch zur Freude an der Edu-Kinestetik dienen.

Hamburg, im Juni 1996

Claudia Meyenburg

Elisabeth Winkler:

Grüß Gott, liebe Claudia!

Entwicklungskinesiologie im Kindergarten

Seit zweiunddreißig Jahren arbeite ich als Kindergärtnerin. Viele Jahre hindurch beobachtete ich immer wieder, daß sehr wissensdurstige Kinder in der Schule nur durchschnittliche Leistungen erbrachten. Auch bei meinen eigenen Kindern machte ich diese Beobachtung. Da mein Jüngster große Probleme mit der Rechtschreibung hatte, lernte ich Claudia Feichtenberger kennen, die in der Grazer Lernberatung mit Brain-Gym®-Übungen arbeitete und bei meinem Sohn guten Erfolg hatte. Nun hatte ich einen Weg, wie man Schülern helfen kann. Aber Graz ist von meinem Heimatort weit entfernt, und die Bevölkerung hier ist schwer von etwas Neuem zu überzeugen.

Vor drei Jahren hatte ich im Rahmen der Jahrestagung die Möglichkeit, bei Ferdinand Gstrein ein Brain-Gym®-Seminar zu besuchen. Ich war begeistert, meldete mich im gleichen Jahr zu allen Seminaren an und machte auch den Brain-Gym®-Instruktor.

Aber meine Zielgruppe waren nicht die Schulkinder, sondern meine Vorschulkinder im Alter von drei Jahren bis zum Schuleintritt. Ich wußte sofort: Viele Übungen sind für diese Altersgruppe motorisch eine Überforderung. Ich erkundigte mich bei den Vortragenden und diskutierte mit den Seminarteilnehmern, aber niemand konnte mir in dieser Frage weiterhelfen. Aber ich informierte mich weiter. Denn meine Frage war, ob ich bis zum Schuleintritt warten mußte, um den Kindern mit Brain-Gym® helfen zu können? Ich war auf der Suche nach Übungen, die der Motorik des Vorschulkindes entsprachen. Genau zu diesem Zeitpunkt belegte ich ein Seminar bei Angelika Stiller über Entwicklungs-Kinesiologie. Dieses Seminar war für mich der Schlüssel zu Brain-Gym® im Kindergarten.

Wenn ein Kind zur Welt kommt, herrscht große Freude in der Familie. Geschenke kommen an, und meist ist auch die so praktische

18

„Wippe" dabei, das bekannte Plastikgebilde, in das Säuglinge so gern gelegt werden. Aus ist es mit der motorischen Freiheit unseres Babys. Spätestens nach dem vierten Lebensmonat ist das Kind für die Wippe zu groß. Nun kommt es meist auf den Boden, aber über den Körper des Kindes kommt ein Gestell, auf dem allerhand Figuren mit und ohne Geräusche hängen.

Unser kleiner Mensch hat den sechsten Monat erreicht und zeigt uns an, daß er das Bedürfnis hat, sich aufzurichten. Sofort kommt ein Laufwagerl ins Haus, und der kleine Liebling „darf" viel, viel Zeit in diesem Gestell verbringen. Oft erreichen nur die Zehenspitzen den Fußboden, aber das Kind kann sich aufrecht durch den Raum bewegen, und das ist „wichtig". Zweite Variante: Das Kind versucht sich an einem Gegenstand im Raum hochzuziehen, und sofort wird es an beiden Ärmchen ergriffen, und die ersten Gehversuche werden unternommen. Der Aufrichteversuch des Kindes wird vom Erwachsenen falsch verstanden: Er glaubt, er müsse eingreifen und das Gehenlernen durch seine Mithilfe beschleunigen.

All dies veranlaßte mich zu folgenden Überlegungen: Wann hat das Kind Zeit, auf dem Rücken zu liegen und seinen Körper zu erforschen? Wann kann es üben, sich zu drehen? (Rückenlage – Bauchlage) Wann kann es in der Bauchlage seine Umgebung betrachten und etwas anfassen oder aufheben? Wann kann es durch die Wohnung robben? Später: krabbeln? Wann kann es sich an Gegenständen hochziehen, hinsetzen, wieder hochziehen usw. ...? Wann darf es alleine die ersten Schritte machen und dann wieder, ohne Beeinflussung seitens der Erwachsenen, tage- oder wochenlang ins Krabbeln oder Robben zurückfallen?

Ich hoffe, mit dieser bewußt überspitzten Entwicklungsgeschichte eines Babys konnte ich klarmachen, wie motorische Enwicklungsdefizite entstehen! Ich weiß, daß niemand in böser Absicht in die Entwicklung seines Kindes eingreift. Aber die Angst, seinem Kind nicht das Beste zu bieten, und die Verunsicherung durch die Medien (die Geräte werden ja wirkungsvoll in der Werbung vorgestellt) führen zu diesem Fehlverhalten bei Erwachsenen.

Übungseinheiten mit frühkindlichen Bewegungen

Ich arbeite jeweils mit sechs bis zehn Kindern. Das Beobachten ist für mich zuerst das Wichtigste. Ich fasse immer drei bis vier Bewegungsabläufe in eine Übungseinheit zusammen.

Erste Übungseinheit

Hier sollen die Kinder die für den ersten bis dritten Lebensmonat charakteristischen Bewegungsabläufe nachvollziehen. Dazu nehme ich zur Rückenlage die Augenbewegungen (rechts-links, oben-unten, Kreisform und die Augen-Acht) dazu. Auch das orale Abtasten beziehe ich in diese Übung ein: Zuerst ein Daumen; wie fühlt er sich an? Dann im Vergleich dazu: Wie fühlt sich der zweite an? Weiterhin auch die anderen Finger und Gegenstände, die ich für die Kinder bereitlege.

Zur Bauchlage, den Augenübungen und den ersten Greifübungen:

Ich lege zuerst rechts vor dem Kind in beqemer Reichweite einen Gegenstand hin, bei Linkshändern links. Nun greifen die Kinder mit dem Pinzettengriff (erste Greifstellung der Hand) danach. Ich machte die Beobachtung, daß Kindern, die Schwierigkeiten mit der Bleistifthaltung haben, diese Entwicklungsphase fehlt!

Der nächste Schritt ist das Greifen über die Mittellinie (Diagonale). Das ist eine wichtige Vorübung für das Zeichnen. Sie schult die Fähigkeit, die Mittellinie zu kreuzen. Viele Kinder haben Schwierigkeiten, bei einem Kreuz den Querbalken durchzuziehen oder einen Stern zu zeichnen.

Dritte Übung: das Drehen vom Bauch in die Rückenlage und zurück. Achtung: Die meisten Kinder drehen sich nur zu einer Seite. Diese Übung ist sehr wichtig. Bitte auf die richtige Durchführung achten! Entweder beginnt man die Drehung mit den Schultern und nimmt dann die Hüften mit, oder andersherum. Bewegungsarme Kinder drehen sich wie eine Walze. Zur Hilfestellung Matratzen oder Polster als Hindernisse auflegen, damit das Kind zuerst die Schulter oder das Becken einsetzen muß. Wichtig ist, die Übungen sehr lustbetont durchzuführen. Meinen Kindern macht es großen Spaß! Nach drei bis fünf Durchführungen lasse ich die Kinder wählen, welche Übung das jeweilige Kind machen möchte. Nun stelle ich die Gruppen neu zusammen und nehme jeweils solche Kinder in eine Gruppe, die die gleiche Übung gewählt haben. Die Kinder machen nun ihre Übung, solange sie ihnen Spaß macht. Dann kommt die nächste Einheit.

Zweite Übungseinheit

Sie entspricht dem vierten bis neunten Lebensmonat. Die Kinder stützen sich, von der Bauchlage ausgehend, auf dem Unterarm oder Ellbogen ab und greifen mit der anderen Hand erst wieder im Pinzetten-, dann im Zangengriff, nach verschieden großen Gegenständen mit möglichst unterschiedlicher Strukturierung, Farbe und Form. Zuerst sollen sie mit der rechten Hand auf der rechten Seite, mit der linken Hand auf der linken Seite, dann diagonal die Gegenstände ergreifen. Dann in der Rückenlage die angebotenen Gegenstände mit beiden Händen abtasten. Wichtig ist, daß die Kinder die Strukturierung der Gegenstände auch mit den Lippen und der Zunge fühlen. Die Kinder werden so taktil sensibilisiert. Auch Füße und Zehen sind mit einzubeziehen. Nun kommt das Robben und Kriechen vorwärts und zurück über verschiedene Ebenen und Unterlagen. Sehr gerne spielen die Kinder Fangspiele. Die Kinder haben selbst ganz tolle Ideen, den Boden mit Matten, Polstern, Leitern und Bänken zu gestalten.

Wie bei der ersten Einheit werden die Übungen so lange durchgeführt, bis ich spüre, daß die Kinder genug haben. Jedes Kind macht wieder seine Lieblingsübung, und die Kleingruppen werden den Übungen entsprechend neu zusammengestellt.

Dritte Übungseinheit

Sie beginnt mit dem Sitzen. Es wird daraus ein Spiel mit dem Gleichgewicht: Füße hochheben und damit spielen. Füße und Arme wegstrecken. Am Po schaukeln. (Ideen der Kinder aufgreifen.) Im Sitzen alle Greifübungen und Augenfolgebewegungen (wie in der ersten Einheit) durchführen.

Zum Krabbeln animiere ich die Kinder mit ähnlichen Übungen wie beim Kriechen und Robben. Ich lasse die Kinder sehr viel krabbeln. Meine Kinder krabbeln sehr gerne die Stiege zum Turnraum hinauf und hinunter. Der Bärengang fällt den meisten Kindern zu Beginn sehr schwer, da Arme und Beine gestreckt sind. Das Kind geht auf Händen und Füßen und muß den Körper in Balance halten. Meist ist der Po zu hoch gestreckt, und den Kindern fällt das Fortbewegen schwer. Ich gestalte den Fußboden ähnlich wie beim Krabbeln und lasse sie die Stiege aber nur nach oben gehen.

Bei den Aufrichtübungen haben die Kinder großen Spaß. Sie ziehen sich gerne an ihren Freunden und an verschiedenen Turngeräten hoch. Meinen Kindern machen die Übungen sehr großen Spaß, und wir spielen mindestens zweimal die Woche Baby. Vor allem Kinder, die Schwierigkeiten mit der Bleistifthaltung haben, brauchen die Greifübungen aller drei Einheiten, die oft in kurzer Zeit zum Erfolg führen. Ich beende jede Turnstunde bei den Drei- bis Vierjährigen mit dem Halten der *Positiven Punkte* und bei den Älteren mit den *Hook-ups.* Die Kinder legen sich hin und entscheiden selbst, wie lange sie die Übung machen. Da meine Kinder an Bildmeditationen gewöhnt sind, stellt sich jedes Kind während der Übung seinen schönsten Traum vor. Oder es stellt sich vor, wie angenehm hell und sonnig es in ihm und um es herum ist. Die Kinder werden ausgeglichener, aufnahmefähiger und ruhiger.

Ich kann nur jedem empfehlen, sich mit Kinesiologie zu befassen. Selbst wird man ausgeglichener und ruhiger, und den Kindern kann man so auf spielerische und lustige Art den Start ins Leben erleichtern und das Selbstbewußtsein stärken. Ich hoffe, daß ich etwas von meiner Arbeitsweise vermitteln konnte.

Es grüßt Dich aus der Steiermark

Elisabeth Winkler

Hochziehen an einem Partner erfordert Vertrauen.

Anna Beuting, Monika Gemke:

„Die Gespenster sind los ...“

Bewegungsorientierter Mathematikunterricht in einer Eingangsklasse der Schule für Körperbehinderte

Das Kennenlernen der Schüler und Schülerinnen dieser Eingangsklasse führte uns deutlich vor Augen, daß gerade in den Kulturtechniken ein bewegungs- und edu-kinestetisch orientiertes Lernen notwendig ist. Erst in Verbindung mit Bewegung fanden unsere Schüler und Schülerinnen Zugang zu mathematischen Elementen. Alle Kinder haben große Probleme beim Überqueren der Mittellinie und bei den Überkreuzbewegungen. Lernen im Bereich der Kulturtechniken setzt diese Fähigkeiten jedoch voraus. Darüber hinaus ist bei diesen Schülern und Schülerinnen eine längerfristige Konzentration nur über eine Verbindung von Bewegung und kognitiven Elementen möglich. Exemplarisch wollen wir für den Mathematikunterricht folgende Unterrichtsreihe darstellen:

„Die Gespenster sind los“ – Eine Reihe zur Zerlegung der Menge 5 in zwei Teilmengen

Die Reihe besteht aus drei Einheiten (je 90 Minuten). Alle Einheiten weisen folgende gemeinsame Struktur auf:

1. Das Obergespenst führt als „Moderator“ durch jede Einheit. (Vgl. die Fotos zu diesem Beitrag auf S. 187 ff.) Das heißt konkret:

- Es erzählt die Rahmenhandlung.
- Es verteilt die Aufgaben.
- Es ist Ansprechpartner bei Problemen u.a.

2. Vor jeder Einheit führt das Obergespenst mit den Schülern und Schülerinnen ein Aufweckerspiel durch. Die Kinder machen sich dabei fit für die Reise ins Gespensterland, um nichts Wichtiges zu

übersehen, zu überhören etc. Dazu wecken alle Schüler und Schülerinnen ihren Körper wie folgt auf:

- Arme und Beine ⇒ Wachrubbeln
- Ohren ⇒ Ausstreichen (Denkmütze)
- Augen ⇒ Gehirnknöpfe
- Nase ⇒ Wachrubbeln
- Thymusdrüse ⇒ Mut machen

3. Da die Reise ins Gespensterland viel „Power" erfordert, fahren die Schüler und Schülerinnen mit dem Gespensterstift die *Liegende Acht* nach. So erhalten sie jede Menge Gespensterpower.

4. Am Ende jeder Einheit hilft das Obergespenst den Schülern und Schülerinnen, sich zu erholen, indem sie sich gegenseitig die *Positiven Punkte* halten.

1. Einheit: Zerlegung der Menge 5 in zwei Teilmengen

Aufbau: Berg aus Kästen und Langbänken. Auf dem Berg befinden sich Kissenbezüge, die schwarze Gespenster aus Wellpappe und weiße Gespenster aus Glanzkarton enthalten. Am Fuße des Berges befinden sich sechs Burgen, mit je fünf eingezeichneten Fenstern (= Gespensterstadt).

Erster Arbeitsschritt: Zufällige Zusammensetzung der Menge 5 aus zwei Teilmengen

Das Obergespenst gibt den Auftrag, die Gespenster in die Stadt zurückzuholen, die sich aus Angst vor dem bösen Grafen Dracula in den Bergen versteckt haben. Die Schüler und Schülerinnen krabbeln auf den Berg. Bevor die Kinder den Berg erklimmen, zeigt ihnen das Obergespenst einen Trick, damit ihnen nicht schwindelig wird (Halten der Gleichgewichtsknöpfe). Jeder holt (irgend-)ein Gespenst. Die Burgen werden bestückt. Danach ordnen die Schüler und Schülerinnen in jeder Burg schwarze und weiße Gespenster, so daß für jede Burg die Teilmengen deutlich werden.

Anhand der Burgen wird thematisiert, daß sich die Menge 5 aus unterschiedlichen Teilmengen zusammensetzen kann.

Zweiter Arbeitsschritt: Systematische Zusammenstellung aller Teilmengen der Menge 5

Die Schüler und Schülerinnen „schlafen". Die weißen Gespenster flüchten wieder auf den Berg. Die Lehrerin ordnet die schwarzen Gespenster so an, daß alle möglichen Zerlegungen der Menge 5 in zwei Teilmengen entstehen können (siehe unten). Das Obergespenst weckt die Schüler und Schülerinnen und gibt den Auftrag, nochmals auf den Berg zu krabbeln und die weißen Gespenster in die Stadt zurückzubringen. Die Schüler und Schülerinnen führen ihren Auftrag aus. Dabei ermitteln die Kinder anhand der leeren Fenster für jede Burg, wieviele weiße Gespenster dort noch einziehen können.

Dritter Arbeitsschritt: Systematische Anordnung der Burgen und Thematisierung derselben

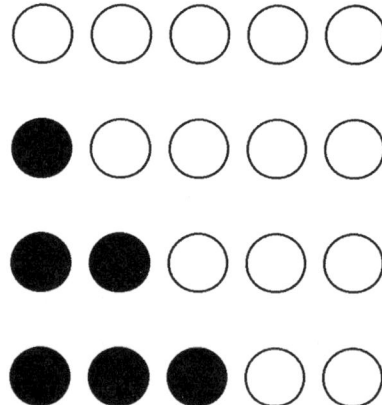

2. Einheit: Ergänzungen bis zur Menge 5, ausgehend von unterschiedlichen Teilmengen, mit Hilfe von Platzhaltern

Aufbau: Jeder Schüler und jede Schülerin bekommt ein Rollbrett und eine Burg mit fünf eingezeichneten Fenstern. Einige Meter von der Burg entfernt liegen für jedes Kind fünf Sandsäckchengespenster. An jeder Burg liegt ein Würfel mit den Mengen 1 bis 4.

26

Erster Arbeitsschritt:

Die Schüler und Schülerinnen erhalten vom Obergespenst den Auftrag, mit dem Gespenstermobil (= Rollbrett) die Gespenster „aus der Stadt" abzuholen. Dazu ist es notwendig, daß die Kinder einen Slalomparcours bewältigen (Umschaltbewegung). Jeder Spieler würfelt an seiner Burg und transportiert die entsprechende Anzahl Gespenster aus der Stadt in die Fenster der Burg. Die Schüler und Schülerinnen ermitteln anhand der leeren Fenster, wieviele Gespenster noch in ihrer Burg fehlen, und holen die fehlenden Gespenster „aus der Stadt". In mehreren Durchgängen erfinden die Kinder immer neue Gründe, warum die Gespenster noch einmal in die Stadt müssen, zum Beispiel Zahnarzt, Friseur, Schule, Einkaufen etc.

Zweiter Arbeitsschritt:

Das Obergespenst verspricht den Schülern für ihre Fahrdienste ein Andenken an die Gespensterstadt (= Arbeitsblatt > Burg mit fünf Fenstern). In diese Burg sollen in Partnerarbeit fünf Gespenster eingeklebt werden. Der erste Partner würfelt (1 bis 4) und klebt die entsprechende Anzahl Klebegespenster in die Fenster der Burg ein. Der zweite Partner ermittelt anhand der leeren Fenster, wieviele Gespenster noch fehlen, und ergänzt diese.

3. Einheit: Ergänzungen bis zur Menge 5, ausgehend von diversen Teilmengen, ohne Platzhalter

Aufbau: Eine Wabbelmatte aus Medizinbällen, auf denen eine Matte liegt. Diese stellt einen Sumpf dar. Am Ende des Sumpfes befinden sich für jedes Kind fünf Sandsäckchengespenster, am Anfang für jeden eine Burg ohne Fenster. Über jeder Burg liegt ein Mengenkärtchen, daß die Menge 5 darstellt.

Erster Arbeitsschritt:

Das Obergespenst erklärt, daß die Gespenster in große Gefahr geraten sind: Sie kommen nicht mehr über den Sumpf in ihre Burgen zurück. Die Schüler und Schülerinnen springen ein. Jeder ist für eine Burg verantwortlich. Anhand der Mengenkärtchen ermitteln sie, wieviele Gespenster in ihrer Burg wohnen. Ein Sumpf ist eine wackelige Angelegenheit. Deshalb ist es wichtig, die *Gleichgewichtsknöpfe* zu aktivieren, bevor man sich dort hineinbegibt. So gestärkt krabbeln sie mutig über die Wabbelmatte und retten die Gespenster. Dabei gibt es jedoch folgende Regel: Es darf jeweils nur ein Gespenst geholt werden.

Zweiter Arbeitsschritt:

Die Gespenster sind glücklich wieder in der Burg angelangt und wollen mit den Kindern Verstecken spielen. Dazu wird neben jede Burg ein Tuch gelegt. Die Schüler und Schülerinnen machen die Augen zu. Die Lehrerin versteckt aus jeder Burg einen Teil der Gespenster unter dem Tuch. Jedes Kind muß mit Hilfe der Mengenkärtchen ermitteln, wieviele Gespenster in seiner Burg fehlen. Die (Selbst-)Kontrolle erfolgt durch Fühlen unter dem Tuch.

Dritter Arbeitsschritt:

Eine andere Form des Versteckspiels wird in Partnerarbeit ausprobiert. Das erste Kind erhält eine Trommel und schließt die Augen. Das zweite Kind entfernt aus der Burg einen Teil der Gespenster. Der erste Partner kann die Gespenster wieder anlocken, indem er für jedes fehlende Gespenst einmal auf die Trommel schlägt. –

Die hier dargestellte Unterrichtsreihe ist als Anregung zu verstehen. Wir möchten allen Kollegen und Kolleginnen Mut machen, insbesondere auch in den Kulturtechniken bewegungs- und edukinestetisch orientiertes Lernen zum Unterrichtsprinzip zu machen.

In diesem Schuljahr hatten wir das Glück, eine Mathematikeinheit pro Woche in der Turnhalle durchführen zu können. Dies ist für einen bewegungsorientierten Unterricht zwar wünschenswert, aber nicht zwingend erforderlich.

Im Klassenraum nutzen wir Tische, Bänke, Stühle, Matratzen und anderes bzw. weichen auf den Flur aus (zum Beispiel zum Rollbrettfahren). Mit etwas Phantasie lassen sich viele Möglichkeiten finden.

Anna Beuting:

Wir gehen auf Bärenjagd

Spielerische Umsetzung eines Bilderbuches im Sportunterricht mit psychomotorischen und edu-kinestetischen Elementen

Diese Unterrichtseinheit fand – wie die Reihe „Die Gespenster sind los" – in einer Eingangsklasse der Schule für Körperbehinderte statt.

Es wurde bereits darauf hingewiesen, daß gerade bei diesen Schülern und Schülerinnen ein erhöhter Förderbedarf im Wahrnehmungs- und Bewegungsbereich vorliegt. Es ist im besonderen Maße notwendig, Bewegungselemente und edu-kinestetische Übungen (Brain-Gym®) unterrichtsimmanent einzusetzen. Dabei ist ein variationsreiches Angebot – eingebettet in immer wieder neue Rahmenhandlungen – notwendig, um den Schülern und Schülerinnen ein erlebnisorientiertes Lernen zu ermöglichen.

Besonderer Beliebtheit erfreuen sich „gefährliche Abenteuer", die ein hohes Maß an Mut erfordern. So begeben wir uns auf eine spannende Abenteuerreise zu einer Bärenhöhle. Der Weg dorthin ist lang und gefährlich.

Die hier beschriebene Abenteuerreise zitiert exemplarisch das Bilderbuch von Michael Rosen und Helen Oxenbury: *Wir gehen auf Bärenjagd* (Verlag Sauerländer, Frankfurt). Als Zitate gekennzeichnete Textstellen stammen aus diesem Buch.

Unsere Abenteuergeschichte beschreibt, wie eine Familie über einen langen, beschwerlichen Weg zu einer Bärenhöhle findet. Diese Geschichte haben wir in zwei Teile untergliedert, so daß es zwei Möglichkeiten gibt, die Bärenhöhle zu erreichen. Der erste Weg führt uns durch langes, nasses Gras, durch einen nassen, kalten Fluß zu einer dunklen, finsteren Höhle, in der ein Bär lebt. Der zweite Weg führt uns durch matschigen, glitschigen Schlamm, durch einen wirbeligen Schneesturm zu einer dunklen, finsteren Höhle, in der ein Bär lebt. Insgesamt besteht die Unterrichtsreihe aus vier Einheiten.

1. Einheit: Der erste Teil der Abenteuerreise und die dazugehörigen Brain-Gym®-Übungen

Der Refrain

> „Wir gehen jetzt auf Bärenjagd ...
> und fangen einen ganz großen Bären.
> Und wenn ihr uns fragt,
> wir haben keine Angst in den Hosen."

wird vor jedem zu bestehenden Abenteuer mit folgenden Brain-Gym®-Übungen verbunden:

„Wir gehen jetzt ..."	→	mit beiden Händen auf die Oberschenkel patschen
„und fangen ..."	→	*Double Doodle*
„Und wenn ihr ..."	→	Zeigefinger auf „ihr" und „uns" richten
„wir haben keine Angst."	→	Thymusdrüse klopfen

Erstes Abenteuer:

Die Schüler hören etwas rascheln und fragen: „Huhu! Was hören wir da?" Das Ausstreichen der Ohren (*Denkmütze*) wird verbal begleitet mit „Wischel, waschel, wischel, waschel, wischel, waschel! Langes, nasses Gras."

„Wir können nicht drüber"	→	Handbewegung für drüber
„Wir können nicht drunter"	→	Handbewegung für drunter
„Oh nein! Wir müssen mittenrein!"	→	Geste für nein

Die Schüler und Schülerinnen gehen jetzt mit *Überkreuzbewegungen* oder Krabbelbewegungen mimisch und gestisch ins nasse Gras. Verbal begleiten sie diese Bewegungen wieder mit „Wischel, waschel ..."

Zweites Abenteuer:

Die Schüler und Schülerinnen hören etwas plätschern und fragen:
„Huhu! Was sehen wir denn bald?" Dabei rubbeln sie die *Gehirn-knöpfe* und sprechen dazu: „Plitsch, platsch! Plitsch, platsch! Einen nassen, kalten Fluß."

„Wir können nicht drüber"	→ Handbewegung für drüber
„Wir können nicht drunter"	→ Handbewegung für drunter
„Oh nein! Wir müssen mitten rein!"	→ Geste für nein

Die Schüler und Schülerinnen gehen jetzt mit *Überkreuzbewe-gungen* oder Krabbelbewegungen mimisch und gestisch durch den kalten Fluß. Diese Bewegungen werden verbal mit „Plitsch, platsch ..." begleitet.

Drittes Abenteuer:

Die Schüler sehen in der Ferne etwas Großes, Dunkles, Unheim-liches und fragen: „Huhu! Was entdecken wir gleich?" Damit sie keine Angst bekommen, halten sie sich erst gegenseitig die *Positi-ven Punkte* und gehen dann weiter auf Entdeckungsreise. Sie schleichen sich langsam heran und sprechen: „Tipp, tapp! Tipp, tapp! Tipp, tapp! Eine dunkle, finstere Höhle!"

„Wir können nicht drüber"	→ Handbewegung für drüber
„wir können nicht drunter"	→ Handbewegung für drunter
„Oh nein! Wir müssen mitten rein!"	→ Geste für nein

Ganz vorsichtig schleichen sie jetzt in die Höhle und sprechen dabei „Tipp, tapp! ..." Plötzlich fühlen sie eine „glänzende, nasse Nase" (Nase rubbeln), „zwei große, pelzige Ohren" (*Denkmütze*), „zwei große, runde Augen!" (*Gehirnknöpfe* oder Augenpunkte). Sie schreien: „Es ist ein Bär!" Blitzschnell kehren sie um, weil der Bär sie verfolgt, verlassen die Höhle, durchqueren den Fluß und stol-pern durch das Gras, bis sie wieder wohlbehalten zu Hause ange-kommen sind. Der Bär schafft es nicht, sie einzuholen. Traurig steht er am Fenster des Hauses und tritt dann wieder seinen Rückzug an.

2. Einheit: Weiterentwicklung der bereits bekannten Text-passagen mit Brain-Gym® im Sportunterricht

Die Schüler hatten folgende Abenteuer zu bestehen (vgl. Farbfotos Seite 189 ff.):

- Langes, nasses Gras (Bild: großer Heuhaufen)
- Nasser, kalter Fluß (Bild: blaue Müllsäcke, gefüllt mit Bällen, sowie blaue Tücher und Matten)
- Dunkle, finstere Höhle (Bild: zwei Kästen, Weichbodenmatte, Siloplane und ein Bär)

Vor jeder Station haben die Schüler und Schülerinnen ihren Mut-macherspruch „Wir gehen jetzt auf Bärenjagd und fangen einen ganz großen ..." und die dazugehörigen Brain-Gym®-Übungen durchgeführt (siehe 1. Einheit). Während der Abenteuer konnten die Schüler und Schülerinnen ihre Fortbewegungsart frei wählen (Krabbeln, Robben etc.).

3. Einheit: Der zweite Teil der Abenteuerreise und die dazu-gehörigen Brain-Gym®-Übungen

Auch im zweiten Teil wird der Refrain mit den entsprechenden Brain-Gym®-Übungen vor jedem zu bestehenden Abenteuer wie-derholt.

Viertes Abenteuer:

Die Schüler und Schülerinnen spüren etwas Glitschiges an ihren Beinen und fragen: „Huhu! Was spüren wir denn da?" Dabei streifen sie ihre Arme, Beine und den gesamten Körper ab und sprechen dazu: „Quietsch, quatsch! ... Matschigen, glitschigen Schlamm!"

„Wir können nicht drüber"	→ Handbewegung für drüber
„Wir können nicht drunter"	→ Handbewegung für drunter
„Oh nein! Wir müssen mitten rein!"	→ Geste für nein

Die Schüler und Schülerinnen gehen jetzt mit *Überkreuzbewe-gungen* oder Krabbelbewegungen mimisch und gestisch durch den Schlamm. Diese Bewegungen werden verbal mit „Quietsch, quatsch ..." begleitet.

Fünftes Abenteuer:

Die Schüler bemerken etwas Stürmisches und fragen: „Huhu! Was wirbelt denn da?" Sie halten schnell ihre *Gleichgewichtsknöpfe*, um nicht umzufallen, und sprechen dabei: „Huuuh, wuuuh! ... Ein wirbeliger Schneesturm!'"

„Wir können nicht drüber"	→	Handbewegung für drüber
„Wir können nicht drunter"	→	Handbewegung für drunter
„Oh nein! Wir müssen mitten rein!"	→	Geste für nein

Die Schüler und Schülerinnen gehen jetzt mit *Überkreuzbewegungen* oder Krabbelbewegungen mimisch und gestisch durch den Sturm. Diese Bewegungen werden verbal mit „Huuuh, wuuuh! ..." begleitet.

Sechstes Abenteuer:

Wie drittes Abenteuer in der ersten Einheit.

4. Einheit: Weiterentwicklung der in der 3. Einheit kennengelernten Textpassage

Folgende Abenteuer haben die Schüler und Schülerinnen zu überwinden:

- Matschiger, glitschiger Schlamm (Bild: Schaumstoffelemente bedeckt mit einer Siloplane)
- Wirbeliger Schneesturm (Bild: Schneeflocken aus zusammengerollten Tennissocken, weißes Bettuch bzw. Schwungtuch)
- Dunkle, finstere Höhle (siehe 2. Einheit)

Vor jeder Station führen die Schüler und Schülerinnen ihren Mutmacherspruch und die dazugehörigen Brain-Gym®-Übungen durch. Da die Schüler und Schülerinnen auf dem Rückweg vom Bären verfolgt werden und sich in höchster Gefahr befinden, müssen sie im Turbogang nochmals alle Hindernisse überwinden, bis sie schließlich sicher zu Hause angekommen sind: „Türe auf!

Treppe rauf! Türe zu! Jetzt ist Ruh!" Zu Hause ruhen sie sich von der Aufregung aus, indem sie sich gegenseitig die *Positiven Punkte* halten.

Wann gehen wir wieder auf Bärenjagd?

Otto Jäger:

„Otto, wir haben unsere Übungen noch nicht gemacht!"

Bericht eines Grundschulrektors

Nun war ich schon über zwanzig Jahre Lehrer, begeisterter Anhänger der Reformpädagogik und unter anderem auf Lese-Rechtschreib-Schwäche spezialisiert. Vielen Schülern hatte ich mit den klassischen Fördermethoden Lesen und Schreiben beigebracht, zum Teil in mühseliger und jahrelanger Förderung. Es war sowohl für die Schüler als auch für mich eine Qual, unter anderem weil die Erfolge sich erst ganz langsam einstellten.

Auf der Suche nach Methoden, die effektiver sind und allen Beteiligten mehr Freude machen, stieß ich auf Brain-Gym®. Als erstes spürten ich und auch meine Umgebung die positive Wirkung an mir selbst: Ich bekam meine Arbeit besser organisiert, mein Baldriankonsum reduzierte sich, ich hatte mehr Energie. Meine persönlichen Erfahrungen bestärkten mich darin, Brain-Gym® auch im Förderunterricht einzusetzen. Als Schulleiter gab ich unter anderem Förderunterricht für Schüler mit extremen Lernproblemen.

Ein zweites Aha-Erlebnis hatte ich mit einem Schüler, der im vierten Schuljahr so gut wie nicht lesen und schreiben konnte. Die neue Deutschlehrerin bat mich kurz vor Weihnachten verzweifelt um Hilfe, da er trotz Differenzierung und Förderunterricht nur mit viel Mühe wenige einfache, ein- oder zweisilbige Wörter lesen und einige einsilbige Wörter fehlerfrei schreiben konnte. Beim Abschreiben malte er die einzelnen Buchstaben ab, ohne aber zu verstehen, was er schrieb. Der Schüler war dankbar, daß ihm geholfen werden sollte, denn er litt sehr darunter, daß er trotz großer Mühen noch nicht weitergekommen war. Ich erklärte ihm zuerst vereinfacht die Arbeitsweise unseres Gehirns, welche Störfaktoren uns am Lernen hindern, und daß Brain-Gym® ihn weiterbringen könne. Er war bereit, sich auf die „Sache mit dem X" einzulassen und mitzuarbeiten und einiges in seinem Leben zu ändern. Zunächst entfernte er aus seinem Schlafbereich die Stereoanlage und den Radiowecker, die neben seinem Kopf standen, sowie Fernseher, Videorekorder und Computer, die sich am Fußende des Bettes befanden.

In den Förderstunden fiel auch ihm selbst auf, daß er große Mengen Wasser trank. Der Muskeltest zeigte erst deutliche Ergebnisse, nachdem er mehrere Gläser Wasser leergetrunken hatte. Auf Grund dieser Erlebnisse war er bereit, seinen Cola- und Limonadenkonsum stark zu reduzieren und statt dessen mehr Wasser zu trinken. Nach der ersten Balance fürs Lesen spürte nicht nur er selbst, daß er sich beim Lesen nicht mehr so verkrampfte und von Tag zu Tag Fortschritte machte. Seine Mutter und seine Deutschlehrerin freuten sich mit ihm. Auf Grund dieses Erfolges zeigte er große Bereitschaft und Konsequenz in der Durchführung seines täglichen Brain-Gym®-Übungsprogramms. An Schultagen kam er zwanzig Minuten vor Unterrichtsbeginn in mein Zimmer und führte seine Übungen aus. Er wiederholte sein Programm nachmittags vor den Hausaufgaben, an schulfreien Tagen führte er die Übungen selbständig aus. Von Woche zu Woche vergrößerte sich der Übungskreis in meinem Zimmer. Er merkte, daß auch andere Schüler etwas für sich taten. Während ich selbst die verschiedensten Übungen mitmachte, beobachtete ich, wie die Schüler die Übungen ausführten, konnte sie notfalls korrigieren und Rückschlüsse für die weitere Förderung ziehen. Zusätzlich zu den Balancen und den regelmäßigen Brain-Gym®-Übungen trainierte dieser Schüler den Grundwortschatz mit Hilfe einer Technik, die aus dem Neurolinguistischen Programmieren (NLP) stammt. Diese Technik war zunächst wirkungslos geblieben. Erst nachdem er die Arbeit seiner Augen mit Brain-Gym® unterstützt hatte, brachte ihm diese Technik Erfolge. Ein weiterer Teil seines Programms bestand in Übungen für die Feinmotorik, *Alphabet-Achten*, Chi-Gong-Kugeln, Buchstaben in Knete formen.

Schon bei den ersten Treffen war deutlich geworden, daß er seit seiner Einschulung jede Menge Schulängste entwickelt hatte, insbesondere vor Klassenarbeiten und Vorlesen. Bei den massivsten Ängsten konnte ich ihm mit der Methode helfen, die Roger J. Callahan in seinem Buch *Leben ohne Phobie* (VAK) beschrieben hat.

Im übrigen lernte er, sich mit Brain-Gym®-Übungen bei Ängsten und Streß selbst zu helfen So war er in einer Mathematikarbeit völlig blockiert, konnte sich aber nach Halten der *Positiven Punkte* wieder an alles erinnern und die Aufgaben lösen. Von Woche zu Woche machte er große Fortschritte, so daß er kurz vor den Osterferien in der Lage war, vorbereitete Diktate des zweiten Schuljahres fast fehlerfrei zu schreiben. Ende April schrieb er den verkürzten Diktatgrundtext des vierten Schuljahres nach Vorbereitung mit, und im Mai berichtete die Deutschlehrerin begeistert, daß sie zum ersten Mal einen Aufsatz von ihm lesen konnte. Aus einem ernsten, verschlossenen Jungen mit sichtbaren Verspannungen im Schulter-Nacken-Bereich war ein fröhlicher, aufgeschlossener Junge mit gelockerten Schultern geworden.

*

Zum neuen Schuljahr übernahm ich ein drittes Schuljahr, in dem 90 Prozent der Schüler verhaltensauffällig waren und/oder große Lernprobleme hatten. Zwei davon waren Schüler der Schule für Erziehungshilfe, und einer war Schüler der Schule für Lernbehinderte. (Unsere Grundschule nahm teil am Modellversuch „Integration von behinderten und nichtbehinderten Schülern".)

Die Eltern der ganzen Schule waren nicht nur über unsere reformpädagogischen Bemühungen informiert, sondern auch über neue Möglichkeiten der Lernförderung. Als Schulleiter hielt ich unter anderem Vortragsabende über Lernprobleme und Defizite der Schüler und über Fördermöglichkeiten nicht nur in der Schule, sondern auch zu Hause. Gerade auch im Zusammenhang mit den Defiziten machte ich deutlich, wie wichtig Bewegung für das Lernen ist, und wie wir uns alle zum Beispiel mit Spielen, Sitzbällen, chinesischen Gesundheitskugeln und ganz besonders mit Brain-Gym® unterstützen können. Auf den Elternabenden der Klasse 3 stellte ich nicht nur mein reformpädagogisches Konzept vor, sondern brachte auch Beispiele aus meiner Arbeit mit Märchen, Phantasiereisen, unterschwelliger Musik und Brain-Gym® und verdeutlichte die Wirkungsweise. Ich erklärte, daß es jedem freistehe, an Phantasiereisen oder Brain-Gym®-Übungen teilzunehmen. Es gab Eltern, die die Teilnahme ihrer Kinder aus religiösen

Gründen ablehnten, was von den Mitschülern und mir respektiert wurde.

Als die Schüler so weit waren, daß sie sich leise frei im Raum bewegen konnten, erklärte ich ihnen, wie wichtig Wasser fürs Lernen ist und daß es eher zu sogenannten Flüchtigkeitsfehlern kommt, wenn unser Körper nicht genügend Wasser enthält. Von diesem Tag an konnte jeder *Wasser trinken*, wenn er glaubte, es zu brauchen.

Kurz darauf fragten die Schüler mich, wie ich mein Arbeitspensum schaffe. Ich war ja nicht nur Klassenlehrer und Schulleiter, sondern die Schüler beobachteten, daß ich mich auch nachmittags und am Wochenende oft in der Schule aufhielt, denn wir hatten ein großes Projekt in Angriff genommen: die Gestaltung eines Spielschulhofes. Jetzt war für mich der Zeitpunkt gekommen, ihnen einige Brain-Gym®-Übungen zu zeigen. Ich erzählte ihnen, daß ich sie schon morgens nach dem Weckerklingeln ausführe und tagsüber wiederhole, wenn ich das Gefühl habe, daß ich Unterstützung brauche. Wir begannen mit *Gehirnknöpfen*, *Erdpunkten*, *Raumpunkten*, *Denkmütze* und *Überkreuzbewegungen*, täglich nach dem Morgenkreis. Die Übungen machten den meisten Schülern Spaß und sorgten für Heiterkeit.

Eines Morgens kam dann im Morgenkreis das Gespräch auf Ängste, insbesondere vor Klassenarbeiten (die wir leider immer noch schreiben mußten, weil wir an unserer Schule keine Mehrheit für die Abschaffung des Notenzeugnisses bekamen), aber auch vor Lehrern. Jetzt wurde es Zeit, *Hook-ups* und *Positive Punkte* einzuführen, die von da ab unter anderem zu einem festen Ritual wurden, das wir – unterstützt mit positiven Vorstellungen – vor den Klassenarbeiten ausführten. Einige Schüler hatten schon in dieser Anfangsphase Erfolgserlebnisse in Verstehen, Lernen, Behalten und ganz besonders bei Klassenarbeiten. Andere benötigten tiefergehende Hilfen mit Balancen in zusätzlicher Einzelförderung. Gerade von diesen Schülern bekam ich kurz darauf große Unterstützung. Es war den Schülern freigestellt worden, an den Übungen teilzunehmen. Gerade diejenigen, die sie besonders gebraucht hätten, weigerten sich zum Teil konstant mitzumachen. Da ich davon ausging, daß sie Hemmungen hatten, sich vor ihren Klassenkameraden lächerlich zu machen, weil ihnen zum Beispiel die Überkreuzbewegung schwerfiel, hatte ich die Übungen mit einigen zunächst einmal alleine ausgeführt, damit sie sie einigermaßen beherrschten. Trotzdem gab es immer noch ein paar Schüler, die nicht mitmachten.

Eines Morgens beschwerte sich ein Schüler, daß er am Vortage so lange an den Mathematikhausaufgaben gesessen habe. Daraufhin bekam er prompt von einem Mitschüler, der schon einige Balancen erhalten hatte, zu hören: „Kein Wunder, du machst ja auch die Übungen nie mit. Ich hatte die Aufgaben nach einer Viertelstunde fertig." Das zog und machte neugierig. Nun kamen nach und nach auch die Verweigerer zu mir und baten um Hilfe. Unser tägliches Übungsprogramm erweiterte sich immer mehr. Wenn wir die Übungen morgens ausführten, beobachtete ich immer ein oder zwei Schüler gezielt. Bemerkte ich, daß ihnen eine Bewegung Mühe machte, führte ich sie mit ihnen noch einmal aus, wenn wir alleine waren. Häufig waren nach der Pause noch ein paar Ruheübungen nötig. Nach kurzer Zeit konnte ich es mir nicht mehr erlauben, die Brain-Gym®-Übungen zu vergessen: „Otto, wir haben unsere Übungen noch nicht gemacht." Ich selbst war den Schülern dankbar für die Erinnerung, denn unser tägliches Programm baute auch mich auf. Ich hatte in der Klasse ein Wandfries, auf dem Brain-Gym®-Übungen zu bestimmten Themen zusammengefaßt waren. Wenn die Schüler das Gefühl hatten, daß sie Unterstützung in dem Bereich brauchten, in dem sie gerade in der Freiarbeit oder im Wochenplan arbeiteten, stellten sie sich vor die entsprechende Tafel und führten eine oder mehrere der Übungen aus. Die Schüler hatten damit die Möglichkeit erhalten, sich selbst zu helfen.

Auffällig in dieser Klasse war für alle unterrichtenden Lehrer die positive Atmosphäre. Hatte diese Klasse bisher einen schlechten Ruf, so gaben mir die Kolleginnen schon nach circa fünf Monaten die Rückmeldung, daß sie gerne in dieser Klasse unterrichteten. Die Klasse war sogar in der Lage, einen extrem auffälligen Schüler zu integrieren, der, wie sich nach vielen Irrwegen später herausstellte, autistisch und schizophren war. Sie wählten ihn sogar zum Klassensprecher.

Brain-Gym® hatte diese Schüler nicht nur in ihrer Lernfähigkeit, sondern auch in ihrem Sozialverhalten weitergebracht. Natürlich habe ich in der kurzen Zeit, die mir zur Verfügung stand, nicht alle Schwächen beheben können, aber Lernen machte jetzt wieder Spaß, und Lernerfolge stellten sich wie von selbst ein.

Edelgard von Raußendorf:

Brain-Gym® als Schlüssel zur Veränderung für Schüler und Lehrer

Erfahrungen einer Grundschullehrerin

Im September 1993 hat sich mein Leben verändert – durch die „Sache mit dem X".

Ich bin Lehrerin an einer Grundschule in einem sozialen Brennpunkt von Hamburg. Mit Mühe und Not hatte ich es in diesem Jahr mit meiner schwierigen Klasse bis zu den Sommerferien geschafft. In den sechs Ferienwochen hatte ich mein Nervenkostüm gerade wieder stabilisiert, mich an meinen Platz unter dem Pflaumenbaum in unserem ruhigen Garten gewöhnt – da ging die Schule wieder los.

Am Montagmorgen komme ich erholt durch's Schultor, schon stürzen achtundzwanzig mittlerweile Drittkläßler auf mich zu, und meine Wiedersehensfreude trübt sich durch die stürmischen Umarmungsversuche mit Püffen, Tritten auf den Fuß und Zerren an Arm, Jacke, Hand- und Schultasche. Das erste Mal, daß ich denke: „Wie hältst du das bloß aus?" Nach drei Tagen Schule mit Klassenumzug, Streitereien, Konflikten, mühsamer Erinnerung an die Schulregeln, die in den Ferien vergessen worden sind, denke ich das zweite Mal: „Deine Erholung ist wieder ‚flöten'. Wie hältst du das bloß aus?" Am vierten Tag fällt S., einer meiner schwierigsten Schüler, der mit seinem Stuhl gekippelt hatte, während des Unterrichts mitsamt dem Stuhl laut krachend um. Wieder denke ich: „Wie soll ich das bloß aushalten?" Und gleich danach: „Das muß jetzt anders werden!!!" Ich bin S. heute noch dankbar, denn durch ihn habe ich mich auf die Suche nach Änderungsmöglichkeiten gemacht.

„Bewegung löst Lernblockaden" hieß ein Fortbildungsseminar am Institut für Lehrerfortbildung in Hamburg. Sein Titel und die

Beschreibung der Themen versprachen das, wovon ich glaubte, daß es meinen Schülern helfen könnte. Ich traf auf Claudia Meyenburg, die die Inhalte beim Einführungsseminar zur Edu-Kinestetik mit Begeisterung und Überzeugungskraft zu vermitteln verstand.

Erstaunlicherweise war das erste, was ich bemerkte, daß die Übungen aus Brain-Gym®, die ich hier kennenlernte, mir selbst sehr gut bekamen. Durch die Brain-Gym®-Kurse I und II sowie „Edu-Kinestetik für Fortgeschrittene", an denen ich bald darauf teilnahm, lernte ich die Übungen vollständig, machte Balancen mit privaten und beruflichen Zielsetzungen und merkte, wie ich mich dadurch veränderte, daß ich täglich Brain-Gym®-Übungen machte. In meinem Alltagsleben fühlte ich mich ausgeglichener und ruhiger. Mein Leben mit Brain-Gym® begann. Dazu einige Beispiele:

In der Klasse waren mir in Konfliktsituationen die *Hook-ups*, vor allem der zweite Teil der Übung, eine unauffällige Hilfe. – Die *Positiven Punkte* halfen mir in der Schule und zu Hause, mich zu konzentrieren und meine Arbeit positiv anzugehen. Oft habe ich mir schon abends oder morgens nach dem Aufwachen noch im Bett die Punkte gehalten, mich dabei zunächst auf „schwierige" Schüler konzentriert und mich auf sie vorbereitet. Ich merkte, wie ich mehr Verständnis für sie und Einsicht in ihre Situation entwickelte, dadurch die Gründe ihres Verhaltens besser durchschauen und angemessener und gelassener reagieren konnte. Der erste Schüler war Peter, der nach rein verbalen Informationen und Erklärungen oft aggressiv oder verbockt auf Anforderungen reagierte. (Alle Namen wurden geändert.) In einer Balance, die ich seinetwegen bekam, wurde mir klar, daß dieser Schüler aufgrund von Hörschäden und Ohroperationen zutiefst verunsichert war in bezug auf die Richtigkeit der von ihm empfangenen Informationen und ohne zusätzliche individuelle Bestätigung große Angst davor hatte, an Aufgaben heranzugehen. Er war zudem ein Schüler, der sehr gewissenhaft und ordentlich arbeitete und Korrekturen im Heft haßte. Ich ging also dazu über, ihn in seinem Selbstvertrauen bezüglich des Gehörten aufzubauen, ihn zu bestätigen, oder alles, falls vonnöten, geduldig zu wiederholen. Das fiel mir nach der Balance nicht mehr schwer. Nach einigen Wochen konsequenter Arbeit normalisierte sich sein Verhalten. Nachdem ich den Erfolg bei mehreren Schülern beobachtet hatte, begann ich damit, diese Übung mir den *Positiven Punkten* auszuweiten, schon früh morgens kurz alle Schüler einmal durchzugehen und später auch das Arbeitsprogramm des Tages. Nach einigen Wochen merkte ich, daß ich Übung darin bekam und dazu übergehen konnte, wieder abzukürzen und Schwerpunkte zu setzen.

Durch die Anwendung der Übungen im Alltag hat sich gleichzeitig mein Noticing verändert. Durch eine „schnell mal eben" durchgeführte Übung kann ich mir über den Körper zu mehr innerer Balance verhelfen. Und so sieht das im Alltag aus:

- Immer genügend *Wasser* bereithalten;

- beim Autofahren an der Ampel zum Beispiel *Energiegähnen, Denkmütze, Gehirn-, Raum-, Erd-, Balanceknöpfe, Positive Punkte, Fingerkreuzen* und *Denken an ein X*;

- beim Treppensteigen oder Spazierengehen deutliche, bewußte *Überkreuzbewegungen*;

- beim Tennis ganz unauffällig als Vorbereitung, in den Pausen, beim Seitenwechsel und zwischen den Aufschlägen (hat mir schon zwei Pokale eingebracht, wo ich sonst vor Nervosität verloren hätte!):

  a) vor Spielbeginn als Vorbereitung möglichst viele Übungen aus allen drei Bereichen an einem ruhigen Platz;

  b) in den Pausen beim Seitenwechsel die *Liegenden Achten* in den Sand malen oder unbemerkt nur mit den Augen durchführen, *die Denkmütze, die Gehirn-, Raum-, Erd-, Balanceknöpfe halten, die Eule, die Armaktivierung, die Wadenpumpe* als Lockerungsübung;

  c) zwischen den Aufschlägen, zum Beispiel beim Bällesammeln, kurz mit einer Hand über die *Positiven Punkte* streichen*, Überkreuzbewegungen* (zur Lockerung)*, die Denkmütze* und die *Gehirnknöpfe*;

- vor der Arbeit am Schreibtisch und in den regelmäßigen Pausen, die einzulegen ich mir angewöhnt habe, nach Gefühl und Bedürfnis und Art der Aufgabe;

- auf Seminaren: Ich habe immer eine Pappe mit einer *Liegenden Acht* im Gepäck. Auf dieser kann ich nachmalen oder mit den Augen folgen, wenn ich merke, daß meine Aufmerksamkeit nachläßt; alle Übungen, die man störungsfrei und unauffällig im Sitzen machen kann; in den Pausen alle Übungen, die Platz brauchen. Auf mehreren Seminaren bin ich schon aufgefordert worden, Übungen mit den Teilnehmern durchzuführen.

- eine Balance mit meinem Mann als Vorbereitung auf seine Operation, die aufgrund seiner anschließenden positiven Einstellung sehr gut verlief; die erwartete dreiwöchige Rekonvaleszenz konnte auf eine Woche abgekürzt werden.

Ich erzähle hier von meinen persönlichen Erfahrungen so ausführlich, weil ich erstens ohne diese sicher nicht so intensiv und begeistert darangegangen wäre, Edu-Kinestetik bzw. Brain-Gym® in der Schule anzuwenden, und weil zweitens persönliche Erfahrungen mir deshalb so wichtig erscheinen, da sie mir die Möglichkeit geben, den Schülern Beispiele zu erzählen, die Begeisterung und Überzeugungskraft transportieren und dazu beitragen, daß die Schüler die Übungen sorgfältig, bewußt und konzentriert für sich in der Schule und selbstverantwortlich auch außerhalb der Schule ausführen.

Ein weiterer wichtiger Aspekt eigener Erfahrung ist die Feststellung, daß manche Veränderungen spontan und sozusagen über Nacht stattfinden. Bei anderen tiefergehenden Veränderungen konnte ich anhand meiner Unterlagen mehrfach feststellen, daß sich Veränderungen erst rückblickend nach etwa einem Jahr manifestierten, indem ich plötzlich merkte: „Oh, das kannst du ja jetzt." Das aber mit Sicherheit nur, weil ich meine „Hausaufgaben" gemacht habe, nämlich intensiv und regelmäßig die in der Balance ausgetesteten Übungen in einem täglichen Programm durchgeführt habe. Aus dieser eigenen Erfahrung beziehe ich zum einen die Geduld, auch bei Schülern Entwicklungsprozesse abzuwarten, und zum anderen die Aufmerksamkeit bezüglich dieser Prozesse auf lange Sicht sowie die Ausdauer, mit den Übungen "am Ball" zu bleiben.

Eine Möglichkeit, etwas ganz Praktisches für mich zu tun, bot das tägliche Brain-Gym® mit den Schülern. Der Aspekt, daß ich ganz offen auch etwas für mich tue, wenn ich mit den Schülern übe, und das ganz deutlich vormache, indem ich mir überlege, welche Übung ich brauche, hat die Schüler motiviert, auch etwas für sich zu tun und zu schauen, was sie selbst brauchen.

Meine positiven Erfahrungen mit Brain-Gym® haben mich veranlaßt, eine Einführung in die Edu-Kinestetik zum Thema von zwei Pädagogischen Jahreskonferenzen in meinem Kollegium zu machen, zu denen auch interessierte Eltern eingeladen wurden. Danach habe ich mehrfach mit KollegInnen in kleinen Gruppen gearbeitet und sie für Brain-Gym® begeistern können. Ich habe ihnen die Übungen vorgestellt und erklärt, mit ihnen geübt und so meine Erfahrungen weitergegeben. Ich bin weiterhin Ansprechpartnerin für Fragen oder Austausch. Oft bekomme ich positive Rückmeldungen von den KollegInnen, die mittlerweile auch mit Brain-Gym® arbeiten und die Übungen schätzen gelernt haben.

Beim ersten Mal in dieser oben beschriebenen dritten Klasse habe ich jede Woche circa zwei Übungen eingeführt. Täglich begannen wir nun den Unterricht mit Brain-Gym®-Übungen. Zu jeder neuen Übung bekamen die Schüler eine DIN-A5-Seite mit dem Bild der Übung und einem Text über den Sinn und Zweck der Übung. Die Seiten wurden in einer eigens dafür angelegten Brain-Gym®-Mappe gesammelt, die die Kinder und auch interessierte Eltern zum Nachschlagen und selbständigen häuslichen Üben verwenden konnten. Die ersten Wirkungen der *Überkreuzbewegungen* und der *Liegenden Acht* in der Klasse waren verblüffend:

• Schüler F. hatte nach der ersten Übung mit der *Liegenden Acht* schlagartig eine sehr viel gleichmäßigere, sauberere und formschönere Schrift. Er war selbst so erstaunt darüber, daß er der erste begeisterte Brain-Gym®-Fan der Klasse wurde. Er nutzt die Übungen bis heute, wie er mir erzählte, obwohl er bereits die Schule gewechselt hat und nun ins Gymnasium geht.

• In der Förderstunde haben drei Schüler beim Lesenüben selbst verglichen, wie sie *vor* der *Liegenden Acht* und anderen Übungen lesen und wie *danach*. Der Unterschied in der Schnelligkeit und Flüssigkeit des Lesens war bei diesen drei Schülern sehr deutlich.

- Die *Liegende Acht* ist eine meiner liebsten Übungen. Oft denke ich, daß die Schüler sie deshalb auch so gerne mögen. Faszinierend war für mich zu beobachten, was passierte, als ich vorschlug, die Acht einem Partner auf die „Rückentafel" (das heißt auf den Rücken) zu malen: Keiner *mußte* mitmachen, alle bis auf ein schwer gestörtes Kind haben aber mitgemacht. Da zwei Kinder keinen Partner hatten, weil ihre Tischnachbarn krank waren, haben sie sich mit anderen zusammentun wollen und haben angefragt, ob sie mitmachen dürfen. Irgendwie ist dadurch etwas in Gang gekommen, so daß zum Schluß die ganze Klasse hintereinander stand und die *Liegende Acht* auf dem Rücken des jeweiligen Vordermannes malte. Nach einer Weile durfte sich dann der Hintermann genüßlich die Acht auf den eigenen Rücken malen lassen und so das schöne Gefühl, das er vorher gegeben hatte, zurückbekommen. Seitdem lieben die Kinder diese Übung in dieser Form. Irgendein Kind ist noch auf die Idee gekommen, diese Übung im Sport anzuwenden, wenn die Schüler sich in Gruppen hintereinander aufstellen oder setzen. Seitdem ist das fester Bestandteil des Sportunterrichts. Ein weiterer wichtiger Aspekt war, daß sich das Klima in der Klasse durch die Brain-Gym®-Übungen deutlich veränderte, und es trat das ein, was ich mir ja erhofft hatte: Die Klasse lebte und arbeitete zunehmend harmonisch miteinander.

- Eine weitere Übung, die ich sehr gerne mag, ist der zweite Teil der *Hook-ups* (früher „Wayne Cook"), bei dem man die Fingerspitzen beider Hände aneinanderlegt. Anfangs habe ich diese Übung für mich gemacht, um Geduld und innere Ruhe bei Konflikten zu finden und beim Abwarten, bis alle Schüler leise sind, damit ich etwas ansagen kann. Ich bemerkte dann, daß einige Kinder dies intuitiv nachahmten und leise und konzentriert wurden. Das war für mich der Anlaß, diese Übung als Zeichen für Ruhe, Konzentration und gutes Zuhören (auch in Verbindung mit der *Denkmütze*) zu vereinbaren. Später habe ich die Übung so abgewandelt, daß ich die Zeigefinger vor den Mund hielt, als Zeichen, daß Reden nicht erwünscht sei. Die Verabredung dieses Zeichens hat sich als sehr nützlich herausgestellt, zum Beispiel über größere Entfernungen, bei Museumsführungen, Aufführungen u. ä., wenn

Kommunikation nur über Blickkontakt möglich war. In dem Moment hat sich das Kind über diesen Hinweis selbst mit der Übung helfen können.

Am Anfang war die Wirkung von Brain-Gym® am deutlichsten bemerkbar. Nach meiner Beobachtung können vermutlich bei manchen Kindern durch Brain-Gym® spontan große Lücken in der Gehirnintegration geschlossen bzw. Lernblockaden gelöst werden. Vor einem Dreivierteljahr habe ich eine neue Klasse, im vierten Schuljahr, übernommen. Auch hier habe ich sofort mit Brain-Gym® begonnen und konnte gleiche und ähnliche Beobachtungen in der Anfangsphase machen. Ich habe ebenfalls von Therapeuten einiger meiner SchülerInnen positive Rückmeldungen erhalten, da diese sich in ihrer Arbeit durch Brain-Gym® unterstützt fühlen.

Wie die Schüler mit den Übungen leben, zeigen einige Beispiele:

• Wegen Streitigkeiten unter den Schülern war ich gerade dabei, eine Moralpredigt „vom Stapel" zu lassen, als ein Schüler meinte: „Frau von Raußendorf, ich glaube, du brauchst jetzt den *Wayne Cook*."

• In einer anderen Konfliktsituation mit einem Schüler spürte ich plötzlich, wie mir jemand ganz zart die Acht auf den Rücken malte. Ich drehte mich um und sah S. vor mir, ein oft sehr schwieriges Mädchen meiner Klasse, die mit dem Konflikt aber nichts zu tun hatte. Die ganze Situation entspannte sich, und der Schüler wurde einsichtig und entschuldigte sich für sein Fehlverhalten.

Daraus läßt sich für mich schließen, daß S. eine ähnlich beruhigende oder wohltuende Erfahrung mit der Rücken-Acht gemacht haben muß, so daß sie die Situation erkennen, ihre eigene Erfahrung umsetzen und an mich weitergeben konnte.

- Nach dem Schwimmunterricht berichtete die Schülerin S. ganz stolz: „Wir mußten tauchen. Ich bin noch nie getaucht. Ich habe es aber gleich acht Meter weit geschafft, weil ich vorher die Übungen gemacht habe!"

- Vor einer Aufführung trafen wir uns, um uns innerlich vorzubereiten. Wir machten unter anderem die *Bauchatmung* und pusteten alle Aufregung und Nervosität aus. Da meldete sich F.: „Wir dürfen nicht alle Anspannung rauspusten. Ein bißchen muß bleiben, sonst sind wir nachher auf der Bühne nicht gut!"

- Gerade kürzlich kamen die Schüler nach einer Vertretungsstunde im Sport ganz stolz zu mir und berichteten: „Wir haben endlich zum ersten Mal gegen die 4a im Völkerball gewonnen!" Darauf S.: „Wir haben vorher die Übungen gemacht und mit Köpfchen gespielt. Da hatten die keine Chance!"

Diese Beispiele sind für mich gleichzeitig Beispiele dafür, wie sich das Noticing der SchülerInnen ausprägt. Um noch gezielter am Noticing zu arbeiten, habe ich die Art der Einführung der Übungen in meinem jetzigen vierten Schuljahr verändert und intensiviert. Ich mache die Übung vor und erkläre den Sinn und Zweck. Danach nehmen wir die neue Übung in das tägliche Programm auf, üben, sammeln Erfahrungen und beobachten die Wirkung eine Zeitlang. Im Gegensatz zu früher erstellen die Kinder dann ihre „Lerngymnastikmappe" selbst, indem sie auf einem Vordruck ...

... den Namen der Übung aufschreiben,
... die Übung selbst aufmalen,
... aufschreiben: „Was wir uns merken wollen ..."

Beim Malen bearbeiten die Schüler die Übung auf bildnerischer Ebene. Sie müssen genau hinschauen, um die Übung „richtig" zu Papier zu bekommen. Wieviel Gefühl sich auch damit verbindet, zeigt sich in der Eigendarstellung, der liebevollen Ausschmückung des Bildes und den Gesprächen während des Malens.

Name der Übung:

Liegende Acht

Was wir uns dazu merken:

Beide Gehirnhälften werden richtig wach, und sie verbinden sie. Die Augen werden trainiert und folgen gut. Ich kann besser gucken und mehr sehen.

Unter „Was wir uns merken wollen" wird aufgeschrieben, was wir gemeinsam an der Tafel erarbeiten. Hier fließen jetzt die eigenen Erfahrungen – das Noticing – der SchülerInnen von einigen Wochen mit ein, und zwar das, was alle als das Wichtigste empfinden, in möglichst kurzer Fassung.

Zum Beispiel war mir aufgefallen, wie intensiv viele Kinder die Wirkung des gegenseitigen Haltens der *Positiven Punkte* bei der Einführung erfahren haben. Es kamen Äußerungen wie: „Mir wird ganz wohlig und total entspannt." – „Mir wird ganz warm und ein bißchen müde." – „Ich merke jetzt, daß mein Nacken noch ganz verspannt ist. Kann mir mal einer den Nacken massieren?" Plötzlich wollten über die Hälfte der SchülerInnen eine Nacken-massage – und haben sie auch bekommen. Es war einer der friedlichsten Vormittage bis dahin. Als ich zum Schulschluß den SchülerInnen sagte, daß mir der Schultag gut gefallen habe, weil es so schön und friedlich war, und daß es mir viel Spaß gemacht habe und daß ich heute ganz glücklich nach Hause gehe, sahen mich erst alle etwas ungläubig an, zogen dann aber selbst ganz stolz und glücklich ab.

Da wir auch die Nackenmassage problemlos ins Tagespro-gramm aufnehmen konnten, wurde die Atmosphäre in der Klasse auf Dauer immer entspannter und freundlicher.

Bei der Einführung der *Erdpunkte* bemerkte Chr.: „Ich hab' schon das Gefühl, ich hab' hier Wurzeln gekriegt."

Bei den *Liegenden Achten* ist mir aufgefallen, daß diese Übungen den Kindern zunächst schwerfielen. Wenn sie sie auf ein großes DIN A 3-Blatt gemalt hatten, waren die beiden Hälften oft sehr unterschiedlich und blieben es auch bis zum Schluß. Erst nach Hinweisen auf Verbesserungsmöglichkeiten der ersten Spuren wurden die Achten mit der Zeit und mit der motorischen und visuellen Übung gleichmäßiger.

Ein Schüler, D., hatte sich beobachtet: „Wenn die Augen bei der Acht so nach unten absacken, heißt das, daß man müde ist; wenn sie ganz rund sind, ist man hellwach." Mit den „Augen" der Acht hat es folgendes auf sich: In einer Förderstunde entstand eine kombinierte Übung aus Acht und Malen mit beiden Händen (*Double Doodle*), indem die Acht die Augen darstellt und drumherum beidhändig ein Gesicht entsteht, mit Pupillen, Nase, Augenbrauen, Ohren, Wangen, Mund, Nasenlöchern usw. Jedes dieser Gesichter, die so entstehen, hat seinen eigenen Ausdruck, den die Kinder hinterher, wenn die Bilder an der Tafel hängen, gerne gegenseitig erläutern.

So sagte D.: „Achten malen ist schön. Aber meiner (gemaltes Gesicht) guckt heute ganz böse, weil mein Hase heute morgen das ganze Zimmer vollgemacht hat."

J. zu mir: „Sie sind ja total wach. Bei mir ist die linke Gehirnhälfte nicht wach."

A.: „Mein kleiner, süßer Achti!"

Ich an N.: „Mir scheint, dir geht's nicht so gut." - N.: „Ich fühl' mich krank."

Die SchülerInnen merkten bald, daß aus ihren „Acht-Gesichtern" Rückschlüsse auf ihr eigenes Befinden gezogen werden können. Sie sprechen darüber, welche Farben sie benutzt haben und welche Gefühle sie mit den gewählten Farben verbinden, bei den eigenen gemalten Gesichtern und bei denen der anderen. Marcel, dessen erstes „Gesicht" in sehr aggressiven Farben und Formen seine Stimmung ausdrückte, malte ein zweites Gesicht plötzlich in den sanftesten Tönen und Formen. M. dazu: „Meine schlechte Laune ist jetzt weg!"

So ist die Acht in der Klasse ganz deutlich und spürbar zu einem Mittel geworden zu sehen: Wie geht es mir? Ist mein Gehirn eingeschaltet? Sind beide Gehirnhälften gleich gut eingeschaltet und vorbereitet auf die kommende Arbeit? Was brauche ich noch, damit es mir gut geht?

Die Kinder in die Lage zu versetzen, das eigene Befinden zu erkennen, die Verantwortung dafür zu übernehmen und Möglichkeiten der Hilfe für Wohlbefinden anzubieten, das ist Teil meines Ziels der Erziehung zur Selbstverantwortung und Selbständigkeit. Außerdem sehe ich es als wichtige Aufgabe für die Zukunft der Kinder an, sie das Lernen zu lehren. In der Schule und später geht es ja immer auch um Leistung. Um gute Leistungen zu erlangen, auch oder gerade, wenn es schwerfällt, muß man sich gut vorbereiten, einerseits die Inhalte lernen und andererseits Bedingungen schaffen für gutes Lernen und dafür, Gelerntes dann, wenn es gebraucht wird, auch verfügbar zu haben. Bei allen Punkten erweist sich für mich Brain-Gym® als gutes Mittel. Für die SchülerInnen teile ich die Arbeit in drei Phasen:

1. Vorbereitungsphase
2. Arbeitsphase
3. Nachbereitungsphase

Ich übe mit ihnen die Einhaltung und Durchführung dieser Phasen – vor allem bei Klassenarbeiten und anderen Leistungsprüfungen.

Die Wichtigkeit der Vorbereitungsphase wird von den meisten (nicht nur Kindern) unterschätzt oder gar nicht beachtet. In Wirklichkeit schaffe ich hier aber die Bedingungen für die Arbeitsphase, soweit sie meinem eigenen Einfluß unterliegen. Dabei sind die äußeren Bedingungen ebensowichtig wie die inneren. Für die Kinder benutze ich fast stereotyp folgende „Merksätze": Zu den äußeren Bedingungen gehört, daß ich mir einen guten Platz schaffe zum Arbeiten. Ich lege mir alle Materialien zurecht, die ich brauchen werde. Den Arbeitstisch räume ich so auf, daß nur das darauf liegt, woran ich gerade arbeite. Ich setze mich in der Schule zum Beispiel so an den Rand des Tisches, daß ich meinen Nachbarn nicht störe und von ihm nicht gestört werden kann. Kann ich Partner wählen, suche ich mir jemanden, mit dem ich gut arbeiten kann.

Innerlich stelle ich mich erst einmal auf die neue Aufgabe ein, indem ich überlege: „Was muß ich können? Wie geht es mir damit, und was kann ich tun, um die Aufgabe gut zu bewältigen? Welche Brain-Gym®-Übungen helfen mir dabei?" Wenn ich die Auswahl getroffen habe, führe ich die Übungen durch und bin dabei in Gedanken bei der Aufgabe.

In der Arbeitsphase überprüfe ich in Abständen, wie es mir geht. Ich mache die Übungen, die mir nützlich erscheinen. (Anfangs muß man die SchülerInnen in bestimmten Zeitabständen – nach meiner Erfahrung alle zehn bis fünfzehn Minuten – daran erinnern). Ich versuche so, optimale Arbeitsbedingungen aufrechtzuerhalten.

In der Nachbereitungsphase ist es wichtig, daß ich nicht zu früh abschalte und alles noch einmal kontrolliere (Diktate, Rechentests usw.). Eventuell mache ich nochmals eine Übung, dann räume ich meine Sachen auf (Zettel in die Mappen, Stifte in die Federtasche usw.). Zu Hause ist es ganz wichtig, daß ich meine Sachen in die Schultasche packe. Ich bin erst fertig, wenn ich alles für den nächsten Tag gepackt habe. (Und nicht: Heft zu – und weg! Und am nächsten Tag hat man die Hausaufgaben nicht dabei.)

Hier einige der wichtigsten Beispiele für die Arbeit mit Brain-Gym® aus den verschiedenen Bereichen des Schulalltags:

- Das tägliche Programm, morgens zehn bis fünfzehn Minuten:

    a) Ich mache Übungen vor, wenn es schnell gehen soll; die Schüler machen mit oder im eigenen Rhythmus.

    b) Jeder macht die Übungen, die er braucht, in vorgegebener Zeit.

    c) Die Schüler machen vor – wechseln sich ab, nehmen sich gegenseitig dran – spielen Lehrerin – üben mit einem Partner – machen ein Spiel daraus, zum Beispiel ein Ratespiel, Nachahmungsspiel – ziehen Übungskarten …

    d) … das ganze mit oder ohne Musik. Der Phantasie sind keine Grenzen gesetzt.

- Die Holzachten liegen in der Mitte unserer Sechsertische. Wenn ein Kind die Übung machen möchte, kann es in der Stunde mit dem Finger die Acht nachfahren, in den Pausen auch die Kugel zum Nachrollen benutzen.

- Vor einem Diktat machen wir die Übungen besonders ausführlich und konzentriert. Zum Abschluß heißt es nach Bedürfnis: „Spür' selbst, welche Übungen du jetzt noch brauchst." Dann setzen sich alle hin, halten die *Positiven Punkte*, pusten Streß raus und sagen die Affirmation: „Ich gebe mein Bestes. Alles, was ich gelernt habe, kann ich jetzt auch." Dann lese ich das Diktat ein-mal vor. Danach beginnen die Schüler zu schreiben. Nach jedem Satz werden die *Positiven Punkte* gehalten, wenn Zeit ist, und der Satz wird nochmals durchgelesen. Ich teile mir die Diktate in Abschnitte. Nach einem Abschnitt macht jeder für sich eine Minute lang ganz leise meist ein bis zwei Übungen und die Armaktivierung. Danach geht's mit frischem Schwung weiter. Die Schüler sind sehr froh über diese Pausen und nutzen sie konzen-triert, selbstverantwortlich und ohne Störungen.

- Bei den Rechenarbeiten verfahre ich ähnlich wie beim Diktat, mit folgenden Unterschieden: Wenn die Schüler zu Beginn die *Posi-tiven Punkte* halten, schauen sie sich die ganze Arbeit an und prüfen, welche Aufgaben für sie leicht sind. Diese werden zuerst gerechnet, um möglichst viele Punkte zu erreichen. Außerdem wird genau nachgesehen, welche Rechenoperationen in den Auf-gaben verlangt sind, und eventuell wird sogar verschiedenfarbig markiert (als kleiner Tip), damit nicht ganze Türme aus Versehen falsch gerechnet werden. Für die Übungen zwischendurch kündi-ge ich etwa alle zehn Minuten leise an: „Die Aufgabe zu Ende rechnen und dann leise eine Minute Übungen machen."

- Beim Malen und Geschichtenschreiben halten die Kinder sich nach den allgemeinen Übungen, bevor es losgeht, die *Positiven Punkte* und stellen sich das fertige Bild bzw. den Handlungsver-lauf der ganzen Geschichte vor. Seitdem ist der Papierverbrauch wegen mißlungener Ansätze fast ganz zurückgegangen.

- Vor dem Gedichtaufsagen und vor Aufführungen machen die Kin-der vor allem die *Bauchatmung*, halten die *Erd-, Raum-* und *Balancepunkte* sowie die *Positiven Punkte* und die *Hook-ups*. Während des Aufsagens machen sie vor dem Bauch oder hinter dem Rücken den zweiten Teil der Hook-ups weiter.

- Im Sport haben wir Brain-Gym®-Übungen in die Aufwärmphase am Anfang der Stunde eingebaut. Die Schüler machen dann in zwei Kreisen Übungen, ein Kind „turnt" jeweils in der Mitte vor. Besonders intensiv ist die Vorbereitung vor den Bundesjugend-spielen oder Klassenwettspielen, denn auch hier gewinnt man nur mit Köpfchen!

Viele dieser Anwendungsmöglichkeiten von Brain-Gym® beruhen auf den Ideen und Anregungen der Kinder. Immer wieder suchen wir neue Wege, die Spaß machen und Nutzen bringen, erweitern sie um Dinge aus anderen Bereichen und gehen kreativ damit um. Brain-Gym® ist ein Teil des Schulalltags geworden und damit selbstverständlich. Der Nutzen ist nur schwer meßbar, aber von jedem selbst schätzbar. Der anfangs erwähnte Schüler S., der mich zur Kinesiologie gebracht hat, geht mittlerweile zum Gymnasium. Ich bin sicher, daß er es nur geschafft hat, weil er die Hilfe von Brain-Gym® nutzte. Neulich kam er mich in der Schule besuchen. Er erzählte mir: „Ich mach' die Übungen immer noch jeden Morgen!" Darauf antwortete ich: „Ich auch!" – und wir lachten einander an.

Sunny Mello:

Movement Dynamics für Schwerbehinderte

Einleitung

Seit der Entwicklung von *Brain Gym® Movement Dynamics* im Jahre 1990 habe ich seine Bewegungen, Aktivitäten und Prozesse den Bedürfnissen von Schwerbehinderten aller Altersstufen und verschiedener Arten von Behinderungen (gesundheitliche, sensorische, lernspezifische, mentale, physische und emotionale) angepaßt. Die Arbeit mit *Movement Dynamics* unterstützt die Selbstbestimmung, ist praktisch und macht Freude. Die Seminarreihe *Brain Gym® Movement Dynamics* besteht aus den beiden Workshops *Movement Dynamics* I und II und dem *Brain Gym® Movement Dynamics Teacher Training*. Im folgenden beziehe ich mich auf diese drei Workshops mit den Bezeichnungen M.D. I, M.D. II und M.D.T.T. Die kursiv gedruckten Teile enthalten spezielle Anweisungen für die Klienten. Der Einfachheit halber benutze ich in den meisten Fällen die Bezeichnungen Anwender und Klient statt Lehrer und Schüler.

Wenn ich mit Schwerbehinderten arbeite, achte ich jede Persönlichkeit, und ich akzeptiere vollständig, wo sie sich in ihrem Leben befindet. Die ausgewählten Aktivitäten unterstützen und würdigen die Einzigartigkeit einer jeden Person. Ich finde es nützlich, mich in die Lage der Teilnehmer zu versetzen, um ihnen zu ermöglichen, meinen Anweisungen erfolgreich nachzukommen. So sitze ich beispielsweise auf einem Stuhl, wenn ich mit Rollstuhlfahrern am Aufstehen arbeite.

Der Fluß der Kreativität und Spontaneität steigert sich und findet neue, aufregende und Freude bereitende Wege, wenn der Movement-Dynamics-Lehrer seine Arbeit verkörpert. Er ist dann offen und bereit, neues Lernen innerhalb der vertrauten Struktur von Movement Dynamics zuzulassen.

Es ist wichtig zu beachten, daß die Bandbreite der folgenden

Erörterungen von Movement Dynamics bei weitem nicht alle darin enthaltenen Möglichkeiten abdeckt. Das meiste der hier vorgestellten Information ist auf alle Alters- und Entwicklungsstufen anwendbar.

Die Seminarreihe
Brain Gym® Movement Dynamics

Der Workshop M.D. I gibt den Teilnehmern die Möglichkeit, sich für ein Ziel auszubalancieren, und zwar mit Hilfe von Übungen aus den Dimensionen Lateralität, Zentrierung und Fokus. Die Brain-Gym®-, Vision-Gym®- und Movement-Dynamics-Aktivitäten verbinden sich zu einem fließenden Bewegungsmuster. Wenn das ganze Angebot dieser Übungen durchlaufen wird, helfen mehr als sechzig einzelne Aktivitäten dem Klienten bei seiner Integration von Bewegung und Gedanken. Die Sequenz kann mit Musik oder in Stille durchgeführt werden, in einzelnen Teilen oder auch in Teilen *wiederholt* für eine spezielle Balance oder Absicht. Vorteile sind das Tonisieren, Kräftigen und Entspannen des gesamten Gehirn-Körper-Systems ebenso wie die Freude am Tun und das Gefühl von Energie. Ich verwende das „Orangene Blatt" von M.D. I, das die einzelnen Aktivitäten des Balancemenüs aufzählt. Häufig füge ich der Sequenz meine eigenen Bewegungen oder Tänze an, um die Kreativität der Struktur zu erweitern. Um eine optimale Umerziehung und Aktivierung zu erreichen, wiederhole ich jede Bewegung mindestens drei- oder viermal während einer langsamen Bewegungsphase oder vier- bis sechsmal bei einer schnellen Bewegungsphase. Dabei ist die Aufmerksamkeit immer beim Atem.

Der Workshop M.D. II ist ein frei fließender Kurs, der sich leicht den verschiedenen Individuen oder Gruppen anpassen läßt. Spielerische Prozesse bieten den Teilnehmern Raum, um die Gehirn-Körper-Dimensionen von Lateralität, Zentrierung und Fokus zu erforschen. Das „Blaue Blatt", das Workshopmenü, enthält alle ursprünglichen Aktivitäten aus Brain-Gym® I und II, die Schwerkraftbalance und neun neue Überkreuzbewegungen für jedes der Lateralitäts-, Zentrierungs- und Fokusmenüs. Dem ursprünglichen Menü M.D. II füge ich noch SPACE, das Heliotrope Atmen, die

Energiefontäne, Jonglieren (in die Edu-Kinestetik übernommen), das Drei-Dimensionen-Atmen (in die Edu-K übernommen), Farben, Klänge und eine Musikauswahl hinzu.

Der Workshop M.D.T.T. ermöglicht dem Anwender, die einzelnen Bewegungsaktivitäten und Prozesse tiefer zu integrieren. Energie folgt der Absicht. Wir sind vollständig und ganz; unsere Aufgabe ist es einfach, unsere Absicht darauf zu lenken. Movement Dynamics ist ein wirkungsvoller Weg, um ein Gefühl dafür zu bekommen, wie wir uns entsprechend unserer Absicht bewegen.

Die grundlegenden Werkzeuge

Vorbereitung zur Kursleitung oder zum Balancieren

Bevor ich einen Workshop leite oder andere balanciere, bereite ich mich vor, so daß ich die Energie für die Gruppe oder die Einzelperson halten kann. Ich führe eine oder mehrere der folgenden Übungen durch, um meine Energie auszurichten: 1) sich ins PACE bringen (aus Brain-Gym® I/II); 2) sich ins SPACE bringen (aus Vision Circles); 3) Energiefontäne; 4) Drei-Dimensionen-Atmen; 5) Heliotropes Atmen. Oftmals mache ich die Energiefontäne auf dem Weg zum Workshop oder zum Unterrichtsraum. Das Ergebnis ist, daß ich es viel leichter finde, eine friedliche, kooperative Atmosphäre aufrecht zu erhalten, wenn die Energie in dieser Weise ausgerichtet ist.

Das Drei-Dimensionen-Atmen

Dieser Prozeß ist meine eigene Arbeit, die ich der Edu-K-Terminologie angepaßt habe. Ich habe den Atemprozeß in meine Movement-Dynamics-Arbeit aufgenommen. Er ist kein Bestandteil des Movement-Dynamics-Manuals.– Jede Aktivität soll mindestens drei mal durchgeführt werden.

Dimension: Zentrierung

In diesem Prozeß geht der Atem vom Herzen aus nach oben und nach unten.

1) *Atme sanft durch die Nase, atme ein, während der Bauch sich hebt und ausdehnt, und atme aus, während der Bauch wieder zusammensinkt.*

2) *Atme vom Herzzentrum aus. Beim Einatmen schicke den Atem und die Energie nach oben und aus dem Kopf in den Raum hinaus. Beim Ausatmen bringe den Atem und die Energie zurück ins Herzzentrum.*

3) *Atme vom Herzzentrum aus.*

4) *Beim Einatmen schicke den Atem/die Energie hinunter in den Mittelpunkt der Erde. Beim Ausatmen bringe ihn zurück in dein Herzzentrum.*

5) *Atme vom Herzzentrum aus.*

6) *Atme in beide Richtungen, nach oben und nach unten, beim Einatmen hinausreichend und beim Ausatmen Atem/Energie zurück zum Herzen bringend.*

7) *Atme vom Herzzentrum aus.*

Dimension: Fokus

Der gleichen Sequenz wie oben folgend, atme nach vorn und nach hinten.

1) *Atme mit dem vorderen Teil des Herzens.*

2) *Atme mit dem Zentrum des Herzens.*

3) *Atme mit dem hinteren Teil des Herzens.*

4) *Atme mit dem Zentrum des Herzens.*

5) *Atme nach vorn und nach hinten gleichzeitig.*

6) *Atme mit dem Herzzentrum.*

Dimension: Lateralität

Der gleichen Sequenz wie oben folgend atme zu den Seiten.

1) *Atme zur linken Seite des Körpers.*

2) *Atme mit dem Herzzentrum.*

3) *Atme zur rechten Seite des Körpers.*

4) *Atme mit dem Herzzentrum.*

5) *Atme nach links und nach rechts gleichzeitig.*

6) *Atme mit dem Herzzentrum.*

Beim Atmen in alle drei Dimensionen kann der Atem ausgedehnt werden: 1) an die Grenzen des Körpers; 2) an die weichen Grenzen einer Seifenblase; 3) an die Grenzen des Raumes; 4) an einen zukünftigen Ort / eine Situation in einer Balance. Wenn das Drei-Dimensionen-Atmen eine automatische Erfahrung des hohen Gangs wird, brauchen die Klienten die einzelnen Phasen nicht mehr zu durchlaufen. Sie bringen einfach ihre Aufmerksamkeit auf die Atemführung von einem dreidimensionalen Raum aus. Die Energiefontäne, das Heliotrope Atmen, Farben, Klänge und Bewegungen können außerdem hinzugefügt werden. Das Drei-Dimensionen-Atmen ist besonders wertvoll für Menschen mit eingeschränkter Bewegungsfähigkeit.

Energiefontäne und Schwerkraftbalance

Die Energiefontäne und die Schwerkraftbalance sind stark wirkende Aktivitäten, die anderen zeigen, wie sich der hohe und der niedrige Gang im Körper anfühlen. Es ist eine einfache Art, die Anfangsarbeit mit Brain-Gym® einzuführen, und stärkt die Eigenverantwortlichkeit für den persönlichen Fortschritt in Lernsituationen. Die Energiefontäne bedeutet eine Revitalisierung und Neuerziehung des Gehirn-Körper-Systems, wenn es nicht mehr im PACE ist oder sich für das gewünschte Ziel im niedrigen Gang befindet. Schwerbehinderte Menschen finden diese Aktivitäten sehr unterstützend.

Heliotropes Atmen

Heliotropes Atmen hilft, die Aufmerksamkeit auf die Absicht, jetzt und hier zu sein, zu richten. Es dauert einige Sekunden. Ich kombiniere es oft mit dem Drei-Dimensionen-Atmen.

Der Prozeß im ersten Teil von M.D. II, der Heliotropes Atmen mit freier Bewegung kombiniert, weckt bei Schwerbehinderten viele freudige Ausdrucksformen. Der Prozeß kann leicht anderen Bedürfnissen von beispielsweise Rollstuhlfahrern, Gehbehinderten oder Menschen mit anderen Bewegungseinschränkungen angepaßt werden. Viele Bewegungen und Aktivitäten des M.D.I- und M.D.II-Programms lassen sich mit Heliotropem Atmen kombinieren, so zum Beispiel die *Eule*, der *Energetisierer*, das *Erder*, das *Bauchatmen*, die *Positiven Punkte*, die *Balancepunkte*, die *Hook-ups* und das *Energiegähnen*.

Spielerische Arbeit mit anderen

Arbeit mit Gruppen in der Schule

Grenzen sind der Schlüssel zum Erfolg in der Gruppenarbeit. Ich setze sichere und angemessene Grenzen für den persönlichen Raum sowie auch für den größeren Raum des gesamten Arbeitsplatzes. Wenn ich mit Gruppen für eine bestimmte Zeit arbeite, wird der persönliche Raum eines jeden einzelnen vom Klassenlehrer markiert. Farbiges Klebeband mit dem Namen des Kindes oder ein großer Hula-Hoop-Reifen markieren den Platz, an dem das Kind sitzt und still auf den Beginn des Unterrichts wartet. Die Kinder trinken Wasser, bevor sie in meinen Unterricht kommen. Die Plätze nenne ich Seifenblasen für die jüngeren Kinder und Spotlightplätze für die älteren. Wenn die Plätze nicht markiert sind, bitte ich die Schüler, sich einen Ort zu suchen, wo noch niemand ist. Nachdem sie ihren Platz gefunden haben, lasse ich sie die Sphären machen, um ihre persönlichen Grenzen zu ziehen; dann setzen sie sich und sind still.

Bei der Arbeit mit behinderten Kindern ist es wichtig, ihre Lehrer und Betreuer mit im Raum zu haben, damit sie ihnen helfen können. Oft integriere ich schwerer behinderte Kinder in Bewegungsklassen mit leichter behinderten und weise ihnen Kinder aus diesen Klassen zu, die ihnen helfen und ihre Erfahrungen mit ihnen teilen sollen. In den Vereinigten Staaten wird dieses Verfahren *mainstreaming* genannt.[1]

---

[1] *Mainstreaming* = Unterstützung, um im Hauptstrom mitschwimmen zu können. [Anm. der Übersetzerin]

Während wir uns (gewöhnlich sitzend) ins PACE und/oder ins SPACE bringen, sage ich den Schülern, was sie an diesem Tag erwartet. Manchmal schließen sie ihre Augen und atmen durch ihre Haut von Kopf bis Fuß, durch ihre Seifenblase um sie herum, und dann durch den gesamten Raum als eine einzige große Seifenblase. Das ist eine einfache Form des Drei-Dimensionen-Atmens. Wenn sie ihre Augen dann wieder öffnen, sind sie viel präsenter, bereiter zum Zuhören und kooperativ zum Spielen. Wenn ich mit dem Spotlightraum arbeite, sage ich den Schülern, sie sollten sich ihre eigene kleine, runde Bühne für ihren Auftritt vorstellen. Mit einem gesprochenen „Bing" und einem Finger-„Klick" schalte ich ihre gedachten Spotlights an. Die Spotlights scheinen über ihre Köpfe und bilden einen gedachten Lichtschein um sie. Jeder ist der Star seiner eigenen Show. Oft benutze ich integrierende Musik für Fokus- und/oder Zentrierung, die den Körper zu Beginn und Ende der Stunde entspannt und energetisiert. Diese Musik unterstützt gutes Zuhören und fokussiertes Verhalten.

Gleichgültig ob ich drinnen oder draußen arbeite, bitte ich die Schüler oft festzustellen, wie sie sehen, hören und sich emotional, physisch und mental zu Anfang und Ende des Unterrichts fühlen. Diese Vor- und Nachaktivitäten sind manchmal Teil einer Balance und manchmal einfach Gelegenheiten, sich über seine Erfahrungen klarzuwerden. Einige Schüler kennen alle ihre visuellen Felder und aktivieren sie selbst regelmäßig. Wahrnehmung von Farben, Formen, Schatten und Licht kann diesen Aktivitäten hinzugefügt werden.

Wenn die ganze Stunde aus der M.D.I-Sequenz besteht, starte ich die Musik, und die Schüler machen meine Bewegungen nach. Je nach verfügbarer Zeit und Fähigkeit der Schüler fahren wir so fort und benutzen möglichst wenig verbale Instruktionen, damit die Schüler die vollständige Bewegung des Körpers und den Integrationsprozeß für sich selbst erfahren können. Ich habe dies erfolgreich mit Vierzigjährigen ohne jegliche Brain-Gym®-Vorerfahrung durchgeführt. Lob und Spiele mit der Vorstellungskraft begleiten die modifizierten Bewegungen. Wenn die Schüler bereit sind, zu Partner- oder Gruppenerfahrungen überzugehen, setze ich die Stunden für die Erfahrung der entsprechenden persönlichen oder

Gruppenräume fort. Kooperative, konkurrenzfreie Spiele und Bewegungserfahrungen unterstützen die Schüler bei der Erfahrung ihrer eigenen Kreativität.

Das Folgende ist ein Beispiel für die Einführung einer Gruppe junger Kinder in *Brain Gym® Movement Dynamics*.

„Heute werden wir mit Brain-Gym® spielen. Stellt euch vor, ihr seid ein schöner Weihnachtsbaum mit einem leuchtenden Stern oben auf eurem Kopf. Zeigt mir mal alle, wie euer Weihnachtsbaum aussieht ... Stellt euch vor, daß ihr voll bunter Lichterketten seid. Ich zähle bis 3, und dann schalten wir eure Christbaumlichter an. 1-2-3, bing! Und wieder bei 3 bewegen wir uns in unseren Seifenblasen herum wie wandernde Weihnachtsbäume. 1-2-3, los! Und wieder bei 3: Stop! ...1-2-3. Laßt eure Zweige hängen und schaut hierher. Jetzt stellt euch vor, daß einige eurer Lichter aus sind und ihr etwas von eurer funkelnden Energie verloren habt. Wie würdet ihr in eurer Seifenblase herumlaufen ohne eure Lichter? Bei 3 zeigt mir, was mit eurem Weihnachtsbaum passiert.

1-2-3, los ... Ich sehe, daß ihr müde ausseht und euch ausruhen müßt. Bringt euch in eine Schlafhaltung. Würdet ihr gerne wissen, wie ihr alle eure Lichter angeschaltet behalten und euch wacher fühlen könnt? Bei 3 steht ihr wieder auf, und ich zeige euch etwas von Brain-Gym®, um alle eure Weihnachtslichter angeschaltet zu halten. 1-2-3, los ... Zuerst trinken wir Wasser, damit wir unsere Bäume gesund und grün erhalten können. (Wenn gerade kein Wasser verfügbar ist, in der Vorstellung ausführen.) Haltet eure Gläser hoch und trinkt, trinkt, trinkt .... Als nächstes reiben wir die Gehirnpunkte, um unsere Lichter strahlend und hell zu halten. Legt eine Hand auf den Bauchnabel, und mit der anderen Hand reibt diese beiden Stellen unter euren Schlüsselbeinen ... Und jetzt laßt uns durch unsere Seifenblase marschieren wie bei einer Weihnachtsparade. Bei 3 marschieren wir im Kreis herum, 1-2-3, los ... Das Laufen gibt unserem Gehirn Energie ... Und wieder bei 3 entspannt euch, setzt euch hin und schaut her für unsere letzte Brain-Gym®-Übung für heute. 1-2-3, setzt euch und entspannt euren Baum und schaut her … Die Körper-Acht stellt sicher, daß die Kabel zwischen euren Lichtern alle voll Energie sind, damit die Lampen auch angeschaltet bleiben. Legt einen Fuß über den anderen. Die Hand, die auf der gleichen Seite ist wie das Bein, das obenauf liegt, klopft auf das Knie – haltet jetzt diese Hand hoch in die Luft und steckt euren Daumen nach unten durch ein gedachtes Loch – nehmt jetzt die Hand von eurem Schoß und haltet sie unter die andere Hand, um ein X zu bilden – diese Hand hat auch ihren Daumen in einem gedachten Loch … Laßt jetzt eure Arme sinken, bringt eure Hände zusammen und faltet sie – bringt sie jetzt in der Mitte hoch bis über das Herz und haltet sie dort für eine Weile.– (Wenn das zu komplex ist, sollen sich die Kinder selbst umarmen, indem sie die Arme über der Brust kreuzen.) … Jetzt löst den Knoten auf, … und dann wiederholen wir das gleiche für die andere Seite … Dann schließen wir das ab, indem wir die Beine wieder nebeneinanderlegen und die Finger aneinanderhalten, so daß ein Weihnachtsbaum ent-steht … Stellt euch vor, daß alle eure Lichter angeschaltet sind, die Elektrizität durch alle Drähte fließt und der Stern oben auf eurem Kopf wie eine goldene Sonne strahlt. Bei 3 laßt uns alle aufstehen und uns in unserem Raum bewegen wie strahlende, gesunde Weihnachtsbäume. 1-2-3, los (mit Musik) … Ich sehe, daß ihr voll Energie seid und daß eure Lichter strahlend und schön sind … Bei 3 setzt euch hin und entspannt eure Bäume … 1-2-3, entspannt euch und schaut her. Wie fühlt ihr euch, nachdem ihr Brain-Gym® gemacht habt? Hebt eure Hand, wenn ihr beim nächsten Mal mehr Brain-Gym® lernen möchtet. Ich werde eurem Lehrer ein Bild von diesen Bewegungen geben, damit ihr sie in eurer Klasse machen könnt. Diese Bewegungen helfen euch, euch fließen-der zu bewegen und eure Gedanken leuchten zu lassen – genau wie euer Phantasieweihnachtsbaum mit all seinen Lichtern. Ich freue mich darauf, euch beim nächsten Mal ein paar neue Brain-Gym®-Übungen zu zeigen."

Der Massagezug

Gruppen aller Altersstufen lieben den Massagezug. Es ist ein lustiger und einfacher Weg, um die *Liegende Acht* und das beidhändige Zeichnen auf dem Rücken eines Partners zu machen. Ich finde es leichter, wenn sich die ganze Gruppe von der kleinsten bis zur größten Person hintereinander aufstellt. Ich beginne, indem jeder sanft seine Hände auf die Schultern der Person vor sich legt. Die eine Hand bleibt auf der Schulter, die andere malt mit der flachen Hand Kreise auf den Rücken. Dann werden die Hände gewechselt. Danach werden beide Hände in Höhe des Herzens auf den Rücken gelegt und malen Kreise. Wenn ich die Liegende Acht zum ersten Mal unterrichte, spielen die Schüler zunächst mit Kreisen zur einen und zur anderen Seite von der Mittellinie. Sie bewegen ihre Hände in einer kreisenden Bewegung nach oben über die eine Schulter, zurück zur Mittellinie, dann hoch und über die andere Schulter und wieder zurück zur Mittellinie. Schließlich ist die Bewegung eine fortlaufende Acht. Die Bewegung geht als erstes zur linken Schulter, und die Augen folgen der Bewegung.

Das *Simultanzeichnen* wird genau wie die Liegende Acht mit flachen Händen den Rücken hoch und runter, zur einen und zur anderen Seite gemacht. Weitere Möglichkeiten für den Massagezug sind die *Positiven Punkte*, Baumstammlaufen, *Wadenpumpe*, Treppe, Zehenspitzen, *Denkmütze, Eule* und *Nackenrollen*. Es macht Spaß, den Massagezug in der fünften Stunde von M.D. I durchzuführen. Eine Möglichkeit, den Massagezug zu modifizieren, ist die, auf einer Bank oder auf dem Boden mit gespreizten Beinen zu sitzen. Ich habe den Massagezug oft am Ende einer Schulstunde benutzt, um die Kinder zu beruhigen, bevor sie zurück in den normalen Unterricht gehen.

Bahnungstänze

Weitere Möglichkeiten aus dem Menü bieten sich mit den Bahnungsprogrammen an. Ich habe sowohl einzelne Personen als auch Gruppen mit einem Tanz durch die einfache oder die Drei-Dimensionen-Bahnung geführt. Die Bahnungstänze lassen sich in andere Erfahrungen einbetten, oder sie können auch eine separate Erfahrung sein. Ähnlich wie bei der M.D.I-Sequenz folgen die

Schüler den Bewegungen des Lehrers. Erfolgen die Bewegungen in einem langsamen, absichtsvollen Stil, so kann eine tiefere Integration der Kernmuskeln während des Bahnungstanzes stattfinden. Zwischen den einzelnen Aktivitäten mache ich eine Pause, um die vorherige abzuschließen und dann eine neue zu beginnen. So läßt sich der Fortschritt im Körperbewußtsein besser beobachten. Bei der Auswahl der Blickrichtung für die Bahnung schauen die Klienten in die Richtung hoch, die ihnen am angenehmsten ist. Wenn den Klienten die Bahnungssequenz vertraut ist, können sie nach der Integrationsmetapher die Augenaktivierung mit den Überkreuzbewegungen bzw. den Homolateralbewegungen verbinden. Die Augenaktivierung schließt die Augenfolgebewegungen in allen Bereichen ein: nah-fern/fern-nah, links-rechts/rechts-links, diagonal links-rechts/diagonal rechts-links, oben-unten/unten-oben, Rechtskreis, Linkskreis, *Liegende Acht*, Kleeblatt und freies Umherschauen im ganzen Raum. Singen, Summen oder das Aussprechen persönlicher Ziele kann die Augenaktivierung begleiten. Die Bahnungstänze werden sitzend oder liegend durchgeführt. Menschen mit extremer Bewegungseinschränkung können die Bewegungen in der Vorstellung und mit dem Atem (energetisch) durchführen. Klienten können die Bahnungstänze auch jederzeit selbst benutzen, wenn sie sich bahnen möchten.

Ideen für kreative Aktivitäten

Das Folgende ist eine Sammlung einiger Ideen für kreative Aktivitäten, die ich mit meinen Klienten entwickelt und ausprobiert habe.

1. Jonglieren mit Tüchern in den drei Gehirn-Körper-Dimensionen Lateralität, Zentrierung, Fokus.

2. Einem gegenüber sitzenden Partner mit Gesten ein Geschenk überreichen, wie zum Beispiel ihn mit Sternen überschütten, ihm eine Blume geben oder das eigene Herz in die Hände des anderen legen. Die Rollen tauschen.

3. Im Kreis stehend oder sitzend beginnt eine Person mit einer Movement-Dynamics-Bewegung. Sie wiederholt sie dreimal, während die anderen mitmachen. Der nächste wiederholt die

erste Bewegung dreimal und fügt seine eigene Bewegung (auch dreimal) hinzu. Dieser Prozeß geht so lange weiter, bis die letzte Person ihre Bewegung abgeschlossen hat.

4. Sich bewegen, als ob Arme und Beine mit Gummibändern verbunden wären. Mit langsamen und schnellen Bewegungen experimentieren. Mit freien Bewegungen und *Überkreuzbewegungen* spielen.

5. Im Kreis sitzen. Eine Person verläßt den Raum. Eine andere Person wird ausgewählt, die eine Sequenz von Bewegungen anleitet. Die Person von draußen kommt wieder herein, in die Mitte des Kreises, und muß den herausfinden, der die Bewegungen anleitet (drei Versuche). Schafft sie es innerhalb von drei Rateversuchen, ist die erratene Person an der Reihe hinauszugehen. Schafft sie es nicht, geht sie selbst noch einmal hinaus.

6. Die *Liegenden Achten* mit verschiedenen einzelnen Körperteilen malen, danach mit verschiedenen Kombinationen von Ganzkörperbewegung.

7. Eigenmassage mit kleinen und großen *Liegenden Achten*.

8. Eine Geschichte mit den Bewegungen erzählen, mit und ohne Worte.

9. Als Partnerübungen (Hände oder Arme berühren sich): *Armaktivierung, Wadenpumpe, Simultanzeichnen, Liegende Achten, Erden,* Walzer, Schlittschuhlauf, Löwe, Skip-a-Cross, Zehenspitzen, Drahtseil, Treppe, Baumstammgang.

10. Beim Lehren der Überkreuzbewegungen: Tücher derselben Farbe an die gegenüberliegenden Arme und Beine binden.

11. Zirkeltraining mit einzelnen Bewegungsaktivitäten an jeder Station. Ein aussagekräftiges Bild der jeweils gewünschten Bewegung an den Stationen anbringen. Mit Musik den Wechsel anzeigen. Blinde oder sehbehinderte Klienten können mit Hilfe eines Begleiters von einer Station zur nächsten wechseln.

12. Movement Dynamics im Swimmingpool. Viele Bewegungen

können im weniger tiefen Teil des Pools durchgeführt werden. Bei der Arbeit mit stark Mehrfachbehinderten: die Person halten, während sie in Rückenlage auf dem Wasser liegt, und sie bei den Bewegungen unterstützen.

13. Den *Schwerkraftgleiter* und die Energiefontäne im Stehen oder Sitzen miteinander kombinieren. Mit den Armen über dem Kopf nach vorgestellten Sternen greifen. Einige der Sterne herunterholen, sich vorbeugen und sie auf die Zehen legen. Die Sterne wieder aufheben und sie über die Mittellinie nach oben bringen. Sie hoch nach oben über den Kopf werfen. In den Himmel hinausgreifen und die Sterne über den ganzen Himmel sprenkeln. Wiederholen, indem man sich vorbeugt, um Sterne aufzuheben, die man dann wieder hochwirft.

14. Beim „Gefrierspiel" (eine Bewegung einfrieren) die Klienten jedesmal eine andere Movement-Dynamics-Bewegung verwenden lassen.

15. Eine Gruppe führt ein Schauspiel vor, indem sie die einzelnen Teile des Gehirns darstellt und zeigt, was geschieht, wenn diese Teile miteinander kommunizieren bzw. nicht miteinander kommunizieren.

16. Die Klienten stehen einander in zwei Reihen als Bäume gegenüber, und der Leiter führt sie durch einen windigen Tag. So wird bei seitlich gestellten Füßen die Übung *Lunge* (englisch ausgesprochen, auf deutsch: Ausfallschritt) aktiviert, indem der Wind sie von links nach rechts und rechts nach links bläst. Wenn ein Fuß vor- und einer zurückgestellt wird, wird die Wadenpumpe aktiviert. Nach oben und nach unten werden die Energiepunkte, der Schwimmer oder der Schwebende Twist aktiviert. Das gleiche kann mit dem Spiel vom magischen Teppich durchgeführt werden, bei dem man auf einem vorgestellten Teppich sitzt. Die Klienten sitzen im Rechteck auf Kissen oder in Rollstühlen, und der Leiter erzählt eine Naturerlebnisgeschichte mit Hilfe der Movement-Dynamics-Bewegungen.

17. Den Grapevine mit einem Fallschirm durchführen, Augen geöffnet oder geschlossen.

18. Einen Tischtennisball oder einen Ballon an einem Band halten und damit die Bauchatmung üben.

19. Während des Haltens der *Positiven Punkte* einen Augenkreis in beide Richtungen durchführen.

20. Energieübungen und die Energiefontäne während eines Spaziergangs machen.

Balance „Mit dem Herzen singen / Mit Klarheit sprechen"

Das folgende Menü ist eine Abwandlung einer Balance für das Singen. Es ist geeignet als Aufwärmphase oder als Lernmenü für Vorträge, Singen, Schauspielen, Präsentationen, für Sprechübungen und Spracherwerb. Diese Balance verwende ich in meinem M.D.II-Menü oder dem fünften Abschnitt der M.D.II-Aktivitäten. Mit großem Erfolg habe ich das Menü bzw. Teile davon auch als Vor- und Nachaktivitäten bei Balancen benutzt. Jede Aktivität wird mindestens dreimal wiederholt.

Energiefontäne. Oben/unten-Verwurzelung
   Um Hals und Nacken zu entspannen, verbinde deinen Atem mit deiner Ausdrucksfähigkeit. Stelle dir eine Energiefontäne vor, die aus der Erde durch deine Füße aufsteigt bis hinauf zum Kopf und oben aus dem Kopf heraus, von wo sie wie eine sanfte Dusche wieder auf dich herunterfällt, zurück zum Boden, um sich dort wieder mit dem Atem zu verbinden. Halte deine Kehle offen, damit die Fontäne frei fließen kann. Die Fontäne kann alle Farben oder Klänge haben, die du möchtest.

Denkmütze. Oben/unten-Verwurzelung
   Um den Energiefluß für das Hören, Zuhören und Sprechen zu öffnen, lege die Daumen in die Ohrmuscheln und die Finger hinter die Ohren und rolle sanft beide Ohren nach außen auf. Beginne oben am Ohr und massiere bis nach unten.

Energiegähnen. Oben/unten-Verwurzelung
   Um für Ausdruck und Kreativität mehr Resonanz in der Stimme zu haben, öffne den Mund weit, gähne beim Ausatmen und massiere die Kieferknochen.

Zungenachter. Seite/Seite-Verwurzelung mit Gehirnpunkten
Um die Zunge zu entspannen und die Lautbildung zu verbessern, führen wir zuerst bei geschlossenem Mund mit der Zungenwurzel die *Liegenden Achten* durch. Beginne weit hinten in der Kehle am „Ursprung" der Zunge. Halte Kiefer und Zunge dabei entspannt. Auch noch bei geschlossenem Mund führe dann die Zungenachten zwischen Lippen und Zähnen durch. (Man „wischt" dabei mit der Zunge über die Vorderseite der Zähne.) Zum Schluß öffne den Mund schiebe die Zunge über die Lippen. Du leckst einen köstlichen Nachtisch in Form der Liegenden Acht von den Lippen ab.

Die Eule. Seite/Seite-Verwurzelung
Um eine Feinabstimmung der auditiven und visuellen Fertigkeiten zu erreichen, greife in den Trapeziusmuskel oben auf der Schulter (Daumen vorne, Finger hinten). Atme ein und drehe dann den Kopf beim Ausatmen langsam zu einer Schulter, die Augen gehen mit in die Richtung. Atme ein und drehe den Kopf beim Ausatmen zur anderen Schulter, während die Augen über die Mittellinie zur anderen Seite wandern. Jetzt atme wieder ein und bringe den Kopf zurück in die Mitte. Atme aus, während du die Nackenmuskeln festhältst, und beuge den Kopf langsam nach unten. Dabei wandern die Augen von nah nach fern und zurück. Wiederhole den Vorgang in alle drei Richtungen dreimal mit der Hand auf der gleichen Schulter, dann wechsle zur anderen Seite. Jetzt laß uns den Vorgang zusammen mit dem Heliotropen Atmen wiederholen. Dabei werden die Augen beim Einatmen geschlossen, und beim Ausatmen öffnen sie sich und schauen auf einen Fixpunkt.

Liegende Achten für den ganzen Körper. Seite/Seite-Verwurzelung
Um Augen, Nacken und den ganzen Körper zu entspannen, grätsche die Beine und male mit der linken Hand eine große Liegende Acht in die Luft. Die Augen folgen der Hand. Nach einiger Zeit laß die Hand sanft sinken und fahre mit der rechten Hand fort. Dann mach die Bewegung mit beiden Händen. Wenn du ein Ziel hast, das du dabei laut oder leise sagen möchtest, kannst du das tun.

Stimmenachter / Spiele mit Oben/unten-, Seite/Seite- und Vorne/hinten-Verwurzelung

Um Klarheit, Kraft und Resonanz in deine Stimme zu bringen, male die *Liegenden Achten* mit der Stimme. Wir spielen damit, daß wir unsere Stimmen in den Raum hinausschicken, zuerst über kürzere, dann über längere Entfernungen. Zuerst schicken wir unsere Stimme nach vorn und zurück zu uns selbst. Dann schicken wir sie zur einen und zur anderen Seite des Raums. Dann laß uns unsere Stimmen nach oben zur Decke und nach unten zum Boden schicken. Dann lassen wir unsere Stimme in unserem Körper klingen und schicken sie dabei in alle drei Dimensionen: nach oben und unten, vor und zurück und zu den Seiten. Sucht euch nun alle einen Partner und stellt euch vor, ihr stündet jeder an einem Ende innerhalb einer großen Liegenden Acht. Ihr schaut euch an. Derjenige von euch, der die längsten oder dunkelsten Haare hat, ist Partner Nummer 1, der andere ist Partner Nummer 2. Partner Nummer 1 beginnt und schickt einen Ton über die Liegende Acht in den Rücken von Partner Nummer 2. Partner Nummer 2 fängt den Ton mit seiner Stimme auf und schickt ihn zurück zu Partner Nummer 1. Spielt mit der Tonleiter. Beginnt mit den tiefen Tönen, geht weiter zu den hohen Tönen und wieder zurück zu den tiefen. Wenn ihr damit fertig seid, beginnt Partner Nummer 2 mit einer Geschichte, indem er ein paar Wörter singt, und Partner Nummer 1 kann etwas zu der Geschichte hinzufügen. Fahrt damit fort, bis ich euch nach etwa einer Minute ein Zeichen gebe. Partner Nummer 2 beendet die Geschichte.

Die Klienten können dies sitzend oder stehend durchführen. Im Sitzen werden die Verankerungsbewegungen mehr mit den Kernmuskeln des Unterkörpers ausgeführt, da man um das Steißbein kreist.

Kurze M.D.I-Sequenzen im Stehen, Sitzen oder Liegen

Diese M.D.I-Sequenzen sind geeignet, wenn Klienten kürzere Aktivitäten zur Integration brauchen. Ich benutze diese Sequenzen als Aufwärmphasen für den Sport und den Unterricht im Klassenraum sowie als Lernmenü, um für neue Techniken und Fertigkeiten zu balancieren. Viele dieser Aktivitäten lassen sich leicht stehenden, sitzenden oder liegenden Positionen anpassen, je nachdem, wie die Möglichkeiten des Klienten sind. Jede Aktivität wird mindestens dreimal wiederholt. Die folgende Sequenz wird im Stehen ausgeführt:

- Sphären / Seifenblasenraum
- Gehirnpunkte
- Erdpunkte
- Raumpunkte
- Balancepunkte
- Denkmütze
- Schwerkraftgleiter
- Hook-ups, beide Seiten
- Liegende Achten
- Tick-tack-Schwünge
- Schwebender Twist
- Knie hoch
- Stoffpuppe
- Energiefontäne / Oben-unten-Verwurzelung / die Energie beleben / beim Einatmen mit nach oben weisenden Handflächen die Mittellinie emporfahren, bis über den Kopf. Beim Ausatmen die Hände nach unten führen, Handflächen abwärts weisend, um Atem und Energie zu erden.

Die folgende Sequenz eignet sich für das Sitzen auf Stühlen oder in Rollstühlen:

- Sphären / Seifenblasenraum
- Rocker (Achter, Kreise, Seite-Seite, vor-zurück, hoch-runter mit Anspannen der Gesäßmuskeln)
- Gehirnpunkte
- Denkmütze
- Eule
- Schwerkraftgleiter
- Hook-ups / beide Seiten
- Fußpumpe / Fuß beugen und strecken, auf den Boden oder den Rollstuhl zeigen

- Liegende Achten
- Flügel und Schweben
- Schwebender Twist
- Knie hoch oder Knie berühren
- Roboter
- Überkreuzbewegung im Sitzen mit Ellbogen
- Knieumarmungen
- Energiefontäne (wie in der Sequenz für das Stehen)

Die folgende Sequenz eignet sich für das Liegen:

- Sphären/Seifenblasenraum/von Seite zu Seite mit gebeugten Knien, vor und zurück mit abwechselnd ausgedehnter und kontrahierter Brust, Knie gebeugt, oben und unten, dabei den Körper von Kopf bis Fuß dehnen mit ausgestreckten Armen und Beinen.
- Bauchatmung / gebeugte Knie
- Gehirnpunkte / gebeugte Knie
- Balancepunkte / gebeugte Knie
- Hook-ups / beide Seiten
- Energiegähnen / gebeugte Knie
- Denkmütze / gebeugte Knie
- Eule / gebeugte Knie
- Armaktivierung / gebeugte Knie / Arme über den Kopf oder zur Decke hin gestreckt.
- Armreifen und Ringe / gebeugte Knie
- Liegende Acht / gebeugte Knie
- Roboter
- Schere
- Überkreuzbewegung mit Aufsitzen / Ellbogen
- Fußpumpe / beugen und strecken / ein Knie gebeugt, der Fuß auf dem Boden, das andere Bein anheben und den Fuß beugen.
- Energiefontäne / gebeugte Knie, Füße auf dem Boden (wie in der Sequenz fürs Stehen beschrieben)
- Rocker / gebeugte Knie, Füße auf dem Boden, Handflächen liegen auf dem Boden / Liegende Achten, Kreise nach beiden Seiten, vor und zurück, in Stille ruhen.

Anpassung an spezielle Behinderungen

Im folgenden geht es darum, wie ich Movement Dynamics an einige besondere Behinderungen angepaßt habe.

Sprachentwicklung

Gewöhnlich weisen Klienten, für die eine Sprachtherapie angebracht ist, eine verzögerte Sprachentwicklung auf. Eine Balance, die ich letztes Jahr in Santa Barbara gegeben habe, macht deutlich, wie wichtig es ist, in einem integrierten Kommunikationsfluß zu sein. Die Balance fand an der Audiologischen Klinik in Santa Barbara statt, wo mich eine Sprachtherapeutin zu einer Balance mit einem zehnjährigen Jungen, mit dem sie arbeitete, eingeladen hatte. Der Junge hatte sprachliche und starke motorische Entwicklungsverzögerungen, die von einem Geburtstrauma herrührten. Sein Hals war bei der Geburt verzogen worden.

Für seine Balance brachten wir uns ins PACE und begannen, an seinem Ziel zu arbeiten. Seine Mutter und die Therapeutin wollten, daß er sich dafür ausbalancierte, seine Zunge unter dem Gaumen und seine Lippen geschlossen zu halten. Nach einiger Zeit bat ich den Jungen, an ein Ziel zu denken, das ihn glücklich machen würde. Wir gaben ihm einen ruhigen Ort, an dem er seine Gedanken sammeln konnte. Er sagte, sein Ziel sei es, klar zu sprechen und von jedem gehört und verstanden zu werden. Die einzelnen Details fügten sich ein, als er für das Ziel balanciert wurde. Wir fügten die beiden ursprünglichen Ziele mit in die Voraktivitäten ein. Andere Voraktivitäten waren: vor seinen Klassenkameraden in der Schule über einen Familienausflug in die Berge zu sprechen; im Stuhl an der Rezeption zu sitzen und mit den Audiologieklienten, die in die Rezeption kamen, klar zu sprechen; seinem Freund zu sagen, was er gerne spielen möchte, und verstanden werden. An dem Abend waren wir alleine in der Klinik, daher beteiligten wir uns alle an den Szenarios der Vor- und Nachaktivitäten.

Seine „Umerziehung" beinhaltete Ottmar Lieberts *Nouveau Flamenco* (eine Musik, die er aus meinen Kassetten ausgewählt hatte) und kurze Bewegungssequenzen von M.D. I mit Betonung der auditiven Anteile. Er folgte meiner Führung, und wir tanzten das Menü zusammen durch. Hier ist eine Auswahl dessen, was wir benutzten, ausgehend von einer stehenden Position.

- Sphären / sich seinen persönlichen Seifenblasenraum schaffen
- Gehirnpunkte
- Erdpunkte
- Raumpunkte
- Balancepunkte
- Schwerkraftgleiter
- Hook-ups / beide Seiten
- Positive Punkte
- Wadenpumpe
- Energiegähnen
- Denkmütze
- Eule
- Liegende Achten / seitliches Verankern mit Ganzkörperbewegung als Partner- und Einzelübung, dabei das Ziel aus sprechen, während die Hände große Achten malen.
- Elefant
- Simultanzeichnen, dabei durch den ganzen Raum schauen und sich bewegen, die Vokale a, e, i, o, u singen.
- Überkreuzbewegung mit Aufsitzen
- Fußpumpe
- Sphären / Seifenblasenraum – während der ganzen Zeit haben wir häufiger mit ihm zusammen seinen Namen gesungen.

Die Nachaktivitäten ankerten sein Ziel im hohen, automatischen Gang. Er sprach klar und selbstsicher mit einem neuen Selbstvertrauen. Er hielt Zunge und Lippen richtig. Er sah wie ein völlig anderer Junge aus, viel glücklicher als zu dem Zeitpunkt, an dem er zum ersten Mal die Klinik betreten hatte. Seine Unterstützung für zu Hause war, sein Ziel weiterhin vor einem Spiegel auszusprechen und für die nächsten zwei Wochen sechs oder mehr Gläser Wasser pro Tag zu trinken. Seine Mutter stimmte dem zu und schickte dem Lehrer Wasser und eine Nachricht, in der sie um Unterstützung bat. Als ich kürzlich die Therapeutin anrief, um zu fragen, wie es ihm gehe, sagte sie, daß er mit der Sprachtherapie aufgehört habe, weil seine Sprache so gut geworden war.

Beim Logopädischen Dienst in Basel, Schweiz, führte ich ein ähnliches Programm mit einem Jungen durch, der die deutschen Vokale und einige Mischlaute sprechen lernen sollte. Als Musik wählte er sich Pachelbels Kanon in D-Dur, und er sang die Vokale, als wir zu den *Liegenden Achten* und zum *Simultanzeichnen* kamen. Während der Balance arbeitete der Klient mit visuellen, auditiven und kinästhetischen Aktivitäten und erlebte dabei seine Zustände im niedrigen und im hohen Gang. Am Ende der Balance konnte er alle Vokale und Mischlaute sprechen, für die er vorher im niedrigen Gang gewesen war.

Schwer Mehrfachbehinderte

Nach meiner Erfahrung ist es leichter, mit einem schwer mehrfachbehinderten Klienten zu arbeiten, wenn eine Hilfe wie zum Beispiel ein Kollege oder ein Elternteil anwesend ist, der den Klient stabilisieren und ihm bei der Bewegung helfen kann.

Als ich Einzelsitzungen beim Logopädischen Dienst in Basel gab, benutzte ich die beiden Movement-Dynamics-Menüs, das Orangene Blatt von M.D. I und das Blaue Blatt von M.D. II – mit außergewöhnlichen Resultaten. Die Menüs ließen sich dem vorgegebenen Raum- und Zeitrahmen gut anpassen, und es war leicht und machte Spaß, mit vollständig Fremden aller Fähigkeitsstufen zu arbeiten, noch dazu in einer fremden Sprache, mit einem Übersetzer. Es war sehr hilfreich, mit Körpersprache, Drama und Lauten zu sprechen. Viel Lachen und viele erfolgreiche Balancen waren unsere Belohnung.

Ich erinnere mich lebhaft an einen Nachmittag, den ich in Margariet de Wilds Therapieraum verbrachte, um Susanne Codoni und Margariet bei ihrer Arbeit mit schwer mehrfachbehinderten Kindern zu beobachten. Stunde um Stunde bewegten sie sich wie ein olympisches Eistanzpaar und arbeiteten mit einem Kind nach dem anderen. Ich war tief beeindruckt, als ich sah, wieviel von ihrer Arbeit Edu-Kinestetik war. Ich konnte ganz klar sehen, wie M.D. I in diese Arbeit integriert werden konnte, denn auch dies ist ein Tanz, der so fließt, daß der ganze Prozeß völlig mühelos erscheint.

Vieles von der Arbeit mit schwer Mehrfachbehinderten ist geführtes Movement Dynamics, denn diese Menschen sind nicht in der Lage, die Aktivitäten selbst auszuführen. Man muß sich dem Fluß der Aufmerksamkeitsspannen des Betreffenden anpassen, und physische und emotionale Bedürfnisse sind zentral für den Erfolg der Sitzung. Es ist hilfreich, die M.D.I-Sequenz oder einzelne Aktivitäten von M.D.II zuerst mit einem großen Teddybär oder einer Puppe zu machen. So kann der Anwender eine Vorstellung davon bekommen, welche Aktivitäten für den Klienten angemessen sind.

Krebstherapie mildern

Wenn eine Person Chemotherapie bekommt oder bekommen hat, sind die folgenden entspannenden und energetisierenden Aktivitäten hilfreich: *Wasser*, Energiefontäne, Drei-Dimensionen-Atmen, Heliotropes Atmen, *Bauchatmen*, alle Energiepunkte, *Liegende Achten* für die Augen sowie Augenaktivierung in alle Richtungen, *Positive Punkte* und *Hook-ups*. Wenn der Klient dazu kräftig genug ist, werden ihn tägliche Spaziergänge in der Natur aufheitern und energetisieren.

Das Down-Syndrom

Die meisten Down-Syndrom-Klienten, die ich kenne, lieben es, sich zu bewegen, zu spielen, zu tanzen und etwas aufzuführen. Sie lieben Movement Dynamics. Ich halte es einfach, ich lasse die Musik laufen. Bei jungen Klienten lehre ich kurze, einfache Techniken, die laufend wiederholt werden, und modifiziere die Aktivitäten ihren Fähigkeiten entsprechend. So lasse ich sie zum Beispiel nur eine Hand über die *Gehirnpunkte* legen, anstatt sie mit den Fingern zu massieren. Für die *Hook-ups* legen sie die Arme einfach gekreuzt über die Brust, statt sie in der traditionellen Weise zu verschränken. Bei älteren Down-Syndrom-Klienten lehre ich mehr koordinierte Bewegungen und längere Sequenzen. Die Bewegungen, die mehr Koordination erfordern, sind auf der rechten Seite des Orangenen Blattes von M.D.I und unten auf dem Blauen Blatt von M.D.II aufgeführt. Die Klienten beginnen mit dem Bahnungstanz, sobald sie dafür bereit sind.

Aufmerksamkeits-Defizit-Syndrom (ADS)

Viele ADS-Klienten stehen unter Medikamenten. Am besten balanciert man sie morgens, bevor sie ihre Medikamente einnehmen.

ADS-Personen fühlen sich sicher und sind weniger abgelenkt, wenn sie ihre Aktivitäten in einem geschlossenen Raum wie zum Beispiel einem Klassenraum oder Bewegungsraum durchführen. Entspannende, langsame Bewegungen und beruhigende Musik sind wesentlich für das Gehirn-Körper-System dieser Klienten. Die Aktivitäten, die ich benutzt habe, um die Aufmerksamkeit dieser Klienten zu fokussieren, schließen unter anderem ein: *Bauchatmen*, Energiefontäne, Drei-Dimensionen-Atmen, Heliotropes Atmen, alle Energiepunkte, *Denkmütze, Positive Punkte, Schwerkraftgleiter, Hook-ups, Erden, Wadenpumpe,* Marsch, Schwebender Twist, Tick-tack-Schwünge, Stoffpuppe.

Hören mit Tauben oder Schwerhörigen

Idealerweise kennt der Movement-Dynamics-Anwender, der mit Tauben oder Schwerhörigen arbeitet, die Zeichensprache. Taube oder schwerhörige Klienten können den Movement-Dynamics-Aktivitäten, die vom Anwender vorgeführt werden, leicht folgen. Die Musik aktiviert das Gehirn-Körper-System durch Resonanz, auch wenn die Klienten sie eventuell nicht hören können. Diese Klienten ziehen es vor, den Movement-Dynamics-Anwender während der Aktivitäten zu sehen. Aktivitäten, die es erfordern, sich vorzubeugen, wie zum Beispiel der Schwerkraftgleiter oder die Windmühle, schränken ihr Sehfeld ein. Aufgrund möglicher Balanceschwierigkeiten sind Bewegungen, die es erfordern, seinen Schwerpunkt zu finden und eine stabile Basis zu entwickeln, förderlich. Die freien Aktivitäten des dritten Abschnitts in M.D. II für die Zentrierung und die Ferse-Steißbein-Triade in M.D. I sind Beispiele für diese Arbeit.

Sehen mit Blinden oder Sehbehinderten

Für mich ist die Arbeit mit Blinden oder Sehbehinderten ein konkreter Weg, um mit meinen eigenen Sinnen in Kontakt zu kommen. Einer meiner blinden Klienten „sieht" so gut, daß es manchmal schwierig ist zu glauben, daß er blind ist. Nach meiner Erfahrung benötigen Blinde oder Sehbehinderte geführte Bahnungen, beschreibende visuelle Hinweise, beständige auditive Hinweise und taktile Orientierung, um eine sichere, effektive Lernumgebung zu gewährleisten. Ich habe die M.D.I-Sequenz mit geschlossenen Augen durchgeführt und diese Erfahrung mit sehenden Klienten geteilt. Jedes Jahr, wenn ich meine blinden Klienten in ihre neuen Klassen einführe, lasse ich die ganze Klasse eine Erfahrung damit machen, was es bedeutet, blind zu sein. Eine der Aktivitäten, die ich mit ihnen geteilt habe, ist Movement Dynamics. Zuerst lasse ich meine blinden Klienten der Klasse einige Bewegungen zeigen. Dann lasse ich die Klasse die Augen schließen und führe sie mit verbalen Hinweisen durch die Bewegungen.

Nachdem die blinden Klienten die Movement-Dynamics-Aktivitäten gelernt haben, können sie den beschreibenden verbalen Hinweisen folgen. Ein sehender Partner ist hilfreich. Blinde und Sehbehinderte mit durchschnittlicher oder überdurchschnittlicher Intelligenz können das meiste aus der M.D.I-Sequenz, dem M.D.II-Menü und den M.D.II-Gruppenprozessen mitmachen. Der Spiegeltanz im fünften Abschnitt ist modifiziert zu einem Kontakttanz, bei dem ein Partner führt und der andere der freien Bewegung folgt. In der M.D.I-Sequenz und im M.D.II-Menü und den Aktivitäten gibt es einige größere Herausforderungen. Aktivitäten wie der Baumstammgang, der Schwerkraftgleiter, die Wadenpumpe und das Drahtseil gehören dazu.

Bunte Requisiten wie Tücher, Handwindmühlen und Klingelbälle regen leichteres und freudigeres Lernen an. Wenn ich koordinierte Bewegungen aus der Position des sehenden Führers lehre, singe ich den Rhythmus der Bewegung, während wir uns zusammen bewegen. Einige dieser Bewegungen sind Schlittschuhlauf, Walzer, Skip-a-Cross, Zehenspitzen, Drahtseil, Grapevine, Löwe und Marsch. Manchmal werden Glocken an den Schuhen der Klienten befestigt, um den Rhythmus der Bewegung stärker zu betonen. Wenn ich mit einer Gruppe von Blinden an freier Bewegung arbeite, helfen die Glöckchen an den Schuhen den Klienten bei der sicheren Orientierung im Raum.

Fazit

Das Programm von Brain Gym® Movement Dynamics läßt sich gut für Menschen aller Alters- und Fähigkeitsstufen anpassen. Das Potential dieser Arbeit ist enorm. Klienten und Anwender finden sie vielseitig und gut geeignet für Schule, Beruf und zu Hause. Ich bin immer wieder überrascht und erfreut, die Kreativität der Anwender und Klienten zu sehen, die diese Arbeit gelernt haben.

(Übersetzung aus dem Amerikanischen: Elfriede Kirchhoff)

Claudia Meyenburg:

Und jeden Morgen kommt Pollyanna ...

Movement Dynamics in einer 5. Förderschulklasse

„Die Bewegungen helfen dem Mensch dabei, die Intelligenz des Körpers zu verstehen und in welcher Beziehung diese Intelligenz mit Fähigkeiten wie Schreiben, Lesen, Buchstabieren und Mathematik steht. Wenn die physische Intelligenz nicht angeregt wird, wird man nicht in der Lage sein, geistig oder verstandesmäßig zu abstrahieren." (Gail Dennison im *Movement Dynamics Teacher Manual*)

Wie soll ich es beschreiben? Das war für mich in den letzten Wochen und Monaten die Frage, die immer wieder auftauchte angesichts meiner Absicht, in diesem Beitrag über den Einsatz und die Wirkung von *Movement Dynamics* in meiner Klasse zu berichten.

Die Wirkung dieser Erneuerung und Modifikation des Brain-Gym®, die Gail Dennison gemeinsam mit Sunny Mello auf der Basis der Edu-Kinestetik kreiert hat, war jeden Morgen spürbar, sichtbar, aber so schwer in Worte zu fassen, ohne in die Nähe gefährlich mißbrauchter Begriffe zu geraten. Der uralte, wunderschöne Disney-Film *Alle lieben Pollyanna* (nach einem Roman von Eleonor H. Porter) half unverhofft weiter. Pollyanna ist ein kleines Mädchen, gerade in dem Alter meiner derzeitigen Schülerinnen und Schüler. Sie kommt als Waise in eine kleine Stadt, in der alle griesgrämig und unwirsch in die Welt schauen. Polyanna setzt das Beste in den Menschen um sie herum frei. Sie übersieht das Dunkle, das Unangenehme, und glaubt, ja *weiß*, daß dieses andere, das Liebenswerte, da ist. In jedem von uns. So vermag sie durch ihre bloße Anwesenheit, ihre scheinbar naiven Kommentare, nach und nach alle in diesem Orte in fröhliche, zufriedene, helle Menschen zu verwandeln. Sie verspüren wieder ihre verlorene Lebensfreude und sind in der Lage, neue, positive Aktivitäten in Gang zu setzen.

Eine ähnliche Verwandlung hat mit meiner Klasse generell stattgefunden. Und ich beobachte sie jeden Morgen erneut während
der Movement-Sequenz bei meinen Schülerinnen und Schülern.
Während der Übungssequenz beginnen die Gesichter, die Muskeln
der Kinder, sichtbar zu entspannen. Sie atmen tiefer und sehen einfach schön, entspannt und friedlich aus. Als Lehrerin an einer För-
derschule für „lernbehinderte" Kinder, die alle mehrfachbehindert
sind im Sinne von gleichzeitig vorhandenen Verhaltensstörungen,
Wahrnehmungsstörungen, Hyperaktivität etc., ist das für mich ein
täglich wiederkehrendes Moment der Freude und der Rührung.

Es ist mein Anliegen, mit diesem Beitrag Kolleginnen und
Kollegen und Eltern zu erreichen und ihnen von der Kraft dieser
Übungen zu berichten und von den Möglichkeiten, diese im Unter-
richt, im Alltag, für sich selbst und andere einzusetzen.

*

Movement Dynamics ist ein neuerer Zweig der Edu-Kinestetik. Die
Bewegungen bestehen aus über sechzig Brain-Gym®-, Vision-
Gym®- und Überkreuzaktivitäten. Das besondere und wesentliche
von Movement Dynamics ist die Tatsache, daß diese Übungen zu
einem fließenden, ununterbrochenen Bewegungsmuster kombiniert und von einer energetisierenden, speziell ausgewählten Musik
unterstützt werden. Atmung, Haltung, Flexibilität und Ganzkörperkoordination werden in diesem Prozeß gefördert und balanciert.
Mit jeder Movement-Sequenz werden die drei Körperdimensionen
Lateralität, Zentrierung und Fokussierung direkt angesprochen und
stabilisiert.

Brain-Gym® hatte ich in meiner 5. Klasse bereits eingeführt. Man
wagt es als Kursleiterin für Edu-Kinestetik kaum zu sagen, aber es
waren Momente der Langeweile, der unkreativen Routine beim
täglichen Üben entstanden. Genau zu diesem Zeitpunkt ging ich in
die Sommerferien und machte die Ausbildung zur Movement-
Dynamics-Instruktorin bei Sunny Mello in Kirchzarten. Kaum ein
kinesiologischer Kurs hatte mich so begeistert, hatte so viel bei mir
selbst in Bewegung gebracht. Ich freute mich auf den Schulanfang!

„Wir machen die Übungen heute anders", erklärte ich meinen

Schülerinnen und Schülern lapidar. Ich kündigte wie nebenbei an, alle hätten dabei aufzustehen und es würde jetzt Musik dazu laufen. Und alle standen! Das ist – jeder Sonderschullehrer wird es wissen – für Kinder, die sich nur mühsam aus der mehr hängenden als sitzenden Haltung bewegen möchten, ein Phänomen.

Ich war innerlich noch in Kirchzarten, spürte noch die Atmosphäre des Kurses, die liebevolle Präsenz und Kompetenz von Sunny Mello. Mein Körper, jede Muskelzelle, erinnerte sich. Und so fing ich wie selbstverständlich mit der Ferse-Steißbein-Triade an, einer Haltung, bei der man, mit schulterbreit stehenden Füßen, die Knie etwas gebeugt hält und sich vom Steißbein herab ein drittes Bein vorstellt. So „sitzt" man locker und entspannt wie auf einem Sattel. Und ich weiß genau: Meine inkorporierte Freude an dieser Sache trug die Vermittlung dieser Neuerung. Ich möchte einen Hinweis an dieser Stelle wiederholen, den ich in jedem Kurs, in jeder Fortbildung gebe: Erst nach eigener Erfahrung, nach dem Wahrnehmen von Veränderung bei sich selbst, kann man Körperarbeit erfolgreich und glaubwürdig weitergeben. Zwar sollte man – eine wesentliche Voraussetzung – theoretisch wissen, was man tut, aber auch andererseits nach einem Kurs nicht zu lange mit der Umsetzung warten.

Wir machten nur sehr wenige Übungen: Ferse-Steißbein-Triade (neu), *Bauchatmung* (neu), *Gehirnknöpfe* (neu in der Durchführung mit leichten, durch die Atmung geführten Seitwärtsbewegungen), den Baumstammgang (eine Übung, die das Gleichgewicht spielerisch herausfordert und stärkt), diverse, auch neue *Überkreuzvariationen*, die *Hook-ups* (dieses Mal beidseitig, um das Gleichgewicht auch hier herauszufordern) und abschließend erneut die *Bauchatmung*. Alle waren überrascht und sehr angetan. Die fünf neuen MitschülerInnen demonstrierten (unfreiwillig) für die Brain-Gym®-erfahrenen „alten Hasen" didaktisch sehr wirkungsvoll, was man nicht hinbekommt, wenn man keine Brain-Gym®-Erfahrung hat: Am augenfälligsten waren die homolateralen Bewegungen, die ausnahmslos alle fünf machten. Für die anderen eine wichtige Beobachtung! Aber auch die Unfähigkeit zu stehen war eine wichtige Erfahrung. Während die Brain-Gym®-gewohnten Schüler fast alle inzwischen recht gut balanciert stehen können, hatten die fünf solche Schwierigkeiten mit dem Gleichgewicht, daß zwei von ihnen mehrfach fast umgefallen wären. Wie stolz waren die „Alten", daß sie es besser konnten, und wie froh war ich, daß hier der Fortschritt in der Körperintegration so gut sichtbar wurde. (Vgl. Fotos S. 192)

Der praktische Umgang mit Movement Dynamics

Es ist zunächst wichtig, daß jedes Kind seinen Raum in der Klasse findet, einen Ort, an dem es ungehindert die Arme um sich herum ausstrecken kann, in alle Richtungen. Einiges Umräumen wird möglicherweise nötig sein. Auch meine Klasse wurde nach und nach in eine „Movement-gerechte" Klasse umgebaut. Jetzt haben wir die Möglichkeit, daß alle ohne viel Umräumen aufstehen und die Übungen beginnen können.

Im folgenden werde ich eine exemplarische Möglichkeit darstellen, Movement Dynamics einzusetzen. Es wird sich dabei um einen Idealablauf handeln, der selbstverständlich zu verkürzen und zu variieren ist. Natürlich ist vor der Anwendung dieser Empfehlungen der Movement-Dynamics-Workshop zu absolvieren.

Gleich am frühen Morgen vor Unterrichtsbeginn damit anzufangen ist das günstigste. Einige kräftige Schlucke Wasser vertiefen die Wirkung der nachfolgenden Übungen. In den ersten Wochen mit Movement Dynamics (MD) ist es ratsam, die SchülerInnen immer wieder darauf hinzuweisen, daß sie während des Übungsablaufes ganz bei sich bleiben, sich nicht um die Faxen oder Bewegungen der Nachbarn kümmern sollen. Es ist gut, sie aufzufordern, mehr und mehr ihr Gewahrsein auf das zu lenken, was in ihrem Inneren geschieht, dort Veränderungen wahrzunehmen und sich daran zu freuen.

Wie beim Brain Gym® ist es auch hier sehr gut, mit einer gemeinsamen Voraktivität anzufangen. Alle, die sich mit Edu-Kinestetik intensiv befassen, kennen den hohen Stellenwert einer Vor- und Nachaktivität. Der Körper lernt durch diese konzentrierte Aufmerksamkeit, durch das bewußte Wahrnehmen seiner Befindlichkeit angesichts einer bestimmten Thematik, wozu die folgenden integrierenden Bewegungen dienen. Die Energie weiß jetzt, wohin sie soll. Eine Arbeit mit Vor- und Nachaktivität zielt genau auf die Veränderung unter einem angesteuerten Aspekt. Eine Übungsabfolge ohne Vor-und Nachaktivität gleicht mehr einem Schuß mit der Schrotflinte. (Vgl. dazu, was Carla Hannaford in diesem Buch über die große Wirkung von Vor- und Nachaktivitäten schreibt!)

Beim Movement Dynamics machen wir die Voraktivität in Form von Noticing, wobei der ganze Körper in das aufmerksame Gewahrsein mit einbezogen wird. Dies geschieht jedoch, während wir stillstehen, also ausschließlich mental.

Verschiedene Möglichkeiten für Voraktivitäten

Die SchülerInnen können …

… an eine bestimmte Thematik denken, die an diesem Tag für alle ansteht: Klassenarbeit, Montagsunlust, sportliche Aktivität, Schwimmwettkampf, neues Schuljahr, neuer Stundenplan, Zeugnisausgabe, Fahrradprüfung, aber auch ein aktuelles Geschehen wie eine körperliche Auseinandersetzung in der Klasse, ein Unfall, Schreck etc.

… ganz individuell innerlich mit etwas Kontakt aufnehmen, was sie im Moment streßt oder bedrückt, was ihnen in diesem Moment schwierig erscheint. Das kann sein: die Müdigkeit, die Unlust, die Horrorvorstellung, fünf oder sechs Stunden durchzuhalten, ein bestimmter Mitschüler oder Lehrer, der sie nervt etc. (Die Lehrerin selbst kann dies auch als Gelegenheit benutzen, sich auf ein Thema, den Tag oder einen bestimmten Schüler zu balancieren!)

Wenn schon Erfahrungen mit dem Wahrnehmen innerer Befindlichkeiten, dem Noticing, gemacht wurden, und die SchülerInnen etwas älter sind, kann die Voraktivität auch darin bestehen, sie aufzufordern, ihr Sehen bewußt wahrzunehmen: Was seht ihr? Wie seht ihr? Schaut euch um. – Ebenso das Hören: Was hört ihr? Wieviel hört ihr? Stört euch etwas Akustisches? Und schließlich das Körpergefühl ansprechen: Wie fühlt ihr euch in eurem Körper? Wo spürt ihr Verspannungen? Wo steckt Müdigkeit?

Beispiel für eine Voraktivität

Die SchülerInnen stehen bei der verbal geleiteten Voraktivität mit geschlossenen Augen, die Lehrkraft sagt folgendes:

> Schließt die Augen, steht einfach so da, lehnt euch nirgends an.
>
> Denkt jetzt ganz genau an (zum Beispiel) die Zeugnisausgabe. Stellt sie euch ganz genau vor. Welche Gefühle nehmt ihr dabei wahr?
>
> Und wie geht es eurem Körper? Achtet einmal darauf, ob er in irgendeine Richtung schwankt. Nach vorne, nach hinten, zur Seite? Zu welcher Seite? Nur beobachten, nichts verändern!
>
> Was machen eure Gesichtsmuskeln?
>
> Was machen die Augen? Sind sie zusammengekniffen? Nehmt das nur wahr, verändert nichts, seid nicht ärgerlich oder böse auf euch, wenn ihr Verspannungen in eurem Körper merkt; guckt euch das nur ganz ruhig an und merkt es euch.
>
> Was macht der Mund? Wie geht es den Schultern? Sind sie hochgezogen?
>
> Wie tief atmet ihr, wie weit geht der Einatem?
>
> Wie sieht es mit den Knien aus, sind sie durchgedrückt?
>
> Wie ist der Bodenkontakt der Füße? Steht ihr felsenfest, daß euch nichts umhauen kann, oder könnte man euch gut umschubsen?

Das wäre eine sehr ausführliche Voraktivität. Es ist ratsam, mit sehr wenig Beobachtungsaufgaben zu beginnen. Als einfach zu erfahren für Nichtgeübte in Sachen Eigenwahrnehmung bieten sich die Körperschwankungen und der Bodenkontakt an. Es macht auch großen Spaß, während der Voraktivität herumzugehen und einige Schüler spaßeshalber anzutupsen, so daß sie heftig ins Kippeln kommen. Dies demonstriert sehr deutlich, was Zentrierung und Verwurzelung bedeutet. Wenn die Propriozeption hier ins Bewußtsein gehoben ist, können wir die Voraktivitäten nach und nach steigern. Sind die SchülerInnen diese Voraktivitäten erst einmal gewohnt, können wir sie wieder abkürzen und das Augenmerk nur noch auf das Körperschwanken, den Atem, die Knie und den Bodenkontakt lenken.

Danach werden die Augen wieder geöffnet, die SchülerInnen werden angehalten, während der Sequenz immer wieder einmal an das Thema zu denken, und wir stellen uns dann in die oben erwähnte Ferse-Steißbein-Triade. Die Musik wird eingeschaltet.

Hier der Ablauf einer möglichen Sequenz, die sich besonders für die Arbeit im Klassenraum eignet und von einer Lehrkraft angeleitet werden kann, die MD bereits kennengelernt hat:

1. Ausrichten der Energie

Entspannung/Atmung
- Ferse-Steißbein-Triade
- Bauchatmung

Visueller Raum/Energieübungen
- Gehirnknöpfe (Verwurzelung Seite/Seite)
- Balancepunkte (Verwurzelung Seite/Seite)
- Erdpunkte (Verwurzelung oben/unten)
- Raumpunkte (Verwurzelung vorne/hinten)

Persönlicher Raum
- Sphären mit Ausfall (persönlicher Raum)

Kinästhetischer Raum/Vertiefen von Einstellungen
- Baumstammgang (kinästhetischer Raum)
- Schwerkraftgleiter

2. Strukturelle Ausrichtung

Stabiles Fundament/Längung des unteren Körpers
- Erder
- Wadenpumpe

Hörfeld
Oben-unten-Verwurzelung mit:
- Energiegähnen
- Denkmütze
- Eule

3. Stabile Basis/Mittellinienbewegungen

- Liegende Achten
- Elefant
- Double Doodle
- Schwimmer
- Flügel (Verwurzelung vorne/hinten)
- Windmühle (Verwurzelung Seite/Seite)
- Tick-tack-Schwünge
- Schwebender Twist

4. Koordination

Überkreuzvariationen:
- Knie hoch
- Affe
- Himmel und Hölle
- Roboter
- Frosch
- Schere

5. Entspannung/Abschließen

- Hook-ups I (Teil I auf jeder Seite, links und rechts)
- Hook-ups II
- Bauchatmung

Nachaktivität

Das heißt, es wird bei geschlossenen Augen genau das noch einmal angesprochen, was vorher angesprochen wurde. Die Musik ist weder bei der Vor- noch bei der Nachaktivität angestellt, damit sie hier nicht zusätzlich wirkt.

Nachdem die Schüler die Augen wieder geöffnet haben, können sie kurz über erlebte Veränderungen berichten. Viele wollen wieder angestupst werden und freuen sich darüber, daß sie jetzt viel fester stehen.

Diese Sequenz ist *eine* Möglichkeit. Es ist durchaus möglich, Übungen davon wegzulassen oder, wenn Zeit und Umstände es erlauben, andere Übungen hinzuzufügen. Es ist nur darauf zu achten, daß die Reihenfolge (1. Energieausrichtung, 2. Strukturelle Ausrichtung, 3. Stabile Basis/Mittellinienbewegungen, 4. Koordination und 5. Entspannung und Abschluß) eingehalten wird. Die Übungen aus dem Abschnitt, die den persönlichen Raum verlassen und in denen es um die Verbindung mit der Gruppe geht (Partnerübungen, Walzer- und Kreistänze), können hin und wieder in der Turnhalle durchgeführt werden. Ebenso sind die Übungen aus der Sequenz Kernlängung/Entspannung (auf dem Boden) nicht in der Klasse durchführbar.

Musikvorschläge

Es ist ratsam, die Hinweise zu beachten, die man im Movement-Dynamics-Kurs zum Thema Musikauswahl gegeben hat. Ebenso empfehlenswert ist es, sich selbst auf die Suche nach geeigneten Musikstücken zu machen. Man kann die Sequenzen sehr aufwendig mit wechselnden Musikstücken begleiten; das verlangt einiges an technischer Vorbereitung und an manueller Übung, rasch die Kassetten zu wechseln. Es ist aber auch möglich, die gesamte Sequenz mit einer einzigen Musik durchzuführen. Dafür eignen sich die ruhig fließenden Musikstücke, die bei der Anfangssequenz eingesetzt werden; also Galway oder Rowland zum Beispiel. (Siehe unten) Auch die Überkreuzvariationen sind durchaus in Zeitlupe durchführbar. Das macht Spaß und ist sehr viel wirksamer als ein schnelles Cross Crawl. Dennison gab für Kinder das Bild dazu: Stellt euch vor, ihr steht in einer dicken Erbsensuppe und könnt euch nur gaaanz laaangsaaam bewegen!

Wenn Sie die Musik wechseln wollen, ist es gut, pro Musikstück eine einzige Kassette zu nehmen. Während der Sequenz hin- und herzuspulen ist nicht möglich. Aus diesem Grund gibt es auch keine fertigen Movement-Dynamics-Kassetten. Meine Vorschläge:

• Für die Anfangssequenz bis zur *Eule* und für die Schlußsequenz ab *Hook-ups*:

James Galway: *Songs of the Seashore and other Melodies of Japan* (Hier eignen sich bevorzugt die Stücke: 1, 2, 3, 5, 7, 8, 9, 11, 12, 13 – die sollte man sich auf eine Kassette überspielen.)

oder:

Mike Rowland: Silver Wings

oder:

Mike Rowland: The Fairy Ring

• Ab Achten bis Schwebender Twist:

Deuter: *Land of Enchantment* (zum Beispiel Stück Nr. 2: Das Stück hat einen langen Vorlauf, den man beim Überspielen auf Kassette weglassen sollte. Außerdem ist es nicht sehr lang; es ist ganz ratsam, es gleich zweimal hintereinander aufzunehmen, dann erlebt man keine Überraschung, falls man diese Bewegungen einmal länger machen möchte.)

• Überkreuzvariationen:

Otmar Liebert: Nouveau Flamenco

The Irish Folk Festival: Back to the Future

Wer bisher nur einige wenige Brain-Gym®-Übungen vor dem Unterricht gemacht hat und nun diese Menge an Übungen in der vorgestellten Sequenz sieht, mag sorgenvoll an die Zeit denken, die dabei eingesetzt werden muß. Zum einen ist dies nur eine Auswahlsequenz, bei der man gut über die Hälfte weglassen kann, zum anderen setze ich selten mehr als 15 Minuten dafür ein, inklusive Vor- und Nachaktivität. Das wichtigste aber ist: Nach diesem Stimmen des körperlichen Lerninstrumentariums bei sich selbst und den SchülerInnen kann unmittelbar mit der Schularbeit losgelegt werden. Keine Disziplinprobleme, keine Sorgen um die Motivation halten die Kinder vom Lernen ab. Durch die erlebte Integration aller drei Körperdimensionen kommen die SchülerInnen wieder in Kontakt mit der normalen Neugier auf Neues und der Freude am Lernen und an Leistung. Und wir können tatsächlich unterrichten und müssen uns nicht zu einem großen Teil der Stunde mit Klassenzimmermanagement befassen, wie Dennison es nennt.

Variationen

Sunny Mello stellt in ihrem Beitrag in diesem Buch einige schöne Variationsmöglichkeiten des Einsatzes von Movement Dynamics vor. Denn auch diese Art der Übungen kann schnell langweilig werden, wenn sie nicht lebendig gehalten werden. Auf einige der Ideen von Sunny Mello kamen meine SchülerInnen ganz von selbst.

Die erste Eigenvariation, die ganz organisch von selbst entstand, war das Erfinden eigener Übungen oder das spielerische Abwandeln von Übungen. Der Schüler Muzaffer erzählte aufgeregt, daß ihm so viele andere Achter eingefallen seien, und er demonstrierte sie mitten in einer laufenden Sequenz zur Freude aller. Er „erfand" dabei die Ellbogen-Achter und die Hüft-Achter zum zweiten Mal (nachdem diese bereits von den Dennisons kreiert worden waren). Das aber störte ihn gar nicht, und er nennt diese Übungen jetzt die Dennison-Muzaffer-Achter! Die Thailänderin Gib, die bisher eher lustlos an den Übungen teilgenommen hatte, erzählte aufgeregt, daß sie nachts, als sie aufgewacht war, sich überlegt hatte, welche neuen Achterbewegungen man noch machen könnte.

Ebenso von selbst ergab es sich, die Sequenz schweigend durchzuführen. Nachdem alle den üblichen Ablauf kannten, die Durchführung beherrschten, tauchte schnell der Wunsch auf, daß ich den Mund halten solle. Die schweigend durchgeführten Übungen sind sehr beliebt, eigentlich machen wir sie heute nur noch so. Wer die Möglichkeit hat, irgendwo im Schulgelände eine ruhige Ecke im Grünen zu benutzen, sollte ab und zu die Übungen dort draußen schweigend durchführen. Das Gehen zu diesem Platz, das ebenfalls schon schweigend durchgeführt werden sollte, kann bereits als Voraktivität benutzt werden, und das Zurückgehen in die Klasse dann als Nachaktivität. Das Gehen selbst, das Hören und das Sehen sowie die Lust zu reden (oder nicht zu reden) kann dabei bewußt wahrgenommen werden. Stillsein ist lernbar – wie wahr, Christina Buchner!

Aus meiner Sorge, wer nach meinem Weggang aus der Schule in die Selbständigkeit das Movement-Dynamics-Programm weiterführen könnte, ergab sich eine weitere sehr empfehlenswerte Variation: Die SchülerInnen begannen, die Übungen selbst anzuleiten.

Die Überraschung war groß, als Imer, der quirligste Schüler, dem immer alles zu langsam geht, den Wunsch äußerte, die Übungen „zu machen". Alle akzeptierten dies, und dieser Schüler war aufgrund seiner neuen Verantwortung nicht wiederzuerkennen: Er leitete die Gruppe gewissenhaft durch die Sequenz; ich staunte, woran er sich erinnern konnte. Ab und zu gab er an andere weiter, da er nicht sofort eine Anschlußübung wußte. Das klappte bestens. Inzwischen machen die SchülerInnen es so, daß zu Beginn der Sequenz bestimmt wird, wer anleitet – ab und zu darf ich auch mal wieder –, und diese zwei oder drei geben die Impulse, wer weitermacht, durch eine schweigende Geste. Damit während der Sequenz nicht zuviel herumgedacht wird, habe ich alle Schüler mit einer Übung fotografiert und diese Fotos an die Wand gehängt. So haben sie einen Ablauf präsent und können ohne Nachdenken die eine oder andere Übung auswählen. Allerdings habe ich ihnen die Wichtigkeit der Abfolge verdeutlicht.

Doch bei allem Denken an die Körperfunktionen und den Aufbau der Sequenz darf die Hauptprämisse des Movement Dynamics, die Sunny Mello sehr betont, nicht vergessen werden: Movement Dynamics ist eine Arbeit des Herzens und nicht des Kopfes! Deshalb ist es gar nicht wichtig, daß die Lehrkraft sich Zettel mit den Übungen hinlegt oder aufhängt. Vielleicht für den Anfang, aber dann sollte man auf die Intuition hören und danach handeln.

Movement Dynamics als Noticing-Balance

Bei der Arbeit mit Movement Dynamics spielt das Noticing eine große Rolle. Wir kennen diesen Begriff aus der Edu-Kinestetik: Nicht immer können oder wollen wir den Muskeltest machen; oft ist es auch wichtig, die Fähigkeit des Hineinfühlens in den laufenden Prozeß zu üben. Der Muskeltest darf nicht zum Ersatz des sorgfältigen Gewahrseins sich selbst gegenüber werden. Aus diesem Grund betonen Paul und Gail Dennison immer wieder die Qualität des Noticing und ermutigen, es anzuwenden und zu üben.

Wer die Movement-Dynamics-Sequenz so sorgsam einsetzt, wie es weiter oben demonstriert ist, wer also auch Vor- und Nachaktivität mit einbezieht, macht jeden Tag eine Gruppenbalance über Noticing mit seinen SchülerInnen. Ebenso kann man die Movement-Sequenz einsetzen, wenn man die Gelegenheit hat, mit einem Kind allein zu arbeiten. Es kann in gewohnter Weise ein Ziel gesucht und dann ohne jeden Muskeltest die Sequenz auf dieses Thema hin durchgeführt werden. Wie tief auch diese Balancen gehen, wird weiter unten zu lesen sein. Viele Lehrkräfte, die aus den unterschiedlichsten Gründen den Muskeltest nicht einsetzen, haben so eine hervorragende Alternative dazu.

Noticing-Arbeit ist natürlich auch mit den reinen Brain-Gym®-Übungen möglich. Überhaupt rate ich dazu, Brain-Gym® in der Klasse weiterzumachen. Erstens kann auch die schönste Movement-Dynamics-Sequenz zur langweiligen Routine werden, und zweitens ist das Spezielle und der besondere Wert des Brain-Gym®, daß es unmittelbar in das Unterrichtsgeschehen eingebaut werden kann: dort, wo es im Moment erforderlich ist, und oft nur für einen einzigen Schüler, der „festhängt", und dem damit möglicherweise geholfen werden kann.

Wirkungen

Die Arbeit mit Movement Dynamics hat mich und hat meine Schüler in einem Maße verändert, wie ich dies vorher nie erlebt habe. Was für eine Klasse hatte ich da vor zwei Jahren übernommen! Täglich zog ich nach den großen Hofpausen den Kopf ein, weil immer irgendein Bericht eines aufsichtführenden Kollegen kam, der mir von Schlägereien oder Verbotsübertritten meiner SchülerInnen erzählte. Über zwei meiner Schüler hörte ich nicht selten Äußerungen wie: Das sind ja wohl die unangenehmsten Schüler dieser Schule …! Mit diesem Etikett lebten wir eine ganze Weile.

Die SchülerInnen waren in puncto Lernen und Sozialverhalten in einem Maße gehandicapt, wie ich es vorher nicht gekannt hatte. Hier nur drei Beispiele: Ein Schüler, der oben erwähnte Muzaffer, konnte vor lauter Hyperaktivität nicht einmal sitzen; er schrieb und rechnete im Stehen, besser gesagt im Herumhampeln. Auch ein Sitzball brachte kaum Besserung: Die Geräusche, die er damit verursachte, hielt niemand aus. Seine Handschrift war unlesbar, sein Sozialverhalten aggressiv, laut und flegelhaft.- Eine zweite Schülerin war durch ein immenses privates Problem derartig belastet, daß sie permanent auf andere einschlug oder sie mit ihren spitzen, harten Stiefeln trat. Lag jemand am Boden, weil er von einem anderen geschlagen worden war, lief dieses Kind hin und verpaßte ihm einen gehörigen Tritt als Zugabe. Sie war kaum zu erreichen durch Gespräche, nutzte jede Gelegenheit, andere zu provozieren, und schaute nur mit finsterem, wütendem Gesicht in die Welt.- Ein anderer problematischer Schüler wurde in jeder Pause von anderen verprügelt, weil er sie provoziert hatte, oder er prügelte von sich aus einfach drauflos. Das sind nur drei von dreizehn SchülerInnen. An freudvolles Lernen, geschweige denn Lernmotivation oder gar Klassengemeinschaft war nicht zu denken. Ich war sehr verzweifelt. Zwar hatten wir regelmäßig Brain-Gym® gemacht, und es hatte sich auch langsam der eine oder andere Erfolg eingestellt, insgesamt aber blieb es sehr unbefriedigend.

Ein neuer Stundenplan gab mir nur noch für eine einzige Stunde in der Woche die Gelegenheit, mit einem Kind allein zu arbeiten. Nun ja, dachte ich verzweifelt, hier würden nur regelmäßige Einzelbalancen helfen, die Probleme liegen einfach zu tief, da kann das tägliche Brain-Gym® auch nicht herankommen.

Und dann brachte ich Pollyanna aus Kirchzarten mit ...

Glücklicherweise habe ich Movement Dynamics nicht erfunden, bin nur Anwenderin dieser wunderbaren Methode; deshalb kann ich von der Veränderung meiner Klasse ohne jede Arroganz berichten.

Wie schon erwähnt, nahmen die Kinder diese Neuerung sehr freudig auf, sie schlüpften in die Sequenzen ohne jeden Widerstand, als hätten sie diese schon jahrelang gemacht. Es war so, als sehnten sich alle nach der Ruhe und der Integration, die Raum in ihnen zu einzunehmen begannen. In diesen Anfangsphasen gab es viele Momente bei der Durchführung, die mich sehr rührten, ja nicht selten ergriffen. Es waren immer wieder die Veränderungen, die ich während der Sequenzen in den Gesichtern, in der Körperhaltung, in der Atmung der Kinder spürte. Der Moment des *Shifts*, von dem

Paul Dennison spricht, der Augenblick, in dem das edu-kineste-tische Tun während einer Anwendung zu wirken beginnt (das heißt, die Veränderung greift), dieses Shift erlebte ich hier überdeutlich. Mir sind besonders die Sequenzen in Erinnerung, die wir zum Jah-resbeginn machten, als die Tage wieder länger wurden. Vor Beginn der Sequenz löschten die Kinder immer von selbst das häßliche Neonlicht. Da es zu diesem Zeitpunkt um acht Uhr noch nahezu dunkel in der Klasse war, kam einer auf die Idee, eine Kerze auf mein Pult zu stellen. Gegen Ende der Sequenz war es dann immer um fünfzehn Minuten heller geworden. Die Kinder erlebten dadurch zum ersten Mal ganz bewußt die Morgendämmerung. Als sie sich dessen bewußt waren, genossen sie dieses langsame Hellwerden sehr und wurden immer mehr gewahr, daß es täglich ein wenig schneller dämmerte.

Wie es so ist, wenn man zu nahe an den Dingen ist, bemerkte ich bei vielen erst die Veränderung, als diese schon gravierend war. Plötzlich war Muzaffer der Klassensprecher, inzwischen *saß* er ja längst schon beim Arbeiten, und die Schrift war sehr ausgewogen. Sein Sozialverhalten ist jetzt vorbildlich, er denkt verantwortungs-voll in allen Bereichen mit und genießt die Freundschaft aller in der Klasse. Ebenso das erwähnte schwierige Mädchen. Jetzt, nach neun Monaten mit Movement Dynamics, hat sie sich und ihre weiterhin existierende schwere Lebensproblematik fest integriert. Sie ist freundlich zu jedermann, fing nach einer einzigen Noticing-Bahnung ganz abrupt zu lesen an (was sie vier Schuljahre lang nicht geschafft hatte) und beweist mir und anderen Lehrkräften täglich, wie feinsinnig, intelligent und aufmerksam sie für alles ist. Auch der „Prügelknabe" hat sich dahingehend verändert, daß er nun auch über sich selbst lachen kann und fast nie mehr provo-ziert; geschlagen wird er auch nicht mehr.

Ganz auffällig ist die große soziale Wirkung: Neue Schüler wurden ohne Schwierigkeiten integriert, auch wenn sie recht problembeladen waren und normalerweise sicher gehänselt wor-den wären. Die Bereitschaft, sich gegenseitig zu akzeptieren, ist ganz erstaunlich gewachsen. Exemplarisch für das, was das Ungewöhnliche dieser Klasse ausmacht, vielleicht einige kurze Beispiele:

Während wir den *Erder* durchführten, ergab es sich, daß sich die Hände von circa acht SchülerInnen und mir in der Mitte leicht berührten. Wir fanden das sehr lustig und freuten uns bei jedem Ausatem und In-die-Streckung-Gehen auf diese Berührung. Dann rief einer mitten in die Übung rein: „Das sieht so aus wie bei den drei Muskeltieren!" Ich hätte fast losgeprustet, sparte mir die Aufklärung über den Namen aber für nach der Sequenz auf. Viele kannten die „Muskeltiere" nicht, wir sprachen darüber. „Die haben doch auch immer sowas gesagt, wie war das noch, dann, wenn sie ihre Degen so zusammengemacht haben? Alle für …???" Nachdem ich ihnen das Motto „Alle für einen und einer für alle" genannt hatte, waren sie begeistert. „Das sind wir jetzt! Das sagen wir jetzt auch!" Alle standen auf, legten in der Mitte die Hände zusammen – die Degen waren nicht greifbar – und riefen fröhlich und völlig falsch ihr Motto durcheinander. Und immer, wenn jetzt doch mal gehöriger Zoff in der Klasse auftaucht, fällt irgend jemandem dieses Motto ein (auch wenn sie den Begriff „Motto" gar nicht kennen). Und am Ende einer Konfliktbereinigung ist es zum Ritual geworden, daß alle die Hände übereinanderstapeln und das Motto laut rufen.

Ein weiteres typisches Erleben mit diesen Kindern war das Absolvieren des „Seepferdchens" durch einen sehr schüchternen, ruhigen Schüler im Schwimmunterricht. Peter begann seine erste große Runde, zum ersten Mal schwamm er im Schwimmerbecken, die Angel immer in greifbarer Nähe. Als er zur letzten Strecke ansetzte, wurde es nach und nach mucksmäuschenstill im Bad, obwohl keiner von uns Lehrern die Kinder besonders auf Peter aufmerksam gemacht hatte. Alle starrten auf Peter, der sich mit allerletzter Kraft, das Ziel vor Augen, abmühte. Als er die Trennleine berührte, brach lauter Jubel und Applaus aus. Das sind Erlebnisse, wie sie bei dieser Klassengemeinschaft inzwischen zur Tagesordnung gehören. Wenn ein Schüler, der ansonsten große Mühe beim Lesen hat, seinen Satz fertig vorgelesen hat, obwohl alle minutenlang geduldig und leise warten mußten, wird freudig Beifall geklatscht! Keiner motzt, wie lange das dauert, keiner diskriminiert das Kind wegen seiner Schwächen.

Das Schönste aber ist der Gesamteindruck, den diese Klasse

jetzt vermittelt. Bei allem, was in der letzten Zeit an Kommentaren, Gedanken und Reflexionen von den Kindern kommt, halte ich immer wieder inne: So etwas habe ich in den vierundzwanzig Jahren meines Lehrerinnenlebens nie vorher erlebt. Natürlich gab es auch in der vor-edukinestetischen Zeit Sternstunden, viel Freude und Spaß mit SchülerInnen. Doch nun lebe ich in einer Dauersternstunde. Es ist, als bräche ein Potential durch, das ich nicht benennen kann (und will). Ich spüre diese Qualität, die SchülerInnen leben sie und freuen sich mit mir an ihrer positiven Veränderung. Das genügt.

Und wir freuen uns gemeinsam über das immer wiederkehrende Lob und die Anerkennung von anderen LehrerInnen und vom Schulleiter selbst. Stolz erzählen diese SchülerInnen denen, die von den wilden Zeiten dieser Kinder nichts mehr mitbekommen haben: „Das mußt du dir mal vorstellen! Wir waren mal die Schlimmsten hier!"

Die Wirkung, die ich als Unterrichtende selbst durch diese Sequenzen spüre, erfreut mich jeden Tag. Wie oft gibt es Tage, an denen man eigentlich zu Hause bleiben müßte, so schlapp, müde, erschöpft fühlt man sich. Inzwischen habe ich gelernt, daß ich dann zumeist doch in die Schule gehen kann, denn ich kann mich auf die Wirkung der Movement-Sequenz verlassen. Da ich die Übungen seit Jahren mache, reagiert mein Körper sehr schnell darauf, und schon nach der dritten oder vierten Übung stellt sich wieder Wohlbefinden ein. Vor allem aber bricht sich wieder die Freude an der Arbeit und an den Kindern Bahn, ein logisches Produkt von Integrationsarbeit. Und dafür bin ich immer wieder neu dankbar.

Wie produktiv die Klasse inzwischen mit dieser Arbeit umgeht, mag ein Erlebnis bestätigen: Ich war krank, die SchülerInnen hatten Vertretungsunterricht. Nach der ersten Stunde kam eine andere Vertretungslehrerin in die Klasse. Sie war gerade in einer äußerst anstrengenden Klasse gewesen und völlig erschöpft. Das teilte sie den Kindern auch mit; sie sagte, daß sie völlig genervt sei und eigentlich keinerlei Lust habe, hier mit ihnen zu arbeiten. Daraufhin unser Klassensprecher Muzaffer: „Sie sind gestreßt? Da müssen Sie die Übungen machen! Stehen Sie mal auf!" Diese Kollegin kannte nichts von diesen Dingen, machte aber bereitwillig mit. Die Schüler suchten die entsprechenden Kassetten heraus und leiteten die Übungssequenz an. Die Kinder erzählten mir am kommenden Tag begeistert, wie gut ihr das getan habe. „Vieles hat sie ja falsch gemacht, sie kennt das eben nicht", erzählten sie mir am kommenden Tag; „außerdem denkt sie, daß das nur Entspannungsübungen sind, na ja." Und sie selbst sprach von einer Sternstunde ihres Lehrerinnenlebens – es sei ihr so gut danach gegangen.

Daß diese Movement-Dynamics-Sequenzen auch bei der allerersten Durchführung wirken, zeigt das folgende Erlebnis. Es gehört seit meiner Ausbildung zur Movement-Dynamics-Instruktorin dazu, daß ich in meinen Einführungskursen in die Edu-Kinestetik am Hamburger Institut für Lehrerfortbildung am Ende des langen Kurstages einen Streßabbau auf den Tag mache. Das wird jetzt mit einer Movement-Dynamics-Sequenz gemacht, zum einen, um die TeilnehmerInnen wirklich nachdrücklich zu entstressen, aber auch, um auf diese Neuerung der Edu-K aufmerksam zu machen. In einem der letzten Kurse saß eine Gymnasiallehrerin, die mich den ganzen Kurs über düster anschaute und äußerst kritische Fragen stellte. Interessanterweise erzählte sie dann aber doch, wie positiv ihre SchülerInnen auf die Brain-Gym®-Übungen reagiert hätten. Das Gesicht prägte sich mir den Tag über ein. Nach der Abschlußsequenz nun kam eine Teilnehmerin auf mich zu und bedankte sich überschwenglich für den guten Kurs: Alles sei ausgewogen gewesen, sie hätte großen Nutzen daraus gezogen und sei begeistert von der Edu-Kinestetik. Ich freute mich natürlich über das Lob, fragte mich aber innerlich, wer denn diese Kursteilnehmerin sei. Ich konnte mich an dieses Gesicht nicht erinnern. Als mein Blick dann auf ihr Namensschild fiel, das unter ihrem Mantel herauslugte, traute ich meinen Augen kaum: Es war eben diese Kollegin! Ihr Gesicht war weich und entspannt und strahlte eine freundliche Grundstimmung aus. Also auch hier hatte Pollyanna ihre Wirkung gezeigt.

*

In drei Wochen werde ich meine Klasse abgeben, die Schule für immer verlassen. Es ist schwer, sich gerade von *diesen* Kindern zu trennen. Bei vielen von ihnen wäre noch viel zu tun, sind die neuen Vernetzungen, die durch die edu-kinestetische Arbeit entstanden sind, noch sehr instabil. Doch die Kinder können inzwischen gut allein mit den Übungen umgehen. Mein größter Wunsch aber wäre, daß Pollyanna bleibt.

Annelie Steinkamp:

Erstellen von Fördergutachten unter Berücksichtigung kinesiologischer Erkenntnisse und Methoden

Im Schuljahr 1994/95 wurde in Niedersachsen ein neuer Erlaß verabschiedet, der die Überprüfung von Schülern durch die Sonderschulen regelt (Erl. d. MK v. 18.9.1995 – 301-81006/2). Im Zuge dieses Verfahrens wird nicht mehr – wie früher – die mögliche Sonderschulbedürftigkeit eines Schülers festgeschrieben, sondern ein Gutachten erstellt, in dem neben den diagnostizierten Defiziten mögliche Ursachen für Leistungsversagen, verbleibende Möglichkeiten sowie ein umfassendes Förderprogramm festgehalten werden. Hierzu sind diagnostische Testverfahren einsetzbar, bezüglich der ...

- Intelligenz,
- visuellen Wahrnehmung,
- Schulleistung und
- des Sprachverständnisses.

Hinzu kommen: Unterrichtsbeobachtung, Gespräche mit betreuenden Einrichtungen, Eltern, Lehrern, etc.

Im Verlauf dieser Arbeit wurde mir ein Ausländerkind vorgestellt, dessen Werte wie folgt aussahen:

DEFIZITE	FÄHIGKEITEN
völliges Schulversagen,	normale Intelligenz,
	intaktes Sprachverständnis,
gestörte Formkonstanz bei sonst	intakter visueller Wahrnehmung.

Anzumerken ist, daß dies bereits die zweite Überprüfung für den Schüler war, da er bereits im letzten Schuljahr wegen seiner unzureichenden Schulleistungen auffiel und gemeldet wurde. Nach den damaligen – und auch jetzigen – Testergebnissen verfügt der Schüler über die notwendigen intellektuellen Voraussetzungen, um die schulischen Anforderungen zu meistern. Was sind die möglichen Ursachen für das völlige Leistungsversagen des Schülers? Kann allein die unzureichende Ausprägung der Formkonstanz diese Störung hervorrufen? Diese Fragen galt es zu beantworten.

Unser Gehirn entwickelt und trainiert sich in erster Linie über die Sinneseindrücke. Es entstehen Informationen, Empfindungen, Erfahrungen und Fähigkeiten. *Formkonstanz* bedeutet einen abstrakten Verarbeitungsprozeß innerhalb der visuellen Wahrnehmung, insbesondere des räumlichen Vorstellungsvermögens. Laut Frostig bekommen Schüler mit einer Schwäche in diesem Bereich Probleme beim Lesen, sobald unterschiedliche Formen, Farben oder Buchstabengrößen vorliegen. In der Mathematik sind Invarianz und Formkonstanz die Voraussetzungen für die Bildung von Mengenvorstellung und Zahlbegriff. Hiermit schien die Ursache für das Rechenversagen gefunden zu sein. Das *vollständige* Schulversagen ließ sich aber allein durch die gefundenen Untersuchungsergebnisse *nicht* erklären.

Zwar drängte sich im Verlauf der Unterrichtsbeobachtung – aufgrund des gesamten Lern- und Arbeitsverhaltens des Schülers – der Verdacht auf eine Hörstörung auf; dieser konnte aber durch die nachfolgende medizinische Untersuchung *nicht* bestätigt werden. Lehrperson und Eltern schilderten mir das Kind als sehr bemüht und bereitwillig. Leider könne es aber nur „wenig behalten".

Um entsprechend umfassende und wirksame Fördermaßnahmen für den Schüler festsetzen zu können, benötigte ich weitere Informationen über mögliche Ursachen des Schulversagens. Schließlich überprüfte ich – im Einverständnis mit den Eltern – den Schüler mit den Methoden der Edu-Kinestetik zu den Bereichen

- Augen,
- Ohren,
- Bewegungsmuster und
- Dominanz,

um Aussagen über die Organisation der grundlegenden Sinnesfunktionen und den individuellen Lernstil zu erhalten.

Dazu bediente ich mich unter anderem der entsprechenden Testpositionen aus den Aktionsbalancen fürs Sehen, Hören und Lesen. Folgende Ergebnisse konnten festgehalten werden:

Augen

Die Augen waren nicht in der Lage, sich flüssig von *links* nach *rechts* (Leserichtung!) zu bewegen, und der Schüler konnte mit ihnen *nicht* die Mittellinie überkreuzen. Ebenso war die Einstellung der Augen von *fern* auf *nah* sprunghaft (Abschreiben von der Tafel).

Ohren

Das *analytische* rechte Ohr war blockiert; speziell auf die Stimme der Lehrperson. Beide Ohren schalteten ab bei den Lauten r, l, u, n, y, z und auf die eigene Stimme bei (u und n).

Bewegungsmuster

Der Schüler bewegte beim Gehen jeweils die gleiche Körperseite. Das heißt: Setzt er das *rechte* Bein vor, so schwingt auch sein *rechter* Arm mit, beginnt das *linke* Bein, schwingt auch der *linke* Arm. Dieser Bewegungsablauf wird in der Edu-Kinestetik als *homolateral* bezeichnet, da jeweils nur eine Gehirnhälfte zu dem bestimmten Zeitpunkt arbeitet. Das Gegenteil wäre die *bilaterale* Bewegung (*Überkreuzbewegung*), bei der beide Gehirnhälften aktiv sind.

Dominanzmuster

In Streßsituationen bevorzugt der Schüler die *linke Körperseite* (Hand, Fuß, Auge und Ohr), bei angeschaltetem (aktivem) *linkem Gehirn*. Die die linke Körperseite kontrollierende rechte Hemisphäre ist abgeschaltet.

Das bedeutet: Da die Augenfolgebewegung in Leserichtung nicht flüssig verläuft und die Augen zudem nicht die Mittellinie überschreiten, kann der Schüler *nicht* lesen, ohne den *Kopf* – anstelle der Augen – zu bewegen. Dadurch verschwimmt sehr leicht der Text, und er ist verwirrt. Beim *Abschreiben* von der Tafel wird er Probleme haben, die Zeile im Heft wiederzufinden, und daher wahrscheinlich sehr verzögert arbeiten.

Außerdem liest der Schüler zwar, kann sich aber nicht an das *erinnern*, was er gelesen hat, und es dürfte ihm schwerfallen, mit Ausdruck und Gefühl zu lesen. Da sein analytisches rechtes Ohr blockiert ist, registriert das Kind, ob seine Lehrperson einen Arbeitsauftrag freundlich oder ärgerlich erteilt, aber nicht den *Inhalt* der Botschaft. Also orientiert es sich an seinen Mitschülern und erscheint dadurch dem Beobachter als hörgeschädigt.

Das *homolaterale* Bewegungsmuster läßt vermuten, daß der Schüler nur schwer auf Gelerntes zurückgreifen kann, da er jeweils nur die volle Kompetenz einer Gehirnhälfte zur Verfügung hat. (Siehe dazu Frederic Vester: *Denken, Lernen, Vergessen*)

Dem Dominanzmuster ist zu entnehmen, daß sich der Schüler in Streßsituationen selbst blockiert. Alle Informationen laufen verstärkt über die linke Körperseite. Die für diese Seite zuständige rechte Hemisphäre ist aber abgeschaltet. Statt dessen steht die linke Seite in „höchster Alarmbereitschaft". In solchen Situationen kann die rechte Gehirnhälfte zum Beispiel durch Musik oder Bewegung aktiviert werden. Wahrscheinlich „zappelt" der Schüler dann auf seinem Stuhl herum oder steht auf und läuft in der Klasse umher. Ideal wäre daher für ihn das Sitzen auf einem Gymnastikball.

Die aufgrund dieser Untersuchungen aufgestellten Vermutungen bezüglich des Lern- und Leistungsverhaltens konnten von der Lehrperson so bestätigt werden. Daher wurden von mir entsprechende Korrekturübungen vorgeschlagen und spielerisch durchgeführt. Schon nach der ersten Übungssequenz bemerkte die Lehrperson eine „deutlich positive Veränderung in der Lernmotivation und Unterrichtsbeteiligung" des Schülers; die folgenden Klassenarbeiten (Diktat, Aufsatz und Sachkundetest) konnten jeweils wieder mit ausreichend bewertet werden.

Inzwischen wiederholt der Schüler die Klasse, anstatt in eine Sonderschule für Lernbehinderte zu wechseln, und erhält unterstützende sonderpädagogische und kinesiologische Fördermaßnahmen. Seine schulischen Leistungen können befriedigend und besser benotet werden.

Eingesetzte Maßnahmen (Reihenfolge ohne Bedeutung):

- Lateralitätsbahnung
- Aktionsbalancen für das Sehen, Hören, Lesen, Schreiben
- Mittellinienbewegungen
- Energiebewegungen
- Erfahrungen zur Formkonstanz
- individuelle Rechenhilfen.

Literatur:

Dennison, P. E.: *Befreite Bahnen*, Freiburg: VAK, 1984

Ellrott, D./Aps-Ellrott, B.: *Förderdidaktik*, Offenburg: Mildenberger, 1995

Frostig, M.: *Entwicklungstest der visuellen Wahrnehmung*. FEW-Auswertungsanleitung, Weinheim: Beltz, 1963

Meister Vitale, B.: *Lernen kann phantastisch sein*, Berlin: Synchron, 1988

Vester, F.: *Denken, Lernen, Vergessen*, Stuttgart: dtv, 1987

Theo Fußgänger:

Das X am Trampolin

Angewandte Kinesiologie im Sportunterricht

Die Kinderwelt ist eine Bewegungswelt. Bewegung ist Leben, und leben heißt sich bewegen, auf körperlicher, geistiger und emotionaler Ebene. Kinder sind ständig in Bewegung, wenn es für sie möglich ist. Mit Hilfe der Bewegung erschließt sich das Kind die Struktur seiner Umwelt, entdeckt seinen Körper, sammelt Erfahrungen und Einsichten.

Die Kinder brauchen viele Freiräume, doch leider gibt es zahlreiche Faktoren in unserer Gesellschaft, die Bewegungsmöglichkeiten erheblich einschränken. Starker Straßenverkehr, Spielverbote, Bewegungseinschränkungen im Schulalltag, langweilige Schulhöfe – unter solchen Voraussetzungen kann Bewegung nur schwerlich gelebt werden. Der Bewegungsraum an unseren Schulen ist sehr oft bewegungsfeindlich strukturiert. Bewegung in der Schule ist anscheinend nicht besonders wichtig. Bereits Piaget weist in seinen Untersuchungen darauf hin, welch fundamentale Bedeutung der Bewegung und Wahrnehmung beim Aufbau der Intelligenz zukommt.

Verlockende Unterhaltungstechniken (Video, Fernsehen, Kino) reduzieren die tägliche Bewegungszeit um ein weiteres. Das Kind erschließt sich hier eine Welt, in der ein minimales Ausmaß an Bewegung notwendig ist. Auf einem Fachkongreß zur Lage von Kindern berichtete die derzeitige Familienministerin, daß die Fernsehzeit vielfach die wöchentliche Schulzeit übersteige.

Zahlreiche medizinische Untersuchungen haben ergeben, daß aus der „Verhäuslichung" bereits im Vorschulalter, aber auch in der Grundschule eine allgemeine körperliche Leistungsschwäche resultiert, die sich in mangelnder Leistungsfähigkeit des Haltungs- und Bewegungsapparates sowie des Herz-Kreislauf-Systems äußert und häufig von Koordinationsproblemen begleitet ist. In engem Zusammenhang mit diesen Auffälligkeiten stehen Wahrnehmungsschwächen oder -störungen, die alle Sinnesbereiche betreffen können.

Verhält sich die Umgebung eines Kindes tolerant und verständnisvoll gegenüber einer verminderten Leistungsfähigkeit, kann das Kind psychische Stabilität und Selbstsicherheit entwickeln. Doch sehr häufig fordern Schule und Elternhaus „altersgemäße" Leistung und bewirken dadurch eine permanente Überforderung des Kindes. Ich glaube, wir sind uns darüber einig, daß diese Entwicklung sehr unbefriedigend ist.

Gehirnintegration

Bereits vor circa fünfunddreißig Jahren fanden zwei Psychologen, Doman und Delacato, heraus, daß durch Überkreuzbewegungen die beiden Gehirnhälften balanciert werden können. Nicht selten sind Lehrer und Schüler im Schulalltag aufgrund der Desintegration der Hemisphären im Ungleichgewicht. Die Kinesiologie geht davon aus, daß die Muskulatur die Projektionsfläche unserer Belastungsvielfalt (mental, physisch, chemisch) ist (Triade der Gesundheit). Der Körper reagiert. Sehr häufig stellt man fest, daß bereits erlernte harmonische Bewegungsabläufe in belastenden Situationen (wie zum Beispiel Schwimmen im flachen oder tiefen Wasser, Notenängste, Publikumsangst). zusammenbrechen. Nur wenn der Körper in seiner Ganzheit in Harmonie ist, kann man die Bewegungsqualität verbessern, erhöhte Sicherheit und gesteigertes Selbstvertrauen erwarten.

Den Bewegungsapparat ausgleichen

Die *Überkreuzbewegung* ist für mich eine nicht mehr wegzudenkende Basisübung. Diese Übung wird in verschiedenen Situationen im Sportunterricht eingesetzt, um die beiden Gehirn- und Körperhälften zu koordinieren. Mit akzentuiertem Musikrhythmus (zum Beispiel Tophits des Jahres) bewegen sich die Schüler über Kreuz in unterschiedlicher Bewegungsform (Gehen, Laufen, Krabbeln, jeweils vorwärts und rückwärts). Diese Alltagsbewegungen kann man auch unter ein Thema stellen, wie zum Beispiel: gelangweilt gehen, in Hektik sein, in Angst gehen. Vor gezielten komplexen Bewegungsabläufen oder nach Dehnübungen balancieren sich die Schüler oft schon selbständig durch die Integrationsübung Cross Crawl.

Wenn Überkreuzbewegungen nicht fließend ausgeführt werden und der Schüler bei jeder Bewegung überlegen muß, welcher Arm nach vorn bewegt werden muß, hat die Übung für diesen Schüler keinen balancierenden Effekt. In diesem Fall wird eine Lateralitätsbahnung nach Dennison notwendig.

Dennison-Lateralitätsbahnung einmal anders

Wie schon gesagt: Meine ersten Übungen im Sportunterricht sind die Überkreuzbewegungen bzw. die Anbahnung der Seitigkeiten. Für die Anbahnung benutze ich bereits bekannte Bewegungsmuster, wie zum Beispiel das Gehen.

Ablauf der Bahnung

Sich über Kreuz bewegen:
- Freies Gehen, sich den Raum erschließen, auf Linien gehen, auf Linienkreuzen Richtungswechsel vorwärts/rückwärts
- Wer kann beim Gehen die Arme mitschwingen?
- Wer kann gehen, Arme mitschwingen und dabei nach links oben schauen/summen?

Sich einseitig bewegen:
- Wer kann gehen und Bein und Arm auf der gleichen Seite nach vorn bewegen?
- Gehen mit den Händen in der Tasche oder an der Hüfte liegend
- Gehen wie Aufgabe 1, jedoch dabei nach rechts unten schauen/zählen.

Mit Schülern, die nicht in der Lage sind, die Übungen flüssig durchzuführen, führe ich in der geeigneten Stunde eine Einzelbalance durch. Durch die Bahnung der Seitigkeiten erreicht der Schüler in den Hemisphären einen bilateralen Zustand und hierdurch eine Ganzkörperkoordination. Die Bahnung hat für mich im *Sportunterricht* eine zentrale Bedeutung.

Angst und Bewegung

Bewußt möchte ich auf die unterschiedlichsten Theorien zur Entstehung von Angst nicht eingehen. Darüber gibt es eine Menge sportpsychologischer Literatur. Das Phänomen Angst darf jedoch bei unseren gesundheitserzieherischen Bemühungen im Sport nicht außer acht gelassen werden. Kinder haben oder entwickeln Angst in verschiedenen Bereichen: Angst vor Versagen, Angst vor Unbekanntem, Notenängste, Angst vor Verletzungen, Angst vor Blamage. Wir sollten für solche Ängste sehr sensibel sein und uns darum bemühen, daß Sportunterricht einen angstfreien Erfahrungsraum gestaltet.

Qualitative Bewegungsmerkmale wie Koordination, Rhythmus, Geschicklichkeit, die die Komplexität einer Bewegung ausmachen, können sich je nach Intensität des Angstreizes verändern. Jedem Sportlehrer sind die Streßprobleme im Unterricht hinlänglich bekannt. Es bleibt die Schwierigkeit, Sport so zu lehren, zu betreiben, daß der Schüler in der Bewegung seinen Körper lustvoll und somit sich selbst positiv erlebt. Nicht selten erlebe ich bei Unterrichtsbeobachtungen im Sportunterricht, wie man Angst vergrößert, aber nicht, wie man sie überwindet.

Wie schon erwähnt, ist die Muskulatur der Bildschirm emotionalen Erlebens. Der Körper reagiert in Form von „abgeschalteten" Muskeln. Das gestörte Muskelgleichgewicht beeinflußt die Bewegungsqualität und kann sogar Verletzungen provozieren.

Kinder können sehr häufig gegen ihre Ängste nicht an. Viele gutmeinende Lehrer oder Eltern versuchen, die Ängste zu verniedlichen oder zu verneinen. Das schlägt meistens ins Gegenteil um, weil der Schüler sich nicht verstanden fühlt. Wenn Schüler mit körperlichen Verletzungen zu uns kommen, wissen wir sehr genau, was zu tun ist. Wir reinigen die Wunde und legen einen Verband an. Aber schwieriger ist es, wenn sie mit emotionalen Problemen zu uns kommen. Der erste Schritt, diese emotionale Not zu beheben, ist für mich, das beherrschende Gefühl des Kindes anzuerkennen. Hier wird unser Einfühlungsvermögen angesprochen. Wenn wir lernen, mit Einfühlungsvermögen zu fragen und zu antworten, ist dies ein erster Schritt, Kindern zu helfen. Hierbei versuche ich, genau auf die Sprache des Kindes zu achten, um festzustellen, in welchen externen oder internen Bereichen die Angst liegt.

Externer Streß ist alles, was man dem Kind antut (Technik, Geräte, Lehrer, Eltern etc.). Interner Streß ist alles, was das Kind denkt, sein eigenes Glaubenssystem. (Ich kann das sowieso nicht; Versagensängste.)

Im zweiten Schritt versuche ich, die Selbstkompetenz des Kindes anzusprechen: Was kannst du tun, damit sich das unangenehme Gefühl verändert? Meistens finden die Kinder sehr gute Lösungsmöglichkeiten, wie zum Beispiel Schwimmen im tiefen/flachen Wasser, Hilfsmittel, Lernhilfen etc.

In der Kinesiologie bietet sich eine unterstützende Streßreduktion an, indem durch das Halten der *Positiven Punkte* Spannungszustände im Körper abgebaut werden. Diese Übung eignet sich hervorragend als Gruppenübung für die gesamte Klasse bei bevorstehenden gemeinsamen Anforderungen. Es führt immer wieder zu Überraschungen, wenn ich dem/der Schüler/in durch verschiedene Muskelfunktionstests die „schwachen" Muskelbereiche aufzeigen kann und nach der Streßreduktion die vorher schwachen Muskelbereiche jetzt als stark gefühlt werden können.

Diese Muskelbalance gibt dem Schüler bessere Konzentration, ein besseres Zentriertsein auf das Ereignis. (Variationen sind im *Brain-Gym®-Lehrerhandbuch* zu finden. Für Lehrer, die eine Edu-Kinestetik- oder Touch-for-Health-Ausbildung haben, gibt es für das Muskelcoaching sehr vielfältige Balancen. Eine Muskelbalance, die ich im Klassenverband gerne durchführe, ist der Muskeltanz. Hierbei werden die Arme und Beine in eine vorgegebene Bewegungsrichtung geführt. Dies kann meditativ mit langsamer, ruhiger Musik, oder dynamisch mit rhythmisch akzentuierter Musik durchgeführt werden. Die Bewegungen entsprechen dem TfH-Muskeltestverfahren. Indem Beine und Arme über Kreuz bewegt werden, entstehen sehr wirkungsvolle Integrationsübungen.

Zielbalancen durch Edu-Kinestetik und Touch for Health

Bevor wir mit der Zielbalance beginnen, gleichen wir durch Edu-K- und Energieübungen das Meridiansystem aus. Dies stellt sicher, daß sich die anschließenden Übungen nur auf das Ziel beziehen. Bei der Zielbalance geht es um ein klar umschriebenes Ziel, das für den Schüler oder für die gesamte Klasse gleichermaßen interessant ist. Für mich ist hier die Selbständigkeit des Schülers wichtig. Er soll für sich ein erstrebenswertes Ziel formulieren, von dem er auch überzeugt ist, daß es sich lohnt, dafür etwas zu tun. Ist das Ziel erst einmal formuliert, soll der Schüler gedanklich bei seinem Ziel sein.

Jetzt führen wir gemeinsam Bewegungsübungen aus dem Edu-K- oder TfH-Bereich (Muskeltanz) durch. Durch diese einfache Balance erreichen wir eine muskuläre Harmonisierung, die die Bewegungsqualität und Freude am Tun fördert und nebenbei emotionalen Streß reduziert.

Für den TfH-Lehrer ist es interessant, vorher zu überprüfen, welche Muskelbereiche abgeschaltet sind. Der Nachtest verblüfft die Schüler durch die jetzt angeschalteten Muskelbereiche immer wieder, so daß mittlerweile schon einige Schüler selbständig testen.

Psychologische Umkehrung

Mit dem Begriff der psychologischen Umkehrung ist ein Phänomen angesprochen, das sehr häufig für das Scheitern jeglicher Balancen verantwortlich ist. Bei dieser Auffälligkeit, daß „nichts hilft" oder übersteigerte Ängste vorhanden sind, scheint der Schüler unbewußt seine Absicht auf Erfolg zu boykottieren. Auf die psychologische Umkehrung möchte ich nicht näher eingehen, da Claudia Meyenburg dieses Phänomen (unter der Bezeichnung „psychische Umkehr") bereits in *Die Sache mit dem X* (Band 1) näher beschrieben hat. Bei sehr schleppenden Erfolgen sollte diese Möglichkeit jedenfalls in die Arbeit mit einbezogen werden.

Schwimmausbildung

Es ist bekannt, daß Brust- und Rückenkraulbewegungen unseren Alltagsbewegungen wie Gehen, Laufen oder Krabbeln sehr ähnlich sind und dieser Stil für das Anfängerschwimmen gut geeignet ist. Ich stelle hier immer wieder fest, daß Schüler beim Erlernen dieser Schwimmtechnik besonders schnelle Lernerfolge haben. Hingegen zeigen sich beim Brustschwimmen vielfältige Koordinationsprobleme, die Sportlehrern hinlänglich bekannt sind. Ich denke hierbei speziell an die Fußtechnik, bei der sehr häufig mit dem Fußrücken die Stoßbewegung eingeleitet wird, anstatt mit der Fußsohle. Durch den TfH-Muskeltest konnte ich bei fast allen Kindern feststellen, daß der Peroneusmuskel „abgeschaltet" ist. Durch die Schwäche des Muskels dreht sich der Fuß nach innen, in eine Position, die beim Brusteinschlag zu einer unökonomischen Bewegung führt. Die Peroneusgruppe wird besonders beansprucht beim Schwimmen, Laufen, Springen und Hüpfen. Sehr häufig ist dieser Muskel nach einer Verletzung (Verstauchung) über längere Zeit sehr anfällig. Über die entsprechenden Korrekturpunkte (TfH) kann der Sportler diesen Muskel selbst aktivieren und somit die Bewegungsfunktion verbessern.

Ernährung und Leistungsfähigkeit

Nicht nur Störungen im psychischen und strukturellen Bereich können die neuromuskuläre Koordination beeinflussen; auch eine unausgewogene Ernährung kann zur Überlastung des Stoffwechsels führen.

Die Folgen können sehr vielfältig sein: zum Beispiel Konzentrationsschwäche, Wahrnehmungsstörungen, mangelnde Koordination von Bewegungen, Ängste und vieles andere mehr. Jeder Versuch, den Zustand durch therapeutische Maßnahmen zu normalisieren, kann scheitern, wenn nicht zugleich die Störung der biochemischen Prozesse mit einbezogen wird. Um die Leistungsfähigkeit des Sportlers zu verbessern, bietet die Werbung eine Vielfalt von Produkten an, die dem Stoffwechsel schaden und damit keine leistungsaufbauende Wirkung haben. Durch das Muskeltestverfahren ist man in der Lage, die geeignete Ernährung individuell auszutesten. Im Biologieunterricht bietet sich der Themenbereich „Sport und Ernährung" an.

Musik bewegt

Im vorigen Jahrhundert formulierte Wilhelm Busch: „Musik wird störend oft empfunden, weil sie mit Geräusch verbunden." In meinem Sportunterricht setze ich Musik ein, um eine bestimmte Atmosphäre zu schaffen, eine psychische Befindlichkeit herzustellen und den motorischen Lernprozeß zu unterstützen. Für mich ist Musik mehr als nur eine Klangkulisse; sie kann Hilfsmittel bei der Reproduktion von Bewegungen sein (Edu-K/TfH), ein therapeutisches Mittel sein, Bewegungsinspiration fördern und vieles andere mehr. An Musik im Sport kann und sollte kein/e Sportlehrer/in mehr vorbeigehen. Man würde auf ein wesentliches Mittel einer interessanten und vor allem wirkungsvollen Gestaltung des Unterrichts verzichten.

Ausdauerschulung

Im Sportunterricht steht die allgemeine aerobe Ausdauer im Vordergrund des Interesses. Sportmedizinische Untersuchungen zeigen deutlich, daß eine gut entwickelte Ausdauerleistungsfähigkeit eine präventive Konstante zur Stabilisierung der Gesundheit darstellt. Der Stellenwert der Ausdauerschulung ist in Schülerkreisen nicht sonderlich hoch. „Langweiliges Rundendrehen" und „stupides Bahnenschwimmen" sind häufig Antworten auf die Frage, wie das Üben der Ausdauer empfunden wird.

Ausdauerschulung macht den Kindern mehr Spaß, wenn erlebnisreiche Bewegungsherausforderungen angeboten werden, wie zum Beispiel Gerätebahnen, Rollbretter, Teppichfliesen, lustige Staffeln, Waldgeländeläufe, Orientierungsläufe oder Laufen mit Musik. Für alle Sportarten ist eine gute Lunge und optimale Sauerstoffaufnahme wichtig. Vor Beginn des Ausdauerlaufes stabilisieren die Schüler durch kinesiologische Übungen das Herz-Kreislauf-Atmungssystem. Hier biete ich den Schülern den TfH-Muskeltanz, Integrationsbewegungen bzw. das Aktivieren der TfH-Massagepunkte an. Häufig ist es der leistungsschwache Schüler, der ohne große Anstrengung deutlich seine (Minuten-) Laufleistung verbessert.

Springen auf dem großen und kleinen Trampolin

Das Springen auf dem großen und kleinen Trampolin kommt dem Bestreben der Schüler entgegen, mit wenig Einsatz viel Erfolg und Freude zu erlangen.

 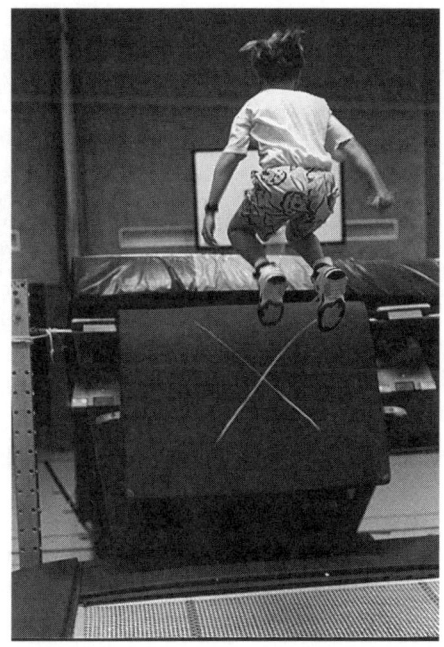

Bahnung einmal anders: **Das X am Trampolin**
Homolaterales Gehen

Die Elastizität des Gerätes ermöglicht Leistung, die bei gleichem Einsatz auf dem Boden nicht erzielt werden kann. Durch die Aussage eines Schülers wurde ich vor einiger Zeit auf ein Phänomen aufmerksam gemacht, das bei allen Schülern nach den Sprungübungen vorhanden war. Der Schüler sagte mir, daß seine Muskulatur sich nach dem Springen wie Pudding anfühle. Dieser Schüler hatte eine überdurchschnittliche Kondition, die Sprungdauer betrug etwa eine Minute.

Daraufhin habe ich den Schüler vor und nach dem Springen getestet (TfH-Muskeltest) und festgestellt, daß verschiedene Muskelbereiche nach dem Springen abgeschaltet waren. Dieses Phänomen zeigte sich bei allen Schülern. Obwohl ich verschiedene kinesiologische Übungen vorbereitend einsetzte, war nach dem Springen die muskuläre Koordination, sowie der Rhythmus der Rückenmarkflüssigkeit für kurze Zeit gestört. Durch Überkreuz-

113

bewegungen im Liegen mit Aufrichten des Oberkörpers konnte der Rhythmus aktiviert und stabilisiert werden.

Doch die entscheidende Veränderung brachte der Hinweis einer Schülerin: Auf dem gemeinsamen Heimweg erzählte sie mir, daß sie vor der heutigen Mathearbeit Edu-K-Übungen durchgeführt habe und der Lehrer ein großes X an die Tafel malte. Diese Information setzte ich sofort in der nächsten Sportstunde um, malte ein X an die Wand und auf die Matten und gab den Schülern den Hinweis, beim Springen mehrmals kurz das X anzuschauen. Das Testergebnis war überraschend eindeutig. Bei allen Schülern blieb der Muskel angeschaltet. Aufgrund dieser Erfahrung taucht das X in vielen Übungsbereichen des Sportunterrichts auf, um den Bewegungsapparat während der Übung zu balancieren.

Für mich persönlich habe ich die Erfahrung gemacht, daß das breite Spektrum der Kinesiologie sich hervorragend im großen Übungsfeld des Sports integrieren läßt. Gezielte kinesiologische Bewegungsreize sind in meinem Sportunterricht ein wichtiger Baustein. Hierdurch bieten sich Möglichkeiten, der Vielfalt von Entwicklungsdefiziten und Verhaltensauffälligkeiten wirksam zu begegnen, Bewegungsabläufe zu verbessern, Ängste abzubauen und Leistung zu erhöhen. Der Einsatz dieser Methode ist für mich zu einer Möglichkeit geworden, meine pädagogische Arbeit mit vielen neuen Entdeckungen und Erfahrungen zu beleben.

Darüber hinaus sollte ein "sinn-volles" Bewegungs- und Wahrnehmungserleben eine Vielzahl von verschiedenen Reizen (wie zum Beispiel vestibuläre, taktile, kinästhetische, visuelle, auditive) beinhalten, denn eine gute Wahrnehmung ist die Voraussetzung für den sensomotorischen und kognitiven Prozeß.

Richard Wenzing:

Brain-Gym® als Leistungsfaktor im Sport

Aus der Arbeit eines Fußballtrainers

„Was soll denn das?" Verständnislosigkeit machte sich breit unter den zehnjährigen Fußballern, als ich sie nach negativem Wassertest aufforderte, einige Schlucke zu trinken. Und Ungläubigkeit, als beim erneuten Versuch nach dem Trinken der Arm des Getesteten stark blieb: „Beim ersten Mal haben Sie bestimmt stärker gedrückt!"

Großes Gekicher dann nach meiner Aufforderung, die *Gehirnknöpfe* zu massieren. Da halfen auch alle meine Erklärungen nichts. Verlegenheit über das „alberne Tun", das ich von ihnen verlangte, gepaart mit einer gesunden Portion Skepsis gegen jede ungewöhnliche Neuerung einerseits und mit gehörigem Respekt gegenüber dem Trainer andererseits – das alles ließ ihnen keine andere Möglichkeit, sich Luft zu machen. Sie mußten kichern.

Erst nachdem zwei Spieler damit herausgerückt waren, daß sie diese Übungen auch in ihrer Grundschule vor jedem Unterrichtstag praktizierten, beruhigten sich die anderen etwas. Aber merkwürdig fanden sie das Ganze trotzdem. Die Aktivitäten der *Überkreuzbewegungen* brachten den Spielern eine gewisse Befreiung. Derartige Übungen waren ihnen bekannt. Hier konnten sie sich austoben. Und insofern gab es auch keinen Grund mehr zu kichern.

Den gab es dann aber wieder bei den *Hook-ups*. Wohl jeder in der Gruppe versuchte, trotz der Zunge am Gaumen irgendwelche Worte halbwegs verständlich zu artikulieren, mit zum Teil recht komischen Effekten. Und so brach sich die Heiterkeit wieder Bahn. Die „zweite Halbzeit" der Hook-ups, die ich mit geschlossenen Augen als „Geduldsprobe" durchführen ließ, brachte endlich die Stille in den Umkleideraum, die ich so herbeigesehnt hatte. Da standen sie nun. Einer verlagerte ständig sein Körpergewicht von einem Fuß auf den anderen; andere zuckten mit Armen und Beinen; bei fast allen bewegten sich Augenlider und -äpfel. Aber sie hielten durch! Mit einer Ausnahme hielten sie, freistehend, in dieser fast unwirklichen Stille für dreißig Sekunden die Augen geschlossen. Bis ich sie erlöste und mit den Bällen hinaus auf den Platz schickte.

Mit der Zeit gewöhnten sich die Jungs an die Übungen, die sie zwar ohne Begeisterung, aber mit großer Selbstverständlichkeit ausführten. Da auch die Eltern der Kinder nichts dagegen einwandten, gehört Brain-Gym® nun zum normalen Alltag bei Training und Spiel. Große Einwände gegen diese vier harmlosen Übungen konnten wohl auch nicht ins Feld geführt werden, zumal der Erfolg schnell deutlich wurde: Innerhalb von vier Monaten gelang der Mannschaft der Sprung von Platz 10 bis 12 ganz nach oben unter die Besten.

Den drei besten Mannschaften ihrer Staffel, denen sie im Frühjahr bei insgesamt zwei geschossenen und zehn erhaltenen Toren noch deutlich unterlegen war, konnte unsere Mannschaft nach den Sommerferien bereits erfolgreich Paroli bieten. Gegen dieselben Gegner konnte sie ein Spiel unentschieden gestalten, die anderen beiden sogar gewinnen. Und mit dem dabei erzielten Torverhältnis von 10:5 konnte sie ihre neu gewonnene Stärke eindrucksvoll unterstreichen. Im weiteren Verlauf des Wettbewerbs bestätigte sich, daß sich die Mannschaft in der Spitze etabliert hatte. Es stellt sich nun die Frage: Wieso eigentlich?

Bei dem Versuch, eine Antwort zu finden, bin ich auf ein Phänomen gestoßen, das mich schon längere Zeit beschäftigt, das ich mir aber bis heute nicht so recht erklären kann. In den vergangenen Jahren hatte ich beobachtet, daß die Konzentration der Spieler nach etwa zwei Dritteln der ersten Halbzeit und noch einmal nach einem Drittel der zweiten Halbzeit für einige Minuten deutlich nachläßt. Die Mannschaft, die diese Zeiten erfolgreicher übersteht, behält zwar nicht ausnahmslos, aber doch in aller Regel auch im Endergebnis des Spiels die Oberhand. Dies gilt nicht nur für den Jugendfußball, sondern ist auch in der Bundesliga und in allen anderen Spielklassen festzustellen.

Was habe ich nicht alles angestellt, um diesem „Naturgesetz" ein Ende zu bereiten: Zunächst habe ich versucht, den Spielern während des Wettkampfes Bescheid zu geben, sobald die „gefährliche Zeit" nahte – ohne Erfolg. Dann habe ich die Spieler jeweils in der fraglichen Zeit angeschrien, um sie wachsam zu machen – vergeblich. Später habe ich mein Glück in immer härterem Konditionstraining gesucht. Es half alles nichts! Die Konzentrationslöcher blieben erhalten. Lediglich das allmähliche Nachlassen der Konzentrationsfähigkeit gegen Ende eines Spiels wird durch das Konditionstraining positiv beeinflußt.

Vier Brain-Gym®-Einschaltübungen: Das reicht!

Heute kann ich den beschriebenen Einbruch in der Konzentration bei meiner Mannschaft im allgemeinen nicht mehr feststellen. Wenn überhaupt, dann höchstens noch in abgeschwächter Form und nur noch nach etwa zwei Dritteln der zweiten Halbzeit. Ganz offensichtlich wird das Gehirn bereits durch die PACE-Übungen so ausgeglichen (und damit weniger streßanfällig), daß es auf die üblichen Arbeitspausen verzichten kann.

Aber trotz allem: Auf Nachfrage gab der größte Teil der Spieler an, daß er an die Nützlichkeit der Übungen im Zusammenhang mit dem Fußball nicht so recht glauben mag. (Als „richtiger Junge" ist man schließlich Realist.) Zwar kann keiner den plötzlichen Leistungsaufschwung schlüssig begründen, aber das Reiben zweier Punkte auf der Brust bei gleichzeitigem Halten des Bauchnabels als Grund für die Leistungssteigerung …? „Nee, also, Herr Wenzing, ich weiß nicht …"

Andererseits sehen die Spieler die Übungen selbst eher positiv. Das beginnt schon mit der Wasserprobe. Sie ist insoweit interessant, als alle gespannt darauf warten, wer diesen Test „gewinnt": Bleibt der Arm stark, hat die Mannschaft gewonnen, und der getestete Spieler wird entsprechend gefeiert. Bei nachgebendem Arm hat dagegen der Trainer gewonnen.

Die *Gehirnknöpfe* sind für die Kinder nicht so interessant. Es gibt nichts, was bei dieser Übung ihre Aufmerksamkeit fesselt. Trotzdem wird sie mit der nötigen Sorgfalt ausgeführt. (Man kann ja nie wissen, ob sie nicht doch zu etwas gut ist …)

Die *Überkreuzbewegungen*, mit dem Ruf „action!" eingeleitet, werden nach wie vor als befreiend empfunden und ebenso intensiv wie ausdauernd vollzogen, meist begleitet von lebhaften Gesprächen. Dementsprechend wird diese Übung von der einen Hälfte der Mannschaft als Lieblingsübung angegeben.

Die *Hook-ups* sorgen in ihrer ersten Hälfte immer wieder für einige Heiterkeit, weil einige Spieler immer noch versuchen zu sprechen, ohne die Zunge vom Gaumen zu lösen. Der zweite Teil der Hook-ups, mit geschlossenen Augen ausgeführt und von mir als Geduldsprobe apostrophiert, läßt im Raum eine fast schon lastende Stille entstehen, die es anfangs für mich unvorstellbar machte, daß die Jungs das oft mit sich machen lassen würden. Sie standen bedenklich schwankend da. Unter den blinzelnden Augenlidern rollten die Augäpfel hin und her. Schultern und Glieder zuckten nervös, und schon nach kurzer Zeit öffnete der eine oder andere auch schon einmal für einen winzigen Moment die Augen. Die Ungeduld, nach draußen und an den Ball zu kommen, war den Spielern deutlich anzumerken. Heute dehnen wir die Geduldsprobe mühelos auf 45 bis 60 Sekunden aus, und nur noch gelegentlich kann ich dabei nervöse Bewegungen beobachten. Sogar mitten auf einem belebten Sportplatz, umgeben von lärmenden Kindern und Erwachsenen, wird die Übung gewissenhaft und ohne Einwände oder Zeichen von Ungeduld vollzogen. Diesen zweiten Teil der Hook-ups hat die andere Hälfte der Mannschaft zu ihrer Lieblingsübung erkoren und dies mit der Ruhe begründet, die man dabei findet.

Nach all den geschilderten Eindrücken gehe ich davon aus, daß die Brain-Gym®-Übungen in unserer Mannschaft positiv aufgenommen worden sind. Zumindest aber werden sie als ganz normaler Bestandteil unseres Mannschaftslebens akzeptiert. Die von der Mehrheit geäußerte Skepsis ist wohl eher eine „offizielle" Meinung, hinter die man sich zurückzieht, solange andere gleichaltrige Kinder die Methode nicht kennen und man selbst die Wirkung der Übungen den anderen nicht schlüssig erklären kann. Weit her kann es mit der Skepsis nämlich nicht sein, wenn einzelne Spieler kurz vor dem Wettkampf am Spielfeldrand stehen und sich die Wartezeit ungeduldig mit *Überkreuzbewegungen* vertreiben, auch bei Gelegenheiten, bei denen sie sich von mir unbeobachtet glauben. Oder wenn sich die Spieler verstohlen die *Gehirnknöpfe* reiben, solange sie glauben, daß niemand es sieht.

Gelegentlich erzählen die Spieler auch schon, daß sie die Brain-Gym®-Übungen im außersportlichen Bereich anwenden; so zum Beispiel vor einer Mathematikarbeit in der Schule, die dann mit einer „1" bewertet wurde. Ein anderer hat sogar eingestanden, daß er die Einschaltübungen jeden Morgen absolviert.

Die Eltern der Kinder beäugten die Brain-Gym®-Übungen zunächst mißtrauisch, dann abwartend: „Hauptsache, den Kindern schadet es nicht!"

Aber eines steht fest: Für unsere Mannschaft bleibt Brain-Gym® ein Glücksfall. Ein Jahr nach Einführung der Übungen hat sie erstmals das Landes-Pokalendspiel erreicht, und heute, nach achtzehn Monaten, steht sie besser da als je zuvor: In allen Wettbewerben eindeutig an der Spitze.

Allerdings: Kinesiologie allein macht keinen Meister! Ohne gute Spieler wird man keine gute Mannschaft formen können, auch nicht, wenn der Kinesiologie ein noch breiterer Raum gegeben wird, als es bei uns der Fall ist. Das Talent für den Umgang mit dem Ball, Spielverständnis und Spielfreude müssen die Spieler in jedem Fall mitbringen. Diese Eigenschaften kann Brain-Gym® nicht ersetzen. Aber die vorhandenen Fähigkeiten können wir jetzt wesentlich besser zur Geltung bringen und stabilisieren.

In zwanzig Jahren meiner Tätigkeit als Jugendtrainer konnte ich immer wieder beobachten, daß die Spieler kurze individuelle Krisen durchlebten. „Der ist heute nicht gut drauf", hieß es dann. Auch „übertrainiert" und „unmotiviert" sind Vokabeln, die Trainer in diesem Zusammenhang gern gebrauchen, ebenso wie die Vermutung: „Der brütet wohl 'ne Krankheit aus!" Nach einer Nacht mit wenig Schlaf oder nach körperlicher Anstrengung vor dem Wettkampf sind die Leistungen unserer Spieler natürlich auch nicht so gut wie gewohnt, aber die unerklärlichen, meist schnell vorübergehenden Leistungsschwächen sind in der Zeit der regelmäßigen PACE-Übungen nur in sehr schwacher Ausprägung festzustellen – wenn überhaupt. Sie äußern sich dann in vermehrten Ungenauigkeiten, sind aber für einen Beobachter, der die Mannschaft nicht genau kennt, kaum erkennbar, da sie das Maß dessen, was für Spieler desselben Alters normal ist, nicht überschreiten. Sie werden zudem von dem Eindruck nie erlahmender Einsatzfreude und Konzentration überdeckt.

Nicht nur im Wettkampf, sondern auch im Training kann ich seit Einführung der Brain-Gym®-Übungen feststellen, daß Konzentration und Leistungsbereitschaft kaum mehr nachlassen, im Gegenteil: Wenn ich nach jeweils 90 Minuten das Training beende, ist es in den Augen der Spieler stets zu früh, und während des Trainingsbetriebes kann ich mich über mangelnde Aufmerksamkeit nur selten beklagen. Das ist für zwölfjährige Jungen genauso ungewöhnlich wie das völlige Fehlen heftiger Auseinandersetzungen. Streitereien sind eigentlich in allen Mannschaften gang und gäbe. Auch bei uns waren sie früher durchaus normal. Heute gibt es in unserem Team keinen Streit mehr!

So sehr mich auch die Auswirkung der vier PACE-Übungen auf das Verhalten und die Leistung der Mannschaft bis heute fasziniert – geradezu aufregend wurde es für mich, als ich versuchte, individuelle Fehler einzelner Spieler, die sich oft wiederholten, mit Hilfe von Brain-Gym®-Balancen in den Griff zu bekommen.

Einen hochtalentierten Spieler haben wir dabei – nennen wir ihn Jakob (, dem von Natur aus fast alles mitgegeben ist, was ein Fußballer so braucht: vor allem Balltechnik, Schnelligkeit, Ausdauer... und Ehrgeiz. Vom Ehrgeiz hat er vielleicht sogar ein wenig zu viel. Sein größter Wunsch: ein Tor schießen! In diesem Punkt unterscheidet sich Jakob zwar nicht von anderen Spielern, nur ... er traf lange Zeit nicht. Woche für Woche bot sich mir das gleiche Bild: Jakob rannte unermüdlich über den Platz, verteilte mit Übersicht die Bälle und scheute keinen Zweikampf. Und verbissen versuchte er immer wieder, auch ein Tor zu schießen, aber immer wieder schoß er vorbei. Auf Dauer nervt so etwas. Sowohl den Spieler – Jakobs Gesicht drückte nach jedem Fehlschuß mehr Enttäuschung aus – als auch die übrigen Beteiligten, denn der Mannschaft kann auf diese Weise natürlich auch einmal der Lohn für gute Leistung entgehen. Auf meine Bitte hin erklärte sich Jakob dann bereit, mit Brain-Gym® an diesem Fehler zu arbeiten.

Als Zielgedanken haben wir „Beim Fußball treffe ich mit jedem Torschuß das Tor" ausgewählt. Und dieses Ziel sollte nach entsprechendem Testergebnis mit einer „Wunderbalance" aus Brain-Gym® I erreicht werden. Im Rahmen der ersten Wunderbalance hatte Jakob ein recht umfangreiches Programm zu absolvieren. Zunächst gab der Testmuskel nach beim Denken an das Ziel, was sowohl mit Hook-ups als auch mit den Positiven Punkten unterstützt werden mußte. Danach mußten für das Schauen nach oben links und für die Augenfolgebewegungen die Liegende Acht, die Raum- und die Balancepunkte durchgeführt werden. Und schließlich erwies sich auch noch die Dennison-Lateralitätsbahnung als notwendig.

Eine Woche später waren für dieses Ziel nur noch die Positiven Punkte sowie Raum- und Balancepunkte für die Augenfolgebewegung zu bearbeiten.

So unglaublich es klingen mag: Der Junge hat drei Monate lang während des Trainings und des Wettkampfes stets das Tor getroffen! Nicht immer in das Tor ..., das haben die Torhüter verhindert. Aber ich konnte nicht ein einziges Mal beobachten, daß der Ball das Tor verfehlte. Nach den anschließenden Sommerferien war es dann wieder aus mit Jakobs Unfehlbarkeit, aber anders als vor der Brain-Gym®-Arbeit wechseln jetzt Fehlversuche und Schüsse, die das Tor treffen, einander ab, wie es für andere Spieler auch üblich ist.

Eine Parallele zu Jakob bildet Serdar. Beide sind voller Ehrgeiz, hochbegabt und von der ersten bis zur letzten Spielminute ununterbochen unterwegs. Unermüdlich rennen sie über den Platz. Anders als Jakob trifft Serdar recht oft das Tor. Dafür erreichen seine Pässe meist nicht das Ziel. („Pässe" sind auch Schüsse mit dem Ball. Allerdings soll der Ball dabei nicht im Tor, sondern bei einem Spieler der eigenen Mannschaft landen.)

Ermutigt durch die Ergebnisse der Arbeit mit Jakob haben wir Serdars Schwächen kürzlich ebenfalls mit Brain-Gym® in Angriff genommen. Der Zielgedanke war schnell formuliert: „Im Spiel kommen meine Pässe beim Mitspieler an, und meine Schüsse treffen das Tor." Der Test erbrachte ebenfalls, daß wir mit einer Wunderbalance arbeiten mußten. Und die erwies sich in diesem Fall als sehr einfach. Lediglich die *Positiven Punkte,* die *Raum-* und die *Balancepunkte* zeigten an. Eine Woche später waren keinerlei Brain-Gym®-Übungen mehr erforderlich. Nach Aussprechen des Zielgedankens blieb der getestete Arm stark.

Und tatsächlich – Serdars Pässe erreichten den Mitspieler! Leider aber nur zwei- oder dreimal pro Spiel. Das bedeutete: Die Wunderbalance war fehlgeschlagen. Keinerlei Wirkung festzustellen! Serdar und besonders ich waren darüber natürlich enttäuscht. Das hatten wir uns ganz anders vorgestellt.

Aber dann habe ich mir den Zielgedanken noch einmal unter die Lupe genommen und als erstes feststellen müssen, daß wir gar nicht gesagt hatten, wie oft Serdars Pässe den Mitspieler erreichen sollten. Außerdem haben wir im Zielsatz seine Pässe als Subjekt dargestellt. Richtig wäre gewesen, *seine Fähigkeiten* in den Mittelpunkt zu rücken: „Ich spiele den Ball stets genau zu meinem Mitspieler." Also werden wir das Problem noch einmal angehen müssen, sobald die Winterpause vorbei ist.

Zurück zu Jakob. Der Junge hatte eine zweite Schwäche: Immer, wenn er sich einen bestimmten Spielzug in den Kopf gesetzt hatte, versuchte er auch, ihn mit aller Konsequenz in die Tat umzusetzen, ohne dabei nach links oder rechts zu sehen. Selbst wenn der Adressat seines Passes von drei Gegenspielern umringt war, spielte er ihn noch an. Oft nahm dieses Verhalten unserem Spiel die Wirkung. Denn auch wenn der Ball noch bei dem ins Auge gefaßten Mitspieler ankam, konnte der dann aus der Situation kein Kapital mehr schlagen. Zu sehr setzte ihm die Überzahl der Gegenspieler zu. Auf der anderen Seite des Spielfeldes aber standen zur gleichen Zeit Mitspieler unbewacht herum, die – hätten sie den Ball erhalten – sozusagen im Spazierschritt ein Tor hätten erzielen können. Also noch ein Versuch mit *Brain-Gym® I.*

Als Ziel diente diesmal der Satz: „Im Spiel habe ich immer einen guten Überblick und wähle den richtigen Weg." Und wieder erwies sich die Wunderbalance als Mittel der Wahl, um das Ziel zu erreichen. Und erneut waren es Übungen für die positive Einstellung und für das Sehen, die Jakob auszuführen hatte, diesmal mit zwei Wiederholungen im Abstand von je drei Tagen. Seitdem spielt der Junge wie verwandelt. Getreu seinem Zielgedanken hat er fast immer das gesamte Spielfeld in seinem Blick, und im allgemeinen wählt er dann auch den richtigen Weg.

Brain-Gym® ist nicht nur für Kinder!

Daniel, als Jugendspieler elf Jahre unter meinen Fittichen, war nach seinem Übergang zur Herrenabteilung mit sich und der Welt unzufrieden. Zwar wurde er von den Trainern und den Spielern seiner neuen Mannschaft gut aufgenommen, aber er mußte das Dasein eines Ersatzspielers fristen, der nur dann und wann einmal spielen durfte. Für einen aktiven und ehrgeizigen Fußballspieler ein schlimmes Los.

Meinem Vorschlag, es einmal mit Brain-Gym® zu versuchen, stimmte er nur zögernd zu. Ihm kam das Ganze ein bißchen wie Spinnerei vor. Aber wenn sonst nichts hilft, ... Die notwendige Wunderbalance galt dem Ziel: „Ich spiele selbstbewußt und erfolgreich Fußball." Wir brauchten die Balance nur zweimal durchzuführen. Am Sonntag darauf erzielte Daniel in einem fünfzehnminütigen Einsatz gleich ein Tor. Eine Woche später spielte er über die volle Zeit von 90 Minuten. Fortan galt er als Stammspieler seiner Mannschaft, der die Trainer und die Mitspieler mit seinen Leistungen gleichermaßen überzeugte.

Eine eklatante Schwäche hatte er aber doch noch: Daniel hatte Angst, den Ball zu köpfen, besonders im Gedränge: „Augen zu, Kopf zwischen die Schultern ziehen und hochspringen in der Hoffnung, daß der Ball mich günstig trifft!" Das war Daniels Devise. Dieser Schwäche wollte er zu Leibe rücken. „Mutig und sicher bewältige ich jede Kopfballsituation", war der Zielgedanke für die Wunderbalance. Im Vertrauen: Daniel ist auch heute nicht gerade ein Spezialist für schwierige Kopfbälle. Aber in den entsprechenden Spielsituationen halten sich Mut und Angst sowie Können und Ungeschicklichkeit genauso die Waage wie bei den anderen

Spielern seiner Mannschaft. Und das gibt Daniel zusätzliche Sicherheit.

Ähnlich wie Daniel erging es auch Harald. Wie Daniel zierte auch er die Ersatzbank. Harald war schon älter und hatte eine Serie von Verletzungen hinter sich, die sich über Jahre erstreckte. Zwar war er wieder völlig genesen, aber er war verunsichert. Jedes Mal, wenn er auf dem Platz stand, fühlte er sich unsicher, obwohl er eigentlich das erforderliche Können mitbrachte. Die Folge: Die Unsicherheit wirkte sich auf seine Leistungen negativ aus, und Harald fand sich auf der Ersatzbank wieder.

Aufgeschlossen für neue Denkweisen, hatte er keinerlei Bedenken gegen Brain-Gym® und stimmte meinem Vorschlag zu, es damit zu versuchen. Im Falle von Harald erwies sich eine Aktionsbalance zur positiven Einstellung als ausreichend. Als Ziel formulierten wir: „Fröhlich und selbstbewußt spiele ich Fußball!" Wir haben die Balance nur einmal wiederholt, und schon bald hatte sich der Spieler in der Mannschaft wieder etabliert.

Das Ersatzspielerdasein war es auch, was Jens Scharping Kopfzerbrechen bereitete. Schon bald nach seiner Vertragsunterzeichnung als Fußballprofi beim FC St. Pauli, damals noch in der 2. Bundesliga, erlitt er das gleiche Schicksal wie Daniel und Harald: Er schoß kaum noch Tore und landete auf der Ersatzbank! Er schaffte es auch nicht, seinen Trainer während des Trainingsbetriebes von seiner Leistungsfähigkeit so zu überzeugen, daß dieser ihn für die Spiele berücksichtigte. Also: Brain-Gym®!

Jens' Position auf dem Spielfeld ist Mittelstürmer, dessen Hauptaufgabe darin besteht, Tore zu erzielen. Und an seiner Torgefährlichkeit wird seine Leistung auch im wesentlichen gemessen. Dementsprechend haben wir als Ziel festgesetzt: „Aus jeder Strafraumsituation kann ich blitzschnell Tore erzielen."

Kurz darauf, im letzten Heimspiel des Jahres 1994 (gegen den FSV Frankfurt), wurde Jens Scharping von Beginn an eingesetzt. Und das Vertrauen des Trainers war gerechtfertigt. Schon in der 8. Spielminute erzielte Jens das Führungstor und zeigte auch sonst eine erfreuliche Leistung. Flugs avancierte er zum Stammspieler,

Jens Scharping beim täglichen Brain-Gym®: Überkreuzbewegung, Hook-ups

und trotz seiner wenigen Einsätze im Herbst wurde er am Ende der Saison 1994/95 noch zum erfolgreichsten Torschützen seines Vereins und hatte damit einen entscheidenden Anteil am Aufstieg in die Fußballbundesliga.

In der darauf folgenden Saison fand sich Jens Scharping abermals auf der Ersatzbank wieder. Seitens des Trainers wurde ihm bedeutet, daß sein Aktionsradius – an den Ansprüchen der höchsten deutschen Spielklasse gemessen – zu gering sei, daß er sich zu sehr auf die Arbeit unmittelbar vor dem gegnerischen Tor konzentriere.

Normalerweise ist zu einem solchen Thema eigentlich keine Brain-Gym®-Arbeit nötig. Der Spieler ist ehrgeizig und einsichtig genug, der Forderung des Trainers nachzukommen und sie während des Spiels in die Tat umzusetzen. Aber Jens Scharping ist Mittelstürmer, der vor allem anderen Tore erzielen soll. Und als solcher ist er darauf angewiesen, daß ihm sein Gefühl sagt, wann und wo sich eine Gelegenheit zu einem Torerfolg ergeben wird. Fußballer würden sagen: „Er muß seinem Torinstinkt folgen."

Das kann er um so besser, je weniger er während des Wettkampfes taktischen und anderen Zwängen gedankliche Aufmerksamkeit widmen muß. Darum haben wir versucht, das vom Trainer gewünschte Verhalten als Zielgedanken für die Wunderbalance zu formulieren und mit den notwendigen Übungen zu automatisieren, so daß sich Jens im Spiel entsprechend verhielt, ohne nachdenken zu müssen. „Während des Spiels gehe ich weite Wege und biete mich ständig an", war der Satz, den wir ihm als Ziel setzten.

Es scheint auch geklappt zu haben, jedenfalls nach Darstellung des Spielers. „Man hat mir gesagt, daß ich weite Wege gegangen bin, aber ich habe das im Spiel gar nicht wahrgenommen", lautete sein Kommentar. Für eine objektive Beurteilung ergab sich leider noch keine ausreichende Gelegenheit. Jens verletzte sich nämlich gleich im ersten auf die Brain-Gym®-Arbeit folgenden Spiel in der 20. Spielminute bei einer Aktion, mit der er gerade ein Tor erzielte.

Nach Ausheilen der Verletzung hat er (bis zum Abfassen dieses Beitrags) erst *ein* Spiel bestritten, zu wenig, um etwas Endgültiges zu sagen. Ich muß es dem interessierten Leser überlassen, in den Medien oder im Stadion zu verfolgen, ob die spielerische Entwicklung des Jens Scharping weiter in der gewünschten Richtung verläuft.

Insgesamt kann man aber sagen, daß sich der Sport mit Brain-Gym® eine Reihe von Möglichkeiten auftut, gleichgültig ob im Breiten- oder Hochleistungssport, besonders in Verbindung mit der aus Amerika jetzt auch nach Deutschland kommenden Sport-Kinesiologie.

Nachtrag der Herausgeberin

Nachdem ich Richard Wenzings Artikel gelesen hatte, schaute ich – seiner Aufforderung folgend – einige Tage in das *Hamburger Abendblatt*. Und fand diese beiden Meldungen (3. 4. und 9. 4. 96):

St. Pauli 2:1 im Abstiegskampf

ma **Hamburg** – Der FC St. Pauli ist auch am Millerntor wieder stark. Mit einem 2:1-Sieg gegen Bayer Leverkusen verschaffte sich die Mannschaft Luft im Bundesliga-Abstiegskampf. Das Siegtor erzielte Scharping in der 85. Minute, erst vier Minuten vorher war er eingewechselt worden.

Scharping – der mit dem Ball tanzt

Thomforde: Einfach gut.
Dammann: Oft vor der Abwehr, und dennoch fehlt ihm, wie schon zuletzt, für die Offensive der entscheidende Kick.
Pedersen: Nur einmal gegen Rauffmann nicht im Bilde.
Trulsen: Stark. Mit seinen langen Scheren unüberwindbar.
Gronau: Zuverlässig, souverän.
Hanke: Hatte mit (dem nicht guten) Ekström Schwierigkeiten.
Driller: Starke und schwache Szenen – die starken überwogen deutlich. Einsatz vorbildlich.

Pröpper: Der Beginn war prächtig, aber dann: In der zweiten Halbzeit nicht mehr zu sehen.
Dinzey: Wirkte ausgebrannt. Diesmal ein Schwachpunkt.
Springer: In der Offensive okay, aber in Sachen Abwehr träumte er einige Male recht kräftig.
Sobotzik: Wirkte gegen seinen Ex-Klub gehemmt. Kann mehr, wie er beim Siegtor auch zeigte.
Scharping: Das Abdecken des Balls, die Dribblings, das Auge, das Auflegen – alles ist einzigartig. Er tanzt mit Ball und Gegner.

127

Ernst A. Tumpold:

Dem Lernen auf der Spur, oder: Vom Fördern zum Fordern

Einsatz der Kinesiologie im gymnasialen Bereich

In den letzten fünf bis sechs Jahren hat sich im schulischen Bereich, was den Einsatz von Kinesiologie betrifft, in Österreich sehr, sehr viel getan. Erfreulicherweise zu einem hohen Prozentsatz Positives.

Im Grundschulbereich (erste bis vierte Schulstufe) werden kinesiologische Übungen – zumeist aus dem Brain-Gym®-Bereich – von vielen KollegInnen als ein sehr leicht einsetzbares und wirkungsvolles Werkzeug betrachtet, den Kindern zu helfen, entsprechend ihren Anlagen ihr volles Lernpotential auszuschöpfen. In vielen Fortbildungsseminaren und Schulungen gelang es, einen Teil der Kollegenschaft von den Vorteilen des Einsatzes von Brain-Gym® und anderen kinesiologischen Übungen zu überzeugen. Viele Kinder, die ins Gymnasium überwechseln, kennen bereits eine ganze Reihe von Übungen. Auch das *Wassertrinken* bürgert sich schon ein wenig ein.

Sehr wichtig scheint mir in diesem Zusammenhang, daß diese Lehrerfortbildungskurse von Lehrerinnen und Lehrern gehalten werden, die selbst in der/den Klasse(n) stehen, die Schulwirklichkeit selbst erleben und wissen, wie Kinder im Klassenverband reagieren. Dies erspart dann entbehrliche überzogene Versprechungen, die nicht erfüllt werden können, oder das leidige Thema „Muskeltest im Klassenzimmer – ja oder nein?" Das Kennen der Edu-Kinestetik und der Übungen allein genügt meiner Meinung nach sicher nicht, um LehrerInnen in einer Fortbildung das didaktische Rüstzeug in Hinblick auf Kinesiologie für ihren Schulalltag mitgeben zu können.

Die Zeit ist reif für die Kinesiologie

Aus eigener Erfahrung kann ich die Feststellung Paul Dennisons bestätigen, daß die Überzeugungsphase für Brain-Gym® und verwandte Systeme, die ungefähr eine Dekade gedauert hat, zu Ende gegangen ist und daß nun die Zeit des Tuns beginnt. Und dieses Tun ist für mich als Lehrer an einer Höheren Schule wunderschön und befriedigend. Ich bin Paul und Gail Dennison und all ihren Mitarbeitern sehr dankbar für ihre Arbeit, die mich immer wieder pädagogische „Halleluja-Momente" erleben und auch nach fünfundzwanzig Dienstjahren noch gerne Lehrer sein läßt in einer von den verschiedenen Medien kritisch betrachteten „Schulwirklichkeit". Aber wie wirklich ist die Wirklichkeit?

Feststeht, daß von SchülerInneneltern jährlich viele Millionen in die Nachhilfe ihrer Kinder investiert werden. Freude am Lernen, Freude an der Schule klingt für noch immer viel zu viele SchülerInnen wie Hohn. Und dies alles in einer Bildungsgesellschaft, die lebenslanges Lernen propagiert. Wer Schüler über ihre noch verbleibenden Jahre in der Schule reden hört, dem tönt der Frust aus jedem Satz. Und ähnlich klingt es bei manchen LehrerInnen. Großer Einsatz und Zeitaufwand, aber wenig Erfolg – so scheint das Motto zu heißen. Manche sprechen sogar vom „Tatort Schule". Brain-Gym® und andere kinesiologische Hilfen, das Überdenken überholter Lern- und Lehrmethoden und viel, viel Zuwendung und Humor ermöglichen es, den „Tatort Schule" in einen Ort zu verwandeln, wo man sich wohl fühlt und mit- und voneinander lernt, und zwar mit allen Sinnen.

Nahtstellenproblematik: Schwierigkeiten beim Umstieg von der Grundschule in die Höhere Schule

Immer wieder stellt sich für viele die Frage, wie es möglich ist, daß Lernen so bald nach Eintritt in die Höhere Schule einen negativen Touch erhält, beziehungsweise daß das Leiden in und an der Schule so stark anwächst. Wenn ich an meinen vierjährigen Enkelsohn und seine geistige Entwicklung, seine Freude am Lernen und Entdecken, wenn ich an den Einsatz und die Begeisterung der SchülerInnen im Grundschulbereich denke, dann bleibt die eine Frage: Was passiert denn so Gravierendes beim Eintritt in das Gymnasium? Was läßt das Lernen spätestens bis zu den Weihnachtsferien des Eintrittsschuljahres zu einer unguten Sache werden? Nun gut, sagen etliche meiner Kollegen, viele sind einfach überfordert, sie wären früher sicher nicht in die Höhere Schule gekommen! Es mag schon sein, daß der gesellschaftliche Run auf die Höhere Schule uns LehrerInnen teilweise mit Kindern arbeiten läßt, die sonst in einem anderen Schultyp gelandet wären. Es mag schon sein, daß GrundschullehrerInnen dem Druck der Eltern nachgeben und dem Kind die Reife für die Höhere Schule zubilligen.

Aber wie kommt es, daß auch SchülerInnen mit besten Zensuren in der vierten Schulstufe im Bereich der fünften Schulstufe so oft versagen und immense Schwierigkeiten – lernmäßig, physisch oder psychisch – haben?

Vielen fällt der Umstieg von der Grundschule in die nächst höhere Schulstufe schwer, weil sie zumeist ein Nest verlassen und ihnen die Wärme und Geborgenheit, die Zuwendung einer einzelnen, nur für sie allein verantwortlichen Lehrkraft fehlt. Sie waren in der vierten Schulstufe die Größten und Ältesten in ihrer Schule und erleben sich in der fünften als Zwerge, die fern der „vertrauten Heimat" wieder ganz von vorne beginnen müssen. Eine Fertigkeit wie „schön schreiben" zum Beispiel wird in vielen Fällen mit einem Mal als selbstverständlich angesehen, aber bitte schön noch schnell und zügig dazu und natürlich ohne Rechtschreibfehler. Dies ist – so erlebe ich es in jeder ersten Klasse (fünfte Schulstufe) der Höheren Schule – für einen Großteil der Kinder zu viel auf einmal. Die Umstellung braucht Zeit. Aber „Zeit ist Stoff", und Stoff gibt's genug. Auch mit der eher verkopften Wissensvermittlung fangen manche Kinder am Anfang wenig an, sie hätten lieber mehr zum „Be-greifen". Dann kommt noch die andere Wortwahl, das viele Abstrakte und diese großen Stoffmengen, klagen viele.

Als Klassenvorstand einer ersten Klasse höre ich schon nach ganz kurzer Zeit von einigen SchülerInnen die Fragen: Wie soll ich das alles denn zeitmäßig schaffen? Bin ich zu dumm? Ich gebe mir doch solche Mühe, lerne den ganzen Tag, und dann kann ich bei der Prüfung, der Schularbeit, dem Test so wenig und erhalte sehr schlechte oder gar negative Zensuren. Zahlt sich das Lernen denn wirklich aus? Was mache ich falsch? Wen soll ich fragen? Meine Eltern kommen spät nach Hause und sind müde von der Arbeit. Sie sagen mir, ich soll die Lehrer fragen, die werden dafür doch fürstlich bezahlt (eine garantiert falsche Behauptung). Aber ich habe Angst zu fragen. Die anderen lachen mich vielleicht aus, oder der Lehrer/die Lehrerin schimpft noch mit mir und sagt, ich soll besser aufpassen. Woher soll ich plötzlich wissen, wie man richtig lernt? Was wird aus mir?

Um den Kindern in dieser Umstiegsphase eine Hilfe angedeihen zu lassen, sie auf das Lernen vorzubereiten und einen leichteren Übertritt in die „fremde Welt" der Höheren Schule zu ermöglichen, biete ich in meiner Schule (einem Wiener Gymnasium) seit Jahren ein sogenanntes

„Lerntraining"

an. Dieses Lerntraining hat als Zeitrahmen eine Stunde wöchentlich und ist als ein Zusatzangebot von den SchülerInnen zu buchen. Es ist als eine Art „berufsbegleitende Fortbildung" gedacht, und die Kinder sollen in Gesprächen und Diskussionen den Lehrer als Helfer, Begleiter und Motivator erleben und Vertrauen aufbauen können. Die zwei tragenden Säulen des Kurses sind kinesiologische Übungen und Lerntechniken.

Ich und meine Fähigkeiten

Ein Schwerpunkt ist, sich selbst besser kennenzulernen. Wir reflektieren gemeinsam unsere persönlichen Stärken und Schwächen und unsere Einstellung zum Lernen. Und wenn ich „wir" sage, dann meine ich es auch so. Fast immer werde ich gebeten, mich als erster in die Gruppe einzubringen.

Die Kinder zeichnen eine große *Liegende Acht* auf ein A4-Blatt in Querformat und schreiben in die eine Hälfte ihre „guten" Eigenschaften und in die andere ihre „weniger guten". Viele haben schon lange ihre Hälfte mit den „weniger guten" Qualitäten voll, bis sie ganz verdutzt innehalten und verwundert die andere leere Hälfte der Acht betrachten. Herrlich ist es, die Freude der Kinder an der Gemeinschaft und dem offenen Gedankenaustausch zu erleben und zu wissen und zu spüren, daß hier für die gesamte Schulzeit eine Basis gelegt wird.

Ein nächster wichtiger Punkt ist: Wie gehe ich um mit Fehlern? Was lerne ich aus ihnen? Wie rede ich über mich, wenn etwas nicht gut gelaufen ist? Wie gehe ich mit Erfolg um? – Als gefühlsmäßige Einstimmung auf das Lernen, das Stärken des Vertrauens in die eigenen Fähigkeiten und deren Umsetzung besprechen wir den Dreierschritt: „Ich kann es. Ich will es. Ich schaffe es." Die Kinder schreiben diese drei positiven Affirmationen auf ein Blatt und schmücken es mit Zeichnungen oder Stickers. Diese Blätter können sie zuhause an gut sichtbaren Plätzen auflegen. So werden sie immer wieder einmal an ihr Können und Wollen erinnert.

Wir nehmen uns vor, statt eines „Ich kann es nicht" ein „Ich kann es noch nicht" zu sagen. Dieses dazwischengeschaltete „noch" ist ein erster kleiner Schritt, um das Prozeßhafte des Lernens deutlicher zu machen und den Lernerfolg als erreichbar erscheinen zu lassen.

Als Einstieg in die körperliche Einstimmung aufs Lernen wähle ich die vier PACE-Übungen: *Wassertrinken, Gehirnknöpfe, Überkreuztanzen* und *Hook-ups*. Dann begeben wir uns auf einen Lernfitneßpfad mit zehn Stationen, um den Schulalltag gut zu bewältigen. (Er ist in meinem 1995 bei Breitschopf in Wien erschienenen Büchlein *Tips für helle Köpfchen* unter dem Motto „Lernen ist zu lernen" zusammengefaßt.) Darin können die SchülerInnen – vorausgesetzt, sie sind bereit zu ehrlicher Auseinandersetzung mit sich selbst – viele Hinweise auf ihr Lernverhalten finden; außerdem den Glauben an sich selbst und ihre Fähigkeiten sowie unterstützende kinesiologische Übungen.

Ich gehe auf die Lernplanung ein und die Vorbereitung aufs Lernen (Arbeitsplatz, Ruhe, Zeiteinteilung, Organisation) sowie auf Lerntechniken (wie zum Beispiel Lernplakate und Mind Maps) und auf die verschiedenen Lerntypen und ihre ganz spezifischen

Arbeitsweisen. Dann folgen Hinweise auf das Erarbeiten, Festigen und Wiederholen des Lernstoffs sowie das Lernen in Gemeinschaft.

In den vielen Gesprächen mit den SchülerInnen kommen wir einander sehr nahe und erleben uns nicht in erster Linie als Lehrer und SchülerInnen, sondern als Menschen, die Erfahrungen und Strategien austauschen und humorvoll auch über sich selbst lachen können. Das hilft Selbstvertrauen aufzubauen und gibt Kraft, die eigenen Schwächen ansehen zu können.

Vielen Kindern fällt es schwer, das Gelernte in Prüfungssituationen auszudrücken. Ängste führen häufig zu einem geistigen Blackout, und deshalb sind Prüfungsergebnisse oft nur ein Beleg dafür, wie gut Kinder mit emotionalem Streß umgehen können, und nicht dafür, wie gut sie den Stoff verstehen. Deshalb gibt es einen weiteren Punkt, ein mentales Training, in dem sie zum Beispiel Prüfungssituationen durchspielen. Dies können vergangene Situationen sein oder bevorstehende.

Mentales Training

Um Prüfungssituationen durchzuspielen, braucht man innere Kraft, Stärke und Vertrauen. An kinesiologischen Übungen, um den emotionalen Streß für schon stattgefundene Prüfungen, Schularbeiten oder Tests abzubauen, wende ich die *Positiven Punkte,* die *Hook-ups*, die Variante der Hook-ups im Stehen oder Liegen (ich nenne es Energiestehen oder Energieliegen), das Stirn-Hinterkopf-Halten sowie die Daumen-Ringfinger-Methode an, beziehungsweise Kombinationen davon.

Es finden sich jeweils zwei Kinder zusammen; das eine Kind macht zum Beispiel die *Hook-ups*, während das andere die *Positiven Punkte* des sitzenden Kindes hält. Mental stellt sich das sitzende Kind mit möglichst großem sensorischen Input auf die Prüfungssituation ein. Hier helfe ich am Anfang immer mit Fragen wie: Was siehst du? Wer ist noch im Raum? Was hörst du? Wie klingt die Stimme der Lehrkraft? Nimmst du Gerüche wahr? Dazu spiele ich meditative Musik. Es ist schön zu sehen, wie liebevoll die meisten Kinder miteinander umgehen. Das ist auch ansteckend für diejenigen, die weniger soziale Kompetenz haben. Natürlich gibt es immer Kinder, die solche Situationen nicht gewohnt sind und aus ihrer persönlichen Unsicherheit heraus zu blödeln beginnen. Hier greife ich sehr sanft (so glaube ich zumindest), aber bestimmt ein und kläre die Randbedingungen für diese sehr intensive Beschäftigung mit sich selbst in einem kurzen Vieraugengespräch. Nach den zwei Phasen der *Hook-ups* tauschen die Kinder die Plätze. Sie bestimmen die Zeit, die sie sich nehmen wollen.

Es werden aber nicht nur Prüfungssituationen imaginiert, die schon stattgefunden haben oder erst bevorstehen; manche denken auch an Erlebnisse, die sie mit MitschülerInnen, Eltern oder LehrerInnen hatten und bei denen sie sich nicht wohl oder unsicher fühlten. In einer Feedbackrunde besprechen wir dann, wie es ihnen beim Imaginieren ergangen ist, was leicht gefallen ist und wo es Schwierigkeiten gab. Auffällig ist, daß gegen Ende dieser Übung zumeist auch akustisch wahrnehmbar ist, daß Streß abgebaut worden ist und die Teilnehmer sich wohl fühlen. Fröhlich gluckern die Gedärme, daß es eine wahre Freude ist. Die Resonanz auf diese Übungskombination ist groß. In meinen Sprechstunden und an den Sprechtagen erzählen mir streßgeplagte Väter und Mütter immer wieder, daß ihnen ihre Kinder diese Übungen gezeigt beziehungsweise sie mit ihnen durchgeführt haben.

Viel lieber als die *Hook-ups* im Sitzen haben sie aber das Energieliegen. Sie haben zumeist Decken mit, die sie am Boden oder auf einem Tisch ausbreiten. Ein Kind sitzt mit verschränkten Beinen, während das zweite Kind – auf dem Rücken liegend – den Kopf auf die Füße des anderen legt. Die Beine werden übereinandergelegt. Die Arme werden nun ausgestreckt und die Handrücken zusammengebracht; dann kreuzt man die Arme, bringt die beiden Handflächen zusammen und bringt mit einer Drehung die verschränkten Hände zur Brust. Die zweite Phase ist ähnlich wie bei den Hook-ups im Sitzen. Die Fingerspitzen werden aneinandergelegt, wie um nach guter alter Politikerart ein Gespräch zu beginnen: „Ich bin der Meinung …"

Eine andere Möglichkeit ist, daß ein Kind auf dem Tisch liegt und das zweite auf einem Sessel dahinter sitzt.

Zusätzlich zum Halten der *Positiven Punkte* kann man noch Daumen- und Ringfingerkuppe zusammenbringen und erfährt so eine zusätzliche Verstärkung des emotionalen Streßabbaues. Oder es werden Stirn und Hinterhaupt gehalten, was viele als noch angenehmer empfinden und bevorzugen.

Für die SchülerInnen ist der Daumen-Ringfinger-Mode überhaupt eine gute Sache, weil sie ihn benützen können, ohne daß es auffällt. Bei Prüfungen, wenn sie nach vorn zum Lehrertisch kommen müssen oder bei Tests und Schularbeiten haben sie die Möglichkeit, den Mode mit einer oder mit beiden Händen zu halten. Das Halten der *Positiven Punkte* oder die Stirn-Hinterhaupt-Methode wäre hier viel zu auffällig. (Weitere Möglichkeiten, im privaten Bereich Angst und Streß abzubauen, finden Sie in meinem Buch und auf der Kassette *Schulangst – nein danke*, Wien: Breitschopf).

Interessant ist für mich auch die Tatsache, daß in vielen Gesprächen die SchülerInnen immer wieder sagen, daß es nicht die „bösen, strengen" Eltern oder LehrerInnen sind, die Druck oder Angst machen, sondern daß sie sich selbst, was ihre Leistungen betrifft, die Latte zu hoch legen. Dann sind die Leistungen nicht entsprechend gut, und schon steigen sie in den Teufelskreis ein: Die Leistungen sind schlecht – Aha, ich bin nicht gut und talentiert – Ob ich das jemals schaffen werde? – Noch schlechtere Leistungen – usf.

Im Lerntraining führe ich dann Brain-Gym®-Übungen ein in Problemkreisen wie zum Beispiel: „Hilfe, ich schreibe (noch) so häßlich" oder „Hilfe, ich kenne mich (noch) nicht aus!" oder „Was kann ich für meine Augen/Ohren tun?" Ich erzähle auch immer dazu, welche Übungen ich persönlich wann und wie einsetze, und erspare mir, den schulmeisterlichen „Pathologisierungszeigefinger" zu schwingen nach der Melodie: „Ich weiß, was gut für dich ist!" Es ist überhaupt oberstes Prinzip, die Übungen immer selbst mitzumachen. Das verbindet, hilft uns selbst und gibt das Gefühl: Wir sitzen ja doch alle im selben Boot.

Etwas ganz Besonderes und faszinierend für meine SchülerInnen im Lerntraining ist das Austesten mit dem kinesiologischen

Muskeltest. Das Lerntraining ist zur Zeit für mich auch der einzig richtige Bereich in der Schule, in dem ich den Muskeltest einsetze. Ich persönlich vermeide es, das Klassen- in ein Therapeuten-zimmer umzufunktionieren. Jeder will als erster bei mir sein, um es am eigenen Körper zu erleben. Oft können sie am Anfang gar nicht glauben, was hier passiert. Kaum schaut man in eine bestimmte Richtung, schon ändert sich der Muskeltonus. Selten erlebe ich in der Schule Kinder so aufgebracht und willig. Ich teste für jedes Kind Brain-Gym®-Übungen für die Augen und Ohren aus und gebe ihnen ihr Übungsprogramm mit. Nächste Woche „überprüfe" ich den Erfolg des fleißigen Übens. Feststeht, daß „der Körper nicht lügt" („nur manchmal", so sagte der 1995 leider früh verstorbene Kinesiologe Frank Mahony, „manchmal schwindelt er"), und so erleben sie einmal mehr, daß ohne Fleiß kein Preis zu machen ist; wichtig für unsere heutigen „Kids", die in ihrer Umgebung doch andauernd hören, daß es das günstigste und schlaueste ist, mit einem Minimum an Einsatz ein Maximum herauszuholen.

Ein besonders interessanter Fall war der Schüler H., der bei mir in Mathematik sehr gut mitkam, aber in Englisch sehr langsam war, wie mir seine Englischlehrerin erzählte. Ich möge doch so nett sein und ihn mir genauer ansehen. H.s binokulares Sehen war nicht ausgebildet, und die Augen konnten nicht als Paar über die Zeilen gleiten. Ganz klar, daß er beim Lesen langsamer war als andere. Ich testete H.s visuelles und auditives System und gab ihm eine Anzahl von Brain-Gym®-Übungen mit nach Hause. Seiner Mutter empfahl ich, zusätzlich das Orthoptische Institut des Allgemeinen Kranken-hauses in Wien aufzusuchen. Innerhalb eines Jahres erwarb sich H. durch konsequentes Üben die Fähigkeit des binokularen Sehens. Vorher konnte er keinen Zentimeter mit beiden Augen über die Zei-len gleiten, was sich in einer langsamen Leseweise und optischen Speicherschwäche ausdrückte. Ganz stolz erzählte er davon in einer nachmittäglichen Fernsehsendung, zu der der Moderator meine Schüler und mich eingeladen hatte, um über den Einsatz von Kinesiologie in der Schule zu berichten.

H. hätte ein mit der Kinesiologie nicht vertrauter Lehrer vielleicht als faul oder etwas geistig träge eingeschätzt. Diese und ähnliche Fälle zeigen mir sehr deutlich, wie wichtig es wäre, solche Bereiche schon in die Lehrerausbildung hineinzunehmen beziehungsweise in den Schulen einen kinesiologisch geschulten Lehrer für solche Tätigkeiten freizustellen. Es könnte sehr viel Schulleid vermieden werden.

Eines steht für mich fest: Seit ich mich mit Kinesiologie beschäftige, denke und rede ich über die Begabungen und Fähigkeiten meiner mir anvertrauten Kinder und Jugendlichen ganz anders. Mein Verständnis für die Probleme und Anliegen der SchülerInnen wuchs enorm, und mein bevorzugtes pädagogisches Hilfsmittel wurde neben den Übungen das Loben. Loben wirkt wahre Wunder an Veränderungen. Ein zweiter Schüler meldete sich noch bei der vorhin erwähnten Fernsehsendung zu Wort und erzählte von den Ergebnissen seiner drei Mathematikschularbeiten. Die erste Schularbeit war gerade noch positiv ausgefallen, und das gefiel W. überhaupt nicht. Also, so führte er weiter aus, machte er die Brain-Gym®-Übungen, die er aus dem Lerntraining kannte, sehr fleißig vor und zwischen dem Lernen. Und siehe da, die nächste Arbeit schrieb er mit „sehr gut". Dieses tolle Ergebnis reichte aber aus, erzählte W. – und erntete vom Saalpublikum der Livesendung dafür einen Lacherfolg –, um die täglich gemachten Übungen wieder auszusetzen. Nur nicht zuviel arbeiten, heißt für viele – nicht nur für SchülerInnen – die Devise. Prompt stellte sich bei der dritten Mathematikarbeit heraus, wie gut W. die Übungen geholfen hatten. W. schaffte nun wieder nur das Ergebnis der ersten Schularbeit. Um einige wertvolle Erfahrungen reicher konnte W. nun vor laufender Kamera seine Einsicht kundtun: „Die Übungen helfen wirklich!"

Gymnasiale Lehrerfortbildung

Vor einigen Jahren waren in den Lehrerfortbildungsseminaren zum Thema „Kinesiologie in der Schule", die ich für LehrerInnen aller Schultypen im Rahmen der Veranstaltungen des Pädagogischen Institutes der Stadt Wien hielt, nur wenige aus den Gymnasien dabei. In der Zwischenzeit werden es immer mehr. Hier ein Beispiel für ein Seminardesign eines Lehrerfortbildungsseminars:

„Seminardesign"

Das Ziel des Seminars ist ein Kennenlernen der Konzeption der Edu-Kinestetik und deren didaktische Umsetzung im Schulalltag sowie das praktische Üben der Lerngymnastik:

- Konzept der Edu-Kinestetik
- Ergebnisse der Gehirnforschung und deren Auswirkung auf Lehren und Lernen
- Gehirnintegrationsübungen
- Längungsübungen
- Energieübungen
- Übungen zum Erreichen einer positiven inneren Haltung
- Bahnung der Seitigkeiten nach P. Dennison
- Verbesserung der visuellen Wahrnehmung durch Edu-K-Übungen
- Verbesserung der auditiven Wahrnehmung durch Edu-K-Übungen
- Verbesserung der Körperkoordination und Haltung
- Verbesserung der Konzentrations- und Merkfähigkeit
- Der kinesiologische Muskeltest als körpereigenes Feedback-system
- Fokussierung, Zentrierung und Erdung
- Stille und meditative Übungen, Phantasiereisen
- Gehirnorganisationsprofile – Lerntypbestimmung
- Selbsthilfen für LehrerInnen
- Kreativer Umgang mit den Übungen der Edu-K
- Didaktische Umsetzung: Wann setze ich welche Übung wie ein?
- Umgang mit Verhaltensauffälligkeiten
- Innere und äußere Kommunikation
- Einfluß des Ambientes
- Erfahrungen mit der Lerngymnastik in der eigenen Praxis
- Zusammenfassung, Ein-, Aus- und Durchblick

Die Lehrinhalte werden hier nur aufgezählt, da die Gruppe auf Tempo und Vernetzung der Inhalte Einfluß hat.

Besonders erfreulich ist die Tatsache, daß sich im zweiten Halbjahr 1995 schon drei Wiener Gymnasien mit der Bitte an mich wandten, schulinterne Fortbildungen über Edu-K und andere kinesiologische Möglichkeiten abzuhalten. Für jedes Gymnasium standen circa dreißig fünfzigminütige Unterrichtseinheiten zur Verfügung, um die KollegInnen mit der Kinesiologie und deren Einsatz im Unterricht sowie den didaktischen Hinweisen vertraut zu machen. Eineinhalb Tage wurden wir dienstfrei gestellt, die restliche Zeit hielt ich in dreistündigen Einheiten in unserer Freizeit. Die KollegInnen waren erstaunt, wie viele SchülerInnen schon von der Grundschule her die Brain-Gym®-Übungen kennen. Eine Kollegin erzählte folgendes Erlebnis mit einem Schüler: Sie wurde gefragt, weshalb sie am Freitag zwar in der Schule anwesend war, aber nicht in der Klasse zum Unterricht erschien. Die Kollegin erzählte vom Seminar und dessen Inhalt, worauf der Schüler meinte: „Da hätten Sie nicht teilnehmen müssen. Hätten Sie doch mich gefragt, das hätte ich Ihnen auch erzählen können." Andere Kinder pflichteten ihm bei. Für mich ein gutes Zeichen, daß Kinesiologie in der Grundschule schon häufig im Einsatz steht. Außerdem höre ich häufig, daß Eltern die LehrerInnen ihrer Kinder auffordern, Kinesiologie in ihren Unterricht einzubauen.

Dies alles ist zwar sehr erfreulich, läßt mich aber immer mehr dazu übergehen, in meinen Seminaren und Workshops zu betonen, daß die kinesiologischen Methoden auch nur imstande sind, das *vorhandene* geistige Potential auszuschöpfen, aber eben nicht mehr, als da ist. Nicht jedes Kind hat sofort große Lernerfolge, viele aber profitieren sehr bald davon. Manche Kinder im Lerntraining verbesserten sich in kurzer Zeit um einige Notengrade, andere dagegen nur wenig oder gar nicht. Und sind Kinder äußerst homolateral, dann kann es sogar passieren, daß sie eine Zeitlang sogar leistungsmäßig absacken. Aber Noten sind auch nicht alles. Ich bin schon froh, wenn Kinder in der Schule nicht wie das Modell „geknickte Birke" herumgeistern und Selbstvertrauen und Freude am Lernen entwickeln. Wenn sie emotional ins Gleichgewicht kommen, ist die Chance auf Erfolg klarerweise größer.

Ich habe meinen Bericht über den Einsatz der Kinesiologie im gymnasialen Bereich mit dem Praxisbeispiel „Lerntraining" begonnen. Wie hat sich aber, werden Sie vielleicht fragen, der Einzug von Brain-Gym® in der Höheren Schule ergeben? Nun, vor mehr als zehn Jahren war der Begriff „Kinesiologie" noch ziemlich unbekannt. „Hat das was mit China zu tun?" war die häufigste Frage. Zum Einsatz in der Schule habe ich mich erst entschlossen, als ich mich in den Methoden sehr sicher fühlte. Ich setzte anfänglich im Unterricht Brain-Gym®-Übungen wie die Augenachten oder das Ohrenspitzen (Denkmütze) ein und beobachtete die Reaktion der SchülerInnen. Die Reaktion war fast immer freundlich, nur in den Klassen mit SchülerInnen, die gerade in der Hochpubertät waren, war die Aufnahme etwas reservierter. Das Üben könnte ja die Hackordnung im Klassenverband durcheinanderbringen, oder es ist ganz einfach „peinlich" für die „total coolen" Typen. Man könnte sich ja blamieren. Günstig war auf der anderen Seite, daß einige Minuten vom Mathematik- oder Physikunterricht abgezweigt wurden. Nicht ganz unangenehm für viele SchülerInnen.

Wie Brain-Gym® in einer Klasse einführen?

Ich suche immer einen persönlichen Einstieg und erzähle von meinen Erfahrungen und meinem persönlichen Erfolg mit der Kinesiologie. Einige Übungen werden vorgestellt, und dann lasse ich abstimmen, ob die Klasse einen Versuch wagen will. Eine weitere Einstiegshilfe ist die Parallele zum Sport. Leistung, genauso wie Freude, kommt mit dem Training. Sehr geholfen hat mir beim Einführen der Übungen, daß ich Unterrichtsgegenstände habe, die respektiert werden, und so kam ich weniger in den Geruch des „Exoten". Die Kinder und Jugendlichen erzählten zuhause von diesem „Kurzturnen", und die Eltern fanden es toll, daß endlich einmal etwas anderes in der Schule getan wird als reine Stoffvermittlung.

Jugendliche und einige Eltern baten mich dann, diese Übungen und den geistigen Hintergrund an einem Nachmittag vorzustellen. Beim ersten Mal kamen an die siebzig Personen, SchülerInnen, Eltern und sogar Großeltern. Es waren zwei schöne Stunden miteinander, die Übungen wurden vorgestellt und gemeinsam unter Musikbegleitung gemacht. Der Erfolg gab mir Mut weiterzumachen, und bald fragte mich mein früherer Direktor, ob ich „diese Sache" bei der Hauptversammlung des Elternvereins vorstellen wolle. Ich wollte und hatte so meinen ersten Vortrag mit circa hundertfünfzig Menschen, die ganz toll mitmachten. Außerdem hatte ich so die Kinesiologie offiziell in der Schule vorgestellt. Viele solche Referate vor Elternversammlungen folgten, jedesmal war ich bei den speziellen Eltern- und Lehrerfragen heilfroh, daß ich praktizierender und erfahrener Lehrer war. Dieses Umsetzen des kinesiologischen Wissens in der schulischen Praxis scheint mir das wichtigste zu sein. Ich zeige bei den Vorträgen immer Folien von meinen SchülerInnen, stelle einige wenige Übungen (Augenachten, Ohrenspitzen, *Erd-* und *Raumknöpfe, Hook-ups* beziehungsweise Energiesitzen und den Überkreuztanz vor, sowie zwei von mir in die Lerngymnastik integrierte Übungen: Gorilla und Tiger, die ich ein wenig später vorstelle) und animiere zum Mitmachen.

Vor circa sechs Jahren fühlte ich mich in der Kinesiologie und deren didaktischer Umsetzung so sicher, daß ich am Pädagogischen Institut der Stadt Wien vorsprach und meine Dienste anbot. Ich kam an einen Mann mit Weitblick und stieg immer mehr in die Lehrerfortbildung ein. Die Seminare kamen so gut an, daß ich in der Zwischenzeit Fortbildungskurse für alle Schultypen – allgemeinbildende höhere, berufsbildende höhere – in ganz Österreich halte. Heuer begann ich auch am Religionspädagogischen Institut der Erzdiözese Wien zu unterrichten. Es besteht zur Zeit großes Interesse an der Kinesiologie, lustigerweise aber erregt die Aufforderung zum Wassertrinken manche Gemüter. Diese Aufforderung hätte Sektencharakter, sagte man mir in einer Behörde. Originell fand ich dies, weil doch die Kinder immer wieder über die Schulmilchaktion beworben werden. Anderseits ist Wasser möglicherweise bald Mangelware, und die hochsubventionierte Milch gibt es im Übermaß. Milchallergien übrigens auch.

Einsatz der Übungen

Jede Unterrichtsstunde beginne ich mit einer Stilleübung (Energiestehen oder Bauchatmung) – ich spreche vom Einführen einer „Kultur der Stille „, die wir im Stehen durchführen. Die Augen sind geschlossen, und die Gedanken läßt man kommen und gehen wie bei Zen. Das ist am Anfang für manche walkman-, gameboy-, fernseh- oder computerspielgeschädigten Kids gar nicht so einfach. Nach einigen Tagen klappt es dann ganz gut. Die Zeit steigere ich von einer halben bis zu einer ganzen Minute. Danach variiere ich den Einsatz der Übungen je nach Stimmungslage und körperlicher Verfassung der SchülerInnen. Nach circa zwanzig Minuten Arbeit kann niemand mehr konzentriert Stoff aufnehmen, das wissen wir Lehrer aus Erfahrung, und dies sagt uns die Lernpsychologie seit Jahrzehnten. Also schiebe ich dann eine oder zwei passende Übungen ein. Für Stoffwiederholungen eignen sich das Energie sitzen, die Hook-ups oder das Stirn-Hinterkopf-Halten besonders gut.

Gorilla© und Tiger

Aber es gibt noch einige andere Hits, die ich Ihnen vorstellen will (siehe auch in der Praxismappe *Kinder aufs Lernen vorbereiten*, Wien: Breitschopf). Meine langjährige Erfahrung mit T'ai Chi Ch'uan, Chi Gong und verschiedenen Arten von Yoga half mir in der Schule sehr. Manche Übungen aus dem Brain-Gym®-Programm haben für die Kinder anfangs zuwenig „action" (zum Beispiel Erdknöpfe, Raumknöpfe oder Balanceknöpfe) – „action" ist aber heutzutage ein absolutes Muß im Unterricht –, und so kombinierte ich eine Aufwärmübung aus dem T'ai Chi mit dem Thymusklopfen aus der Kinesiologie und nannte diese Aktivierungsübung „Gorilla©". Diese Übung wird so gut aufgenommen und aktiviert so schnell, daß ich sie bei Vorträgen und Seminaren, ebenso wie in Klassen, ganz am Anfang einsetze, um die Stimmung zu heben, die Atmosphäre zu beleben und die Lebensgeister zu wecken.

Zuerst klopfen Sie sich abwechselnd auf ihre beiden Schultern, dann die Innenseite des einen Arms von der Schulter beginnend bis zu den Fingerspitzen mit der flachen Hand hinunter und die Außenseite des Arms hinauf bis zur Schulter. Wiederholen Sie die Übung mit dem anderen Arm. Dann klopfen Sie links und rechts circa zwei Zentimeter von der Mitte des Schädels entfernt ihre grauen Zellen wach, und weiter geht das Wecken der Energie durch das Beklopfen von Hals, Nacken, an der Außenseite des Körpers entlang bis zu den Zehen, dann weiter an der Innenseite der Beine bis zur Brust. Hier endet die Übung mit dem Trommeln auf der Brust und entsprechendem Lärm.

Eine zweite Übung, die mir im Unterricht auch sehr hilft, heißt

Tiger, und ich habe sie bei einem Tao-Yoga-Seminar mit Mantak Chia kennengelernt. Der Tiger ist eine ideale Übung, wenn die Stimmung gespannt ist, nach Streitereien, Schularbeiten, usf. Anlässe dieser Art gibt es in der Schule ja genug.

Man wird in der Vorstellung zum Tiger im Dschungel und hat vor sich einen dicken Baum, an dem man sich die Krallen schärfen kann. Im Ausatmen gehen Sie mit vorgestreckten Armen in die Hocke, im Aufstehen atmen Sie laut ein, und mit Geknurre fahren Sie mit Ihren Krallen den imaginären Baum hinunter und sind wieder in der Hocke. Das führen Sie achtmal aus, und beim neunten Mal gehen Sie nur mehr halb hinunter, kreuzen die Arme und öffnen Sie weit mit einem befreienden Schrei. Es gibt wenig Schöneres in der Schule (nur in der Schule?), als einen befreienden Schrei ausstoßen zu können. Ohne Wut im Bauch lernt es sich wieder leichter.

*

Sehr zugute für meine kinesiologische Arbeit in den Schulen kam mir meine publizistische Tätigkeit im Bereich der Kinesiologie. Alles, was einmal schwarz auf weiß steht, hat einfach mehr Gewicht. Dieses Schuljahr haben wir in unserer Schule dank der Offenheit meines jetzigen Direktors ein kinesiologisches Projekt begonnen: Eine Edu-K-Klasse, in der ich der Klassenvorstand bin. Ich durfte mir das Lehrerteam selbst aussuchen. Fast alle LehrerInnen habe ich ein oder mehrere Semester in die Edu-K und andere kinesiologische Richtungen wie Three-in-One-Concepts und Hyperton X „einweihen" können.

Die Vorteile des Edu-K-Projekts für Schüler und LehrerInnen sind mannigfaltig. Erstens, weil wir grundständig in der fünften Schulstufe anfangen mit Brain-Gym®, dann haben viele Kinder schon eine Ahnung von den Übungen aus der Grundschule, und fast alle LehrerInnen setzen von Anfang an die Kinesiologie ein. Meine Kollegin ohne Vorbildung bat die SchülerInnen der Klasse, hr die Übungen zu zeigen und zu erklären, wofür sie gut sind. Eine schöne Erfahrung für die Kollegin und die Kinder. Es macht schon großen Spaß für die SchülerInnen, wenn sie in die Rolle des Lehrenden schlüpfen können.

Ein weiterer Vorteil ist, daß keine Störung von einer Lehrperson ohne kinesiologische Erfahrung in den Klassenverband getragen wird. Vor einigen Jahren passierte nämlich einmal folgendes: Ich hatte auf der Rückseite eines Plakats mit dickem Filzstift eine große Liegende Acht eingezeichnet, damit die Kinder in der Pause, wenn sie nichts anderes zu tun haben, üben können. Das Angebot wurde gut angenommen. Eines Tages hatte aber kam ein der Kinesiologie unkundiger Kollege in der Pause in die Klasse und stellte das Kind zur Rede, was es denn hier für einen Unsinn mache. Es solle sofort damit aufhören. Der Bub war verwundert bis entsetzt, daß es möglich ist, daß ein Lehrer diese Übung nicht kennt beziehungsweise ihn lächerlich macht. Fazit nach diesem Zwischenfall war, daß die Liegende Acht nicht mehr so interessant war wie vorher. Es ist daher sehr, sehr wichtig, möglichst viele Kollegen der eigenen Schule über Brain-Gym® zu informieren – aber bitte nur, wenn sie es hören wollen.

Persönliche Reflexionen

Für mich ist Brain-Gym® heute so wichtig und hilfreich für die Schule, weil ich glaube, daß unter anderem die Bewegungsfreiräume für uns alle, aber besonders für die Kinder, immer kleiner werden. Laufen, Springen, Umhertollen ist in den zumeist kleinen und gut eingerichteten Wohnungen unerwünscht. Viel zu laut und gefährlich für das Mobiliar. Die Wiesen im städtischen Bereich verschwinden immer mehr, und Beton legt sich über Mutter Erde. Viele Kinder sind motorisch desorganisiert und erliegen allzuoft den Verlockungen und der Faszination des Fernsehens und des Computers. Eine Folge davon ist stundenlanges Sitzen, eine andere eine Übersättigung mit Informationen, die oft noch großartig dargeboten werden. Dieser Konkurrenz des professionell Dargebotenen kann die Höhere Schule nur mit einem Angebot „bewegender" Methoden begegnen. Die Schule wird mehr und mehr eine Serviceeinrichtung, und der Anreiz für die Schulen, moderne Lern- und Lehrmethoden einzuführen, wird immer größer, weil die Eltern immer kritischer werden und ihre Kinder nicht automatisch in die nächstgelegene Schule geben. Sie sehen sich ganz genau die

Visitenkarte der Schule, das Schulprofil, an, bevor sie ihr Kind einschulen. Das bringt eine neue Dimension in die Schulwelt. Plötzlich geht es auch um Arbeitsplätze von Lehrenden, und die Schulen denken zusehends marktorientiert. Viele Schulen haben schon, so wie meine, in ihrem Schulprofil den Hinweis, daß Brain-Gym® als Hilfe eingesetzt wird. So wird die Kinesiologie meiner Meinung nach in nicht allzulanger Zeit zu einem Qualitätssiegel für die Schule werden.

Den Erfolg von Brain-Gym® in den Schulen kann man teils an Zensuren erkennen, teils an der Klassenatmosphäre und an der Art, wie die Kinder beziehungsweise Jugendlichen miteinander umgehen, sowie an der Qualität der Lehrer-Schüler-Beziehung. Hinzu kommt noch, daß die SchülerInnen ein Repertoire von Übungen in der Hand haben, mit dem sie Ziele in ihrem Leben leichter erreichen können.

Ich hoffe, der Tag ist nicht mehr zu fern, an dem es in Schulen kinesiologisch ausgebildete LehrerInnen gibt, die freigestellt von ihrer Unterrichtstätigkeit den SchülerInnen und KollegInnen zur Verfügung stehen. Sie könnten neben den Schulärzten eine ganz wichtige Funktion in der Schule übernehmen. Schon beim Eintritt könnte das Gehirnorganisationsprofil jedes einzelnen Kindes ausgetestet und ein individuelles Übungsprogramm zusammengestellt werden. Kurse für multisensorisches Lernen, für die Verbesserung der Rechtschreibung, für emotionalen Streßabbau, für mentales Coaching der Schulmannschaften sowie psychohygienische Begleitung der Kollegenschaft wären möglich. Ein weites Feld der Betätigung.

Wie lange wird diese meine Hoffnung noch Zukunftsmusik sein? Als Trost kann uns die Werbung für eine Automarke helfen. Sie hat es auf den Punkt gebracht: „Der Weg ist das Ziel!" Das Tor zum Lernen ist schon weit geöffnet, und wir sind unterwegs.

Heiderose Brüders:

Innere Raumgestaltung

Eine Möglichkeit, Lateralität zu erfahren, zu integrieren und bewußtzumachen

Durch meine Erziehung in Elternhaus und Schule hatte ich gelernt, daß nur die sichtbaren Dinge wirklich seien. In meinem Innern blieb ich allein mit dem, was mich zutiefst berührte: Sehnsüchte, Träume, Phantasien. Ich konnte einfach niemandem davon erzählen, der mich verstanden hätte. Da ich also keinen entsprechenden Ausdruck im Außen fand, blieb mir nichts anderes übrig, als innen und außen zu trennen. Ich konnte keine Verbindung herstellen, und so standen zwei gegeneinandergerichtete Teile von mir immer in Konkurrenz. Diese Situation verwirrte mich und machte mich unsicher. Der unbewußte Kampf, der in mir vorherrschte, fand seinen Ausdruck in einer schweren Neurodermitis. Etwas Unsichtbares fand seinen Weg ins Unübersehbare.

Ich suchte, nach altbewährtem Muster, Heilung wieder im Außen: durch Salben, Medikamente usw. Erst als alles nicht mehr half, begegneten mir andere Methoden des Heilens, die ich dankbar annahm. Ich machte mich nun auf den Weg nach innen. Es folgte eine Suche nach der „richtigen" Methode. Auf diesem Weg lernte ich so ziemlich alles kennen, was an alternativer Heilarbeit angeboten wurde. Jede Therapieform brachte mich ein Stück weiter, unter anderem schließlich die Kinesiologie. Meine Erlebnisse waren so positiv, daß ich später begann, mit dieser Methode als Heilpraktikerin zu arbeiten. Alle vergangenen Erfahrungen konnte ich in diese Methode einbinden, so daß ich heute sagen kann, jedes Steinchen (manchmal war es ein Felsbrocken) war nötig.

Ich habe durch eine sichtbare Störung in meinem Körper eine neue Sichtweise und einen neuen Beruf „er-lebt". Mythologisch ausgedrückt hat sich auf diese Weise das Ungeheuer in einen Prinzen verwandelt.

146

An der Edu-Kinestetik hat mich eine Herangehensweise besonders fasziniert, die als „Reise ins Gehirn" bezeichnet wird. Ich lernte sie auf einem der vielen Seminare kennen, die ich besuchte. Bei dieser Technik wird eine Person in einem entspannten Zustand aufgefordert, sich selbst in der Vorstellung so zu verkleinern, daß sie durch eine Öffnung des Kopfes ins Gehirn wandern kann, um nachzuschauen, ob der „Computer" dort richtig arbeitet, ob die Lampen eingeschaltet sind und ob die linke und die rechte Gehirnhälfte miteinander verbunden sind, das heißt das *Corpus callosum* als Brücke oder als Barriere dient.

Eine ähnliche Methode lernte ich durch ein Buch kennen, in dem ein amerikanisches Ehepaar von seiner Arbeit in einer Klinik berichtet. Sie unternahmen mit ihren Patienten „Reisen" in deren Organe, um bereits vorhandene oder entstehende Krankheiten aufzuspüren. Sie konnten mit dieser Methode die Hintergründe und Ursachen von Schmerzen, von Störungen allgemein, herausfinden. Es war für mich eine so spannende Methode, daß ich sie sofort an mir selbst ausprobierte, um damit Erfahrungen zu machen. Tatsächlich lösten sich Verspannungen, die Haut beruhigte sich bei dieser inneren Betrachtung. Endlich hatte ich eine Methode gefunden, mit der ich mir bei Bedarf selbst helfen konnte und die die innere Vorstellungswelt mit der äußeren konkreten Welt verband.

Ich kombinierte beide Methoden, so daß ich jetzt in meinem Körper herumreisen konnte, wie ich wollte. Die Ergebnisse waren wunderbar, und so begann ich auch mit anderen in dieser Weise zu arbeiten. Die größte Hürde bildeten bei den Erwachsenen das Kleinwerden und In-den-Körper-Schlüpfen. Ich bemerkte dabei auch bei mir eine Hemmung, die sich vielleicht übertrug.

Etwa gleichzeitig bekam ich in der Schule Schwierigkeiten. Ich hatte meine Begeisterung für die Kinesiologie, in diesem Fall für die Edu-Kinestetik, natürlich in meine Arbeit in der Schule einfließen lassen. Die Kinder lernten Edu-K-Übungen und auch einiges über die Gehirnhälften, und ich erzählte ihnen etwas über Kreativität und Lernen. Es war auffällig, daß gerade die Kinder, die die Übungen brauchten, sie nicht ausführen konnten und dann auch nicht mehr bereit waren, sich weiterhin daran zu beteiligen. Ich war also auf der Suche nach einer Möglichkeit, bei der auch diese Kinder sich bahnen können. Die „Reise ins Gehirn" bot sich an, zumal ich Phantasiereisen gerne anleitete und ihren Wert kannte. Es machte den Kindern Spaß, und alle konnten dabei eine positive Erfahrung machen.

In meiner Begeisterung, nur das Beste anzubieten, hatte ich versäumt, die Eltern über diese neue Methode in Kenntnis zu setzen. Ich hatte nicht damit gerechnet, daß einige Eltern Angst hatten vor zu starker Beeinflussung und sogar eine Gehirnwäsche oder ähnliches vermuteten. Ich wurde aufgefordert, meine Vorgehensweise darzulegen und zu begründen. Das gab mir Gelegenheit, noch einmal zu überdenken, was ich wirklich weitergeben kann, und hier meine ich mein eigenes Vermögen und das, was nach außen möglich ist. Ich schuf mir eine neue Basis, wie ich mit dieser Methode in der Schule weiterarbeiten konnte.

Ich vereinfachte für meine Zwecke die „Reise ins Gehirn" und ließ jetzt die Kinder und auch meine Klienten in meiner Praxis sich Räume vorstellen, ohne den Umweg über den Körper. Das Ergebnis ist nach meinen Erfahrungen das gleiche. Abgekoppelt von körperlichen Strukturen zeigt diese Vorgehensweise gleichfalls den Zustand des Augenblicks, an dem dann „gearbeitet" werden kann.

Die Räume symbolisieren rechte und linke Hemisphäre, und die Tür, die beide miteinander verbindet, ist das Symbol für das *Corpus callosum*. Ist die Tür verschlossen oder ist sogar der Schlüssel verschwunden, so ist das ein Hinweis dafür, daß die Integration im Augenblick stark eingeschränkt oder gar nicht vorhanden ist. Gerade in der Schule kann ich beobachten, daß bei besonders unruhigen, besonders stillen oder lustlosen Kindern verschlossene Türen auftauchen. Ein Ziel ist immer, die Tür zu öffnen und geöffnet zu halten. Wie das geschehen kann, muß jeder allein herausfinden; Hilfen biete ich an. Es gibt die unterschiedlichsten Lösungen, wie zum Beispiel den Schlüssel zu holen, etwas zwischen Tür und Rahmen zu legen, sie einzuhaken, sie aus den Angeln zu heben, anzulehnen usw. Die beiden Räume sind häufig verschieden in ihrer Ausstattung und zeigen in ihrer Symbolik die Unterschiedlichkeit von rechter und linker Gehirnhälfte, zum Beispiel Räume mit vielen bunten Farben und Musik (ganzheitliche Gehirnhälfte) und Räume mit Bücherregalen oder Büros (analytische Gehirnhälfte). Ein Raum ist meistens größer als der andere, der Ausgleich sollte auch hier geschaffen und die Balance wiederhergestellt werden. Bei häufiger Arbeit mit den inneren Räumen gelingt die Integration immer schneller und fließender.

Aus einer Notsituation hat sich eine neue Richtung in meiner Arbeit entwickelt. Im Laufe der Zeit verfeinerte sich die Arbeit mit den inneren Räumen, die ich dann innere Raumgestaltung nannte, und ich lerne weiter mit jeder Klasse und mit jedem Klienten.

Intentionen

In der Schule setze ich meine Methode ein, um durch die erreichte Integration der Lateralität eine optimale Lernsituation zu schaffen, in der die Kinder den Stoff leichter und müheloser aufnehmen können. Ich beabsichtige nicht, zu therapieren, und auch nicht, psychische Probleme aufzudecken. Deshalb bleibe ich ganz an der Oberfläche der Möglichkeiten. Ich leite keine Tiefenentspannung an. Die Aufforderung, zur Ruhe zu kommen, die Augen zu schließen und sich einen Raum vorzustellen, reicht bei Kindern aus, um ein entsprechendes Bild entstehen zu lassen. Kindern ist bildhaftes Erleben noch sehr viel näher als uns Erwachsenen. Meine Intentionen sind dabei:

- das Erkennen eigener innerer Bilder
- die Erfahrung und das Erkennen von Lateralität
- die Möglichkeit der Veränderung innerer Bilder durch Gedankenkraft
- das Erkennen eigener Gestaltungsmöglichkeit im Inneren
- die Erfahrung, Lateralität zu integrieren
- die Wahrnehmung der Verbindung zwischen einem inneren Bild und der Empfindung
- die Wahrnehmung, daß sich die Empfindung durch das Bilderleben verändern kann
- die Erkenntnis, sich selbst positiv beeinflussen zu können
- das Erkennen der Freiheit der eigenen Entscheidung
- die Erfahrung des eigenen, einzigartigen Ausdrucks

Erfahrungen in der Schule

Ich führe einmal, und zwar in einer unteren Klasse, die Vorstellung von zwei Räumen mit einer verbindenden Tür ein. Die Kinder lernen ihre eigenen Räume kennen, richten sie ein und haben damit eine Bahnung in ihrem Gehirn geschaffen, auf die sie immer wieder zurückgreifen können. Zur Vertiefung malen sie sie mit farbigen Stiften aus. Ich plane dafür eine Stunde ein. Die Kinder aktivieren Bereiche ihres Gehirns, die sie im Augenblick zur Verfügung haben können und wollen. Sie können es selbst bestimmen. Ich vertraue darauf, daß durch meine Anleitung, die ich bewußt einfach gebe, die Räume nur so erschlossen werden, wie es im Augenblick hilfreich ist. Um ganz sicher zu gehen, daß sich alle Kinder hinterher wohl fühlen, beobachte ich die einzelnen Kinder schon während der „Reise" ganz genau. Ich stelle nach jeder inneren Raumgestaltung einige generelle Fragen, damit ich mir ein grobes Bild von den einzelnen Erlebnissen machen kann. Ich frage zum Beispiel: „Bei wem war der erste Raum klein, bei wem groß, bei wem mittelgroß? Wer hatte Fenster im ersten Raum, wer keine? Wer hatte eine verschlossene Tür?" usw. In einer großen Klasse kann einfach nicht jedes Kind erzählen.

Falls ein oder mehrere Kinder sich wenig oder unlustig daran beteiligen, kann das schon ein Zeichen sein, daß sie mit ihren Räumen nicht zufrieden sind. Während die Kinder anfangen zu malen, gehe ich zu denen, bei denen ich eventuelle Schwierigkeiten vermute. Ich biete ihnen dann in Einzelarbeit Hilfestellung an. Bisher haben alle Kinder das angenommen und waren hinterher genauso zufrieden mit ihren Bilderlebnissen wie die anderen. Auffällig ist danach der Eifer, mit dem sie an die bildliche Darstellung herangehen.

In der folgenden Zeit, solange ich die Kinder im Unterricht habe, kann ich an diese Stunde erinnern, wenn ich zu Beginn einer Unterrichtsstunde sage: „Stellt euch euren Raum vor, die Tür und den zweiten Raum. Ist eure Tür geöffnet? Sind die Räume hell, sind Fenster da? Richtet euch die Räume nach euren Wünschen ein." Es dauert maximal fünf Minuten. Hat ein Kind immer wieder Schwierigkeiten mit einer verschlossenen Tür, helfen die anderen schon einmal mit. Sie machen Vorschläge, wie zum Beispiel die Tür am besten offengehalten werden kann.

Ich erkläre den Kindern, daß sie sich mit dieser Methode selbst helfen können, besser zu lernen. Sie wollen das natürlich, und es gibt kaum ein Kind, das diese Methode ablehnt. Die Kinder sind ruhiger, ausgeglichener und aufnahmebereiter, wenn sie sich durch die innere Raumgestaltung ihre beiden Gehirnhälften aktiviert und sie zur Zusammenarbeit gebracht haben. Jedes Lernen ist dann erfolgreicher. Die Konzentrationsfähigkeit wird sichtbar erhöht.

In Fortbildungsgruppen für LehrerInnen und ErzieherInnen führe ich in eine tiefere Entspannung, da ich aus meiner Erfahrung weiß, daß erst eine vertrauensvolle Atmosphäre geschaffen werden muß, um die Alltagsgedanken zu beruhigen und ein Eintreten in den inneren Raum möglich zu machen. Es kommt vor, daß TeilnehmerInnen dabei einschlafen. Das ist für sie dann so in Ordnung. Zusätzlich zu den oben genannten Intentionen kommt hierbei noch die Vorstellung einer Methode, die nach eigener gründlicher Erfahrung eingesetzt werden kann. Ich betone immer wieder, daß erst ein sicherer Umgang mit dem eigenen Erleben notwendig ist, ehe die Weitergabe an die Kinder erfolgen kann.

Erfahrungen in der Einzelarbeit

Ich arbeite in meiner Praxis mit der Kinesiologie im weitesten Sinne. Dabei taucht die innere Raumgestaltung immer wieder als Korrektur auf. Die Vorgehensweise ist sehr individuell, wie das Beispiel zeigt. Ich verlasse mich dabei ganz auf meine Intuition. Vor meinem inneren Auge entsteht das Bild, das die Person beschreibt. Meine Fragen entstehen nach dem Eindruck, den ich gerade erhalte. Einige grundsätzliche Dinge beachte ich dabei:

- Es soll keine Beeinflussung stattfinden, nur Angebote, Hilfestellungen da, wo die Person selbst nicht weiterkommt.
- Jede Änderung soll freiwillig geschehen.
- Ich habe keine Absicht, irgend etwas Bestimmtes zu erreichen
- Es ist jedes Mal ein Abenteuer.

Beispiel einer Arbeit mit inneren Räumen, bei der kein verbaler Austausch stattfindet: Meditation

„Nimm einen guten Kontakt zur Erde auf und spüre, mit welchem Körperteil du die Erde berührst. Spür den Kontakt zur Erde und spür den Kontakt von der Erde zu dir. Spür die Grenze von deinem Körper zur Erde.

Spür den Raum, der um dich herum ist, der außerhalb von deiner Haut beginnt, und spür den Raum in dir, in deinem Körper.

Spür, daß dein Körper ein Raum ist, räumlich ist.

Deine Beine sind Räume, dein Becken ist ein Raum, der Bauch, der Brustkorb, der Hals, die Arme, der Kopf.

Es gibt ein Innen und ein Außen.

Spür deinen Atem, er ist die Verbindung zwischen innen und außen.

Spür mit jedem Einatmen, wie dein Innenraum weiter wird, sich ausdehnt.

Spüre, wie dein Innenraum sich immer mehr mit dem Außenraum verbindet.

Mit jedem Einatmen wirst du ein wenig weiter, du dehnst dich aus.

Dann nimm deine Aufmerksamkeit von deinem Atem weg und richte sie auf einen Raum, den du noch nie gesehen hast.

Stell dir einen Raum vor.

Wie könnte er aussehen?

Wenn du ihn in deiner Vorstellung hast, dann schau nach, wie er aussieht.

Schau nach, ob er groß ist oder klein.

Welche Form hat er?

Ist er hoch oder tief

Wie sehen die Wände aus?

Wie sieht der Fußboden aus?

Ist dieser Raum hell oder dunkel?

Hat dieser Raum Fenster? An welcher Seite sind sie?

Schau nach, ob dieser Raum eingerichtet ist oder ob er leer ist.

Dann spür nach, ob du dich in diesem Raum wohl fühlst, ob dieser Raum gemütlich ist.

Schau nach, ob du in diesem Raum etwas verändern möchtest, damit du dich noch wohler fühlst.

Wenn der Raum nicht hell genug ist, schau nach, ob du Fenster einsetzen kannst, ob du eine Lampe einschalten oder Kerzen aufstellen kannst.

Finde einen Weg, den Raum so hell zu machen, daß es für dich in Ordnung ist.

Wenn der Raum zu klein ist, dann kannst du in Gedanken die Wände verschieben.

Gib ihm die Größe, die für dich genau richtig ist.

Dann schau nach, ob die Wände dir gefallen oder ob du sie anders gestrichen haben möchtest.

Schau nach, ob dir der Fußboden gefällt oder ob er anders werden soll.

Schau die Einrichtung an. Ist sie so in Ordnung, oder möchtest du etwas entfernen?

Möchtest du etwas aufräumen? Dann tu es jetzt.

Vielleicht möchtest du ein neues Stück in diesen Raum bringen; dann tu das jetzt.

Wenn du deinen Raum fertig eingerichtet hast, dann finde in deinem Raum eine Tür.

Schau nach, ob diese Tür verschlossen ist oder ob sie offen ist.

Wenn sie verschlossen ist, dann finde eine Möglichkeit, sie zu öffnen.

Wenn der Schlüssel verschwunden ist, dann schau nach, wer ihn hat, wer dir helfen kann, den Schlüssel zu finden. Vielleicht ist er irgendwo versteckt, und du mußt Ihn nur holen.

Öffne dann die Tür, wenn du magst.

Wenn du die Tür geöffnet hast, schau in den Raum, der hinter der Tür ist.

Schau dir diesen Raum genau an.

Ist er groß oder klein, hell oder dunkel, aufgeräumt oder etwas unordentlich?

Schau nach, ob dieser Raum Fenster hat und wieviele es sind.

An welcher Seite sind sie, rechts, links oder geradeaus?

Dann richte diesen Raum so ein, daß er dir gefällt, daß du dich wohl fühlst.

Wenn der Raum heller werden soll, setz wieder Fenster ein oder schalt eine Lampe an oder stell Kerzen auf.

Dann schau nach, ob dir die Wände gefallen, ob der Fußboden in Ordnung für dich ist.

Richte auch diesen Raum so ein, wie du es gerne magst.

Schau dich noch einmal um, ob dir alles so gefällt.

Schau nach, ob sich die Fenster öffnen lassen.

Wenn du magst, dann öffne die Fenster und schau nach, welches Wetter draußen ist.

Du kannst dir das Wetter so vorstellen, wie du es haben möchtest, wie es im Augenblick am schönsten für dich ist.

Dann geh noch einmal in den ersten Raum und schau nach, ob dort noch alles in Ordnung ist.

Öffne auch da die Fenster, wenn du möchtest.

Dann such dir einen Platz aus, den Platz, an dem du dich am wohlsten fühlst in deinen Räumen.

Setz dich oder leg dich hin.

Genieß die Farben, vielleicht hörst du irgendein Geräusch; riech den Duft in deinen Räumen, spür den Hauch eines Luftzuges auf deiner Haut, vielleicht schmeckst du auch etwas.

Dann atme mit deinem ganzen Körper diese beiden Räume, die du dir erschaffen hast, in dich hinein.

Atme ganz tief dieses Wohlbefinden ein, das du an deinem Platz hast.

Komm dann mit einem tiefen Atemzug in diesen Raum hier zurück mit dem Wissen, daß du jederzeit in diese Räume zurückkehren kannst, wenn du es willst."

Fallbeschreibung Ch.

H.: ... stell dir jetzt einen Raum vor, den du noch nie gesehen hast. Wie könnte er aussehen? Wenn du ihn hast, dann sag mir Bescheid.

Ch.: Ich habe ihn.

H.: Wie sieht er aus? Beschreib mal, wie er aussieht.

Ch.: Der hat eine Muscheldecke, so aus Muscheln, die Wand ist irgendwie ganz grau.

H.: Alle Wände?

Ch.: Ja. Dann ein zerschlagenes Fenster.

H.: An welcher Seite ist es?

Ch.: Links. Auf der anderen ist gar nichts. Und 'ne verschlossene Tür. Und in der Ecke steht irgendwie ein halbes Klavier.

H.: In welcher Ecke steht es?

Ch.: In der rechten.

H.: Und die Tür, welche meinst du, siehst du eine?

Ch.: Es ist nur eine drin.

H.: Und die ist verschlossen? Woran siehst du das?

Ch.: Weil der Schlüssel drin steckt – aber die ist zu.

H.: Du weißt, daß sie verschlossen ist?

Ch.: Ich schätze es.

H.: Was hat der Raum für einen Fußboden?

Ch.: Halbe Fliesen.

H.: Sind die zusammengesetzt?

Ch.: Na ja, manchmal fehlt da was.

H.: Der ist also so ein bißchen alt. Kann das sein?

Ch.: Ja.

H.: Der Raum ist überhaupt ein bißchen alt.

Ch.: Ja.

H.: Und die Decke, die ist noch in Ordnung?

Ch.: Na ja, ein paar Muscheln fehlen auch schon. Sind runter-gefallen, ein paar liegen da rum.

H.: Du stehst mittendrin, oder an einer Seite?

Ch.: Hinten, und vor mir, ein paar Meter vor mir, ist da die Tür.

H.: Geradezu?

Ch.: Ja.

H.: Wenn du jetzt mal an die Scheibe gehst, wodurch ist die zerbrochen? Kann man das sehen?

Ch.: Nee, nur draußen liegt ein Stein.

H.: Also vom Stein. Hast du das Gefühl, daß er von innen nach draußen geworfen wurde?

Ch.: Ja, kann sein.

H.: Ist das ein großer Stein oder ein kleiner?

Ch.: Ein mittlerer.

H.: So, jetzt gehen wir mal zu dem Klavier. Wie ist das mit der Hälfte, ist das Klavier durchgebrochen?

Ch.: Es ist etwas zerbrochen.

H.: Welche Farbe hat es.

Ch.: Braun.

H.: Du sagst, es sei nur eine Hälfte – oder ist es nur ein zerbrochenes Klavier?

Ch.: Es ist schon so ungefähr die Hälfte. Das ist da so durchgebrochen.

H.: Und die andere Hälfte ist verschwunden.

Ch.: Ja. Die ist nicht da.

H.: Und rechts ist kein Fenster?

Ch.: Nein.

H. : Ist es denn in dem Raum hell oder dunkel?

Ch.: Eigentlich dunkel mehr.

H.: Das einzige Licht kommt von dem Fenster?

Ch.: Ja.

H.: Ist es ein kleines oder ein großes Fenster?

Ch.: Na ja, eigentlich ziemlich klein.

H.: Jetzt sieh doch einmal, ob in diesem Raum jemand gewohnt hat, vorher.

Ch.: Ich kann's mir nicht so recht vorstellen, sieht eigentlich nicht so danach aus.

H.: Könntest du dir vorstellen, so wie du den Raum siehst, was da passiert sein könnte?

Ch.: Na ja, vielleicht daß irgendeiner drin war, der hat einen Stein gefunden, der dachte, der gehört da nicht rein, und hat ihn rausgeschmissen durchs Fenster, und dann ist dabei vielleicht irgendwie das Klavier kaputtgegangen, und die andere Hälfte hat er mitgenommen.

H.: Meinst du, der, der das gemacht hat, dem gehörte der Raum?

Ch.: Na ja, glaub ich eigentlich nicht. Wenn der da das Fenster zerschmissen hat.

H.: Müßte ein anderer gewesen sein.

Ch.: Ja.

H.: Hast du den Eindruck, daß man den Raum wieder herrichten kann? Wenn man den bearbeitet?

Ch.: Mit viel Mühe? Ja.

H.: Würdest du dir das jetzt hier, so mit Gedanken, zutrauen, das zu machen?

Ch.: Ja.

H.: Wo würdest du zuerst anfangen?

Ch.: Ich würde auf dem Fußboden anfangen, oder an der Decke.

H.: Was würdest du machen.

Ch.: Ich würde erst auf dem Fußboden alles rausnehmen, die ganzen Fliesen, die da noch drin sind, und dann vielleicht einen Teppich reinlegen, damit's ein bißchen gemütlich wird.

H.: So eine Auslegeware?

Ch.: Ja.

H.: Welche Farbe würdest du da nehmen?

Ch.: So einen hellen, freundlichen, weil, wenn da so wenig Licht ist.

H.: Kannst du das jetzt so machen?

Ch.: Ja.

H.: Der Teppich ist jetzt also drin.

Ch.: Ja.

H.: Was würdest du als nächstes machen?

Ch.: Erst mal das Klavier rausschaffen. Würde ich vielleicht auch kleinmachen und dann die einzelnen Teile erst mal auch aus dem Fenster legen, draußen hin.

H.: So, das halbe Klavier ist auch draußen. Was kommt als nächstes?

Ch.: Die Wand. Die würde ich erst mal weiß streichen.

H.: Alle Wände weiß? Und wie sieht es aus?

Ch.: Sieht eigentlich ganz freundlich aus.

H.: Was ist als nächstes dran?

Ch.: Jetzt bleibt ja nur noch die Decke. Und die Tür würde ich erst mal auch weiß streichen. Und dann würde ich die Decke, vielleicht erst einmal die Muscheln runter und noch ein paar andere suchen und die dann auch irgendwie auf vielleicht Tapete kleben und die Tapete oben hin mit den Muscheln.

H.: Also die Muscheln möchtest du behalten.

Ch.: Ja.

H.: Gut , dann mach das mal so.- Bist du fertig?

Ch. : Mh.

H.: Fehlt jetzt noch irgend etwas?

Ch.: Jetzt würde ich vielleicht noch einen Tisch und ein Stühlchen besorgen.

H.: Was nimmst du denn da?

Ch.: Vielleicht kann ich aus dem Klavier eins bauen.– Ja, da ist etwas. Fertig.

H.: Sieh dir jetzt mal das Fenster an.

Ch.: Da würde ich vielleicht auch noch eine neue Scheibe einsetzen.

H.: Sieh dir einmal an, ob das Fenster groß genug ist für den Raum.

Ch.: Größer würde ich es auch ein bißchen machen.

H.: Mach es mal so groß, wie du denkst, es ist gut. Hast du auch die Scheibe schon drin?

Ch.: Mmh.

H.: Ist es besser?

Ch.: Ja.

H.: Ist es ein bißchen heller geworden?

Ch.: Ja.

H.: Jetzt geh mal auf die rechte Seite und sieh dir mal die rechte Seite an. Da ist ja nun gar kein Fenster drin. Könntest du da auch noch ein Fenster reinsetzen?

Ch.: Ja.

H: Möchtest du das?

Ch.: Ja. Sieht eigentlich ganz gut aus.

H.: Ist es jetzt auf beiden Seiten hell?

Ch.: Ja.

H.: Dann sieh dir mal diesen Raum an, was da noch eventuell fehlt.

Ch.: Ein Bett.

H.: Wo würdest du das hinstellen?

Ch.: Das würde ich da so hinstellen, wo ich am Anfang stand, wo dann gegenüber die Tür ist.

H.: Sieh dich noch einmal um, ob es jetzt so ist, wie du es brauchst.

Ch.: Soll ich erst mal sehen, was mit der Tür ist?

H.: Ja, der Schlüssel ist noch drin?

Ch.: Ja.

H.: Geht die auf, oder ist sie wirklich zu?

Ch.: Sie geht auf.

H.: Wo geht es denn da hin?

Ch.: Nach draußen.

H.: Wie sieht es da aus?

Ch.: Eine große, grüne, saftige Wiese, da drauf sind viele Blumen, und da grast ein Pferd.

H.: Das ist ja wunderschön. Und wenn du dich umsiehst, dann kannst du die offene Tür sehen.

Ch.: Ja.

H.: Was ist außer der Wiese und dem Pferd noch da?

Ch.: Ein Zaun und ein Schäfchen.

H.: Wo ist der Zaun?

Ch.: Der ist in etwas weiterer Entfernung, die Wiese ist ziemlich groß.

H.: Und was ist hinter dem Zaun?

Ch.: Wald.

H.: Sieh doch mal nach, ob da draußen dich irgend etwas stört.

Ch.: Es ist alles in bester Ordnung.

H.: So wie du es gerade haben möchtest?

Ch.: Ja.

H.: So, dann geh doch noch einmal in das Zimmer rein. In diesem Zimmer gibt es noch eine Tür, die hast du noch nicht gesehen.

Ch.: Ja.

H.: Wo ist die?

Ch.: Die ist auf der rechten Seite hinter dem Fenster.

H.: Sieh mal nach, ob diese Tür zu ist oder ob sie aufgeht.

Ch.: Geht auf.

H.: Wo geht es da hin?

Ch.: In einen anschließenden Raum, und der ist völlig leer.

H.: Ist der größer als der erste?

Ch.: Nee, der ist ganz klein und ganz leer, nur ein bißchen Tapete, aber die fällt auch schon runter.

H: Also auch so ein bißchen verkommen?

Ch.: Ja.

H: Was war denn da ursprünglich mal drin gewesen?

Ch.: Ich schätze mal, da war das Schlafzimmer.

H: Gibt es da ein Fenster?

Ch.: Nee, doch, ja. Wieder auf der rechten Seite.

H.: Magst du diesen Raum auch renovieren?

Ch.: Ja. – Fertig

H.: Könnte man den ein bißchen vergrößern für deine Zwecke?

Ch.: Nee, bräuchte ich eigentlich nicht.

H.: Der kann so bleiben.

Ch.: Da würde ich jetzt vielleicht rüber mein Bett stellen, was ich noch im alten hab, ach, und vielleicht ein kleines Tischchen.

H.: So daß es schön gemütlich ist.

Ch.: Ja.

H.: Jetzt sieh dir mal den kleinen Raum an, ob der schön hell ist.

Ch.: Ja, der ist ziemlich hell, das Fenster ist ziemlich groß.

H.: Und wenn du da rausguckst, welche Aussicht hast du da?

Ch.: Da geht der Garten weiter.

H.: Was für ein Wetter ist draußen?

Ch.: Schönes. Sonne.

H.: Könntest du das Fenster aufmachen?

Ch.: Ja.

H.: Magst du es?

Ch.: Ja, bißchen frische Luft.

H.: Jetzt geh mal wieder in den ersten Raum zurück. Hast du da die Tür aufgelassen?

Ch.: Ja.

H.: Geht das Fenster da auch auf?

Ch.: Ja.

H.: Magst du es auch aufmachen?

Ch.: Ja.

H.: Jetzt setz dich oder leg dich oder stell dich an einen Platz, der dir am allerbesten gefällt, drinnen oder draußen.

Ch.: Draußen.

H.: Welche Stelle ist es?

Ch.: Vor diesen zwei Zimmern, die da einsam auf der Wiese stehen sozusagen, ein Stück weiter weg von ihnen, in der Nähe von dem Schaf.

H.: Setzt du dich ins Gras?

Ch.: Ja.

H.: Und jetzt schau dir noch einmal alles an, die Farben, die Sonne, fühl die Sonne auf deiner Haut, riech, vielleicht duftet es da, vielleicht hörst du auch irgend etwas, und vielleicht schmeckst du auch etwas, und das alles atmest du jetzt ganz tief in deinen Körper ein, ganz in Ruhe, nimm es ganz in dich auf, so als ob das Gefühl in deinen ganzen Körper wandert.

Und dann laß dieses Bild ein bißchen verblassen, obwohl du weißt, daß das Räume sind, die dir gehören, du kannst jederzeit wieder dorthin zurückkehren in Gedanken, wann immer du willst.

Und jetzt komm mit deinem Bewußtsein in diesen Raum zurück. –

*

Bei der inneren Raumgestaltung wird also mit inneren Bildern gearbeitet, und es kommen in ihr bewußte und unbewußte Anteile des Menschen zum Ausdruck. Symbol für diese Anteile ist der Raum. Unter einem Raum kann sich jede(r) etwas vorstellen, es gibt kaum Verständnisschwierigkeiten.

Ein Raum, den wir uns in einem entspannten Zustand vorstellen, zeigt bildhaft die augenblickliche Befindlichkeit. Jeder Raum, der auftaucht, ist voller Symbolik: Größe, Form, Farbe, Lichtverhältnisse – alles findet eine Entsprechung in der jeweiligen Person. Ein kleiner Raum mit wenig Licht kann zum Beispiel bedeuten, daß die Person sich gerade innerlich oder äußerlich eingesperrt oder eingeschränkt fühlt. Das können Einstellungen oder tatsächliche äußere Situationen sein. So stellt auch jedes Stück im Raum etwas aus dem Bewußten oder dem Unbewußten der Person dar.

Wird etwas aus dem Raum herausgelöst, verändert oder Neues installiert, so bedeutet das für die Person eine neue, erweiterte Sichtweise, die sich dann im Alltag der Person so äußern kann, daß Probleme plötzlich in einem anderen Licht gesehen werden. Etwas Festgefahrenes kann sich lösen. Es ist wirklich so einfach, wenn die Bereitschaft dazu gegeben ist. Alte Muster können abgelegt werden, um einer Erweiterung Platz zu machen. Solch ein innerer Reinigungsprozeß hat Auswirkungen im außen.

Ich sage zu meinen Klienten, wenn sie nach einer Sitzung ganz erschöpft sind, daß sie sehr viel arbeiten mußten in dieser Stunde, daß sie ihr Bewußtsein erweitert haben mit ihren Bildern. Sie haben unbekannte oder lange nicht benutzte Räume in sich erschlossen, ent-deckt. Es ist immer wieder ein Wunder für mich, welcher Reichtum an Bildern, Symbolen und Wegen existiert.

Susanne Codoni:

Möglichkeiten und Grenzen kinesiologischer Verfahren in der Logopädie und Legasthenietherapie

Erfahrungsbericht am Beispiel des staatlichen Logopädischen Dienstes Basel-Stadt

Rahmenbedingungen

1. Organisatorische Struktur

Der Logopädische Dienst Basel-Stadt (LPD) ist eine staatliche Institution, wird als fachlich selbständige Dienststelle des Erziehungsdepartementes geführt und betreut Kinder und Jugendliche mit Störungen der gesprochenen und/oder geschriebenen Sprache. Sein Aufgabenbereich besteht in der Erfassung, Abklärung und ambulanter Förderung sprachbehinderter Kinder und Jugendlicher (bis 20. Lebensjahr) mit Wohnsitz in Basel-Stadt.

Kantonale Richtlinien gewährleisten dieses Angebot ohne Kosten für die betroffenen Eltern. Kostenträger sind der Kanton und das Bundesamt für Sozialversicherung (Invalidenversicherung), die nach vertraglich geregeltem Schlüssel die Kosten aufteilen. Unter der fachlichen und administrativen Leitung der Vorsteherin des LPD arbeiten neben den fest angestellten Logopäden/innen (18 Planstellen inklusive Administration), vierzig Legasthenietherapeuten/innen im Stundenauftrag sowie logopädische Mitarbeiter/innen der privaten Sprachheilschule und frei praktizierende Logopäden/innen als assoziierte Tarifpartner. Der LPD-BS koordiniert außerdem kantonal die Versorgung von ambulanten Legasthenietherapien.

Die schweizerische Logopädenausbildung ist eine dreieinhalbjährige Fachhochschulausbildung. Sie befähigt diplomierte Logopäden/innen zur selbständigen Abklärung und Therapie (inklusive Legasthenie), wobei der Einbezug weiterer Methoden

gewährleistet ist. In Basel werden auch „reine" Legastenie-
therapeuten (LRS-Therapeuten) ausgebildet: von der Basisausbil-
dung her ausgebildete Grundschullehrer mit einer (am universitären
Institut für Pädagogik und Psychologie erworbenen) Zusatzausbildung. Sie sind ausschließlich zur Behandlung von Lernstörungen
berechtigt. Diese Therapeuten sind in einem Berufsverband
zusammengeschlossen, dessen Vorstand sich sehr intensiv um die
Weiterbildung seiner Mitglieder bemüht. Die Mehrzahl der für den
LPD tätigen LRS-Therapeuten verfügen heute mindestens über
Grundkenntnisse in Edu-Kinestetik (Edu-K) und/oder Touch for
Health (TfH) oder Three in One Concepts (One Brain).

2. Klientel des LPD

In den vier Schuljahren 1991-1995 wurden bei insgesamt 2299
Kindern mit Sprech- und Sprachauffälligkeiten logopädische
Abklärungen durchgeführt; davon wurden 360 (15 Prozent) primär
wegen Lese-Rechtschreib-Schwierigkeiten gemeldet. Grob klassi-
fiziert stehen 47 Prozent der Kinder im Vorschulalter, 53 Prozent
im Schulalter, wobei der Anteil der Kinder mit deutscher Mutter-
sprache bei 75 Prozent liegt. Im Durchschnitt werden etwa 67 Prozent der insgesamt abgeklärten Kinder ambulant logopädisch oder
legastenietherapeutisch betreut.

3. Häufigste Störungsbilder

Die Streuung der Störungsbilder ist breit. Einen Schwerpunkt
bilden die Sprachentwicklungsverzögerungen, hauptsächlich in
Verbindung mit Störungen auf der phonetisch-phonologischen
Ebene (Artikulationsstörungen). Einen weiteren Schwerpunkt bildet
in diesem Zusammenhang der zusätzlich erschwerte Erwerb des
Lese-Schreib-Prozesses als Folge einer verzögerten (sprachlichen
und psycho-motorischen) Entwicklung.

Im Kontext dieses Berichtes spielt die Entwicklung der Motorik,
welche in vielen Fachbüchern differenziert beschrieben worden ist,
eine wesentliche Rolle. Viele Kinder mit Sprach-/Lernbehinderun-
gen haben nicht gekrabbelt, sondern gerobbt, und sind damit
prädestiniert für homolaterale Lernstrategien und Blockierungen.

Störungen der phonetisch-phonologischen Ebene sind in einem signifikanten Prozentsatz in Kombination mit myogenen (muskelfunktionellen) Komponenten zu beobachten. (Vgl. Literaturangaben am Ende des Beitrags: Codoni 1994, S. 74; Codoni 1995a, S. 17; Codoni 1996)

Sprachentwicklungs-, Sprach- und Sprechstörungen

Die Sprachentwicklung als Teil eines multifaktoriellen Geschehens, ist eingebettet in die Gesamtentwicklung eines Kindes. (Codoni 1995a, S. 16) Störungen der Sprachentwicklung sind die häufigsten Sprachbehinderungen im Vorschul- und Grundschulalter. (Codoni 1994, S. 69) Dies bestätigen auch die statistischen Erhebungen des LPD. Mit diesen Störungen sind Entwicklungsbeeinträchtigungen angesprochen, die möglicherweise nur *eine* Sprachebene betreffen, strukturell aber meist mehrere Sprachebenen (phonologisch, morpho-syntaktisch, semantisch, pragmatisch) betreffen. Sie treten, in unterschiedlicher Ausprägung, immer vergesellschaftet mit Störungen der Wahrnehmung, der Motorik, der Kognition und des psychosozialen Bereiches auf. „Im letzteren Fall soll von einer Sprachentwicklungsbehinderung gesprochen werden, wobei jedoch das zugrundeliegende Bedingungsgefüge offen bleibt." (Grohnfeldt, S. 65)

Logopä die und Angewandte Kinesiologie

Sprachstörungen haben einen bedeutend höheren Stellenwert bekommen. Die Bedeutung der nonverbalen Kommunikation und der Körpersprache als wesentlicher Begleiterscheinungen der verbalen Sprache wird zunehmend er- und anerkannt. Komplexere Klientelen, veränderte Umwelt- und Lebensbedingungen, Einschränkungen im Gesundheitswesen und Geldknappheit bedeuten für Logopäden auch veränderte Arbeitsbedingungen. Die Bandbreite der logopädischen, sprachheiltherapeutischen Arbeit hat eine deutliche Erweiterung erfahren, die zunehmend hohe Flexibilität der Therapeuten erfordert. Vieles ist in Bewegung – vieles bleibt offen. Herkömmliche Konzepte stoßen oft an Grenzen. Ähnlich dem Farnkraut schießen neue Methoden hervor und erweisen sich zum Teil als Silberstreifen am therapeutischen Horizont. (Codoni 1995b, S. 271)

Aus Sicht der Autorin bildet die Muskelfunktionstherapie (in den Anfängen von deutschen Kieferorthopäden und Zahnärzten, vor allem durch Daniel Garliner in Europa verbreitet und heute integrierter Bestandteil logopädischer Tätigkeit), die von einer sauberen ursachenbezogenen Diagnostik ausgeht und ursprünglich zur Behandlung orofacialer (die Mund- und Gesichtsmuskulatur betreffender) Muskelungleichgewichte entwickelt wurde, die Brücke zur klassischen Lehre der Bewegung. Diese wiederum bildet die Basis der von George Goodheart entwickelten Angewandten Kinesiologie (AK).

Das alte Grundprinzip pädagogisch-therapeutischer Intervention basiert auf dem harmonischen Zusammenspiel von Körper, Geist und Seele. Goodheart empfiehlt für jedes gesundheitliche Problem die Sichtweise der „Triad of Health" (Gerz, S. 4) und spricht vom mentalen, chemischen und strukturellen Bereich. Sprech-/Sprachstörungen und -behinderungen können zu gesellschaftlichen Problemen werden – fehlende verbale Kommunikationsmöglichkeiten können zu Isolation und zu psychischen Schwierigkeiten führen.

Die AK bietet durch ihre ganzheitliche Betrachtungsweise des Menschen ein sehr geeignetes Konzept, das in der Sprachheilarbeit bei der Behandlung von Sprach-/Lernstörungen und Legasthenie, Hyperaktivität und anderen funktionellen geistigen und bewegungskoordinativen Störungen zur Anwendung kommen kann. „Mit der AK läßt sich bei einer Vielzahl von Störungen, die auf falscher Koordination bzw. gestörter Verarbeitung von geistigen und körperlichen Impulsen beruhen, teilweise verblüffend einfach und erfolgreich Hilfe leisten ... Die AK und verschiedene durch sie abgeleitete Verfahren wie ‚Kinesiologie', ‚Touch for Health', ‚Edu-K', usw. zeigen so vielversprechende Ergebnisse, daß hier für die Zukunft vielleicht das breiteste Anwendungsgebiet liegt." (Gerz, S. 13)

Es muß sehr betont werden, daß Voraussetzung jeglichen therapeutischen Handelns eine fundierte – interdisziplinäre – Diagnostik ist.

Erfahrungen im Logopädischen Dienst

1. Kinesiologische Konzepte in der Einzeltherapie

Bei einem wesentlichen Teil der Klientel des LPD treten Sprech- und Sprachbehinderungen im Verbund mit funktionellen, oro-facialen Problemen auf. (Codoni 1996) Viele dieser Kinder weisen homolaterale Lernstrategien auf. Brain-Gym®-Übungen (Dennison) bieten sehr geeignete Möglichkeiten, Kinder als Einstimmung effektvoll für die logopädische/legatherapeutische Einzeltherapie vorzubereiten. Bei vielen Kindern mit Lese-Schreib-Problemen, ist es sinnvoll, vor Beginn einer Sprach- oder Legasthenietherapie die Dennison-Lateralitätsbahnung durchzuführen.

Damit können tatsächlich vorliegende Sprach- und Sprech-behinderungen ohne zusätzliche Blockaden und effizienter ange-gangen werden. Es muß jedoch mit aller Deutlichkeit festgehalten werden, daß Brain-Gym®-Übungen über eine längere Zeit regel-mäßig angewendet werden sollen, wie dies auch J. Donczik in seiner Studie aufgezeigt hat.

Im Verlaufe von sieben Jahren erarbeitete die Autorin ein körper-orientiertes Behandlungskonzept auf der Basis solcher neuerer physiologischer Konzepte, in welchem kinesiologische Strategien (u.a. Dennison, Mahony), myofunktionelle Therapie, viszerale Manipulation (= Arbeit am Bindegewebe) und Kraniosakral-Thera-pie in die „klassische" Logopädie integriert werden. Das heißt, die eine und/oder andere Therapie wird als eine basale Stimulation vor der logopädischen Behandlung angewendet. (Codoni 1995b) Damit sind sehr gute Erfolge auch beim mehrfach behinderten Kind zu erreichen. (Codoni 1993) Im Team mit Margriet de Wild, Physio-therapeutin und Kinesiologin in Basel, entstanden während dieser Zeit Verlaufsstudien mit körper- und mehrfachbehinderten Kindern, die in Videodokumentationen festgehalten sind. (de Wild/ Codoni)

Im Rahmen einer halbjährigen Studie mit komplementären The-rapiemethoden, welche der LPD im Frühjahr 1996 begann, werden u.a. Nutzen und Grenzen der Edu-K in der Sprachtherapie über-prüft.

2. Arbeit mit Lehrpersonal

Bedingt durch teilweise verblüffende Resultate im Rahmen der logopädischen Intervention unter Anwendung kinesiologischer Techniken (zum Beispiel TfH, Edu-K, Hyperton-X) und kurzer logopädischer Begleitung können Lehrer/innen mehr und mehr für solche neuen Strategien motiviert werden. Damit wird ein prophylaktischer Effekt erreicht.

Auf vielfältigen Wunsch werden durch den Logopädischen Dienst mehrere Einführungskurse in Teamteaching angeboten. (Die Autorin gibt sie zusammen mit einer Kinesiologin, die auch Lehrerin für Alexandertechnik ist.) Wesentliche Kriterien für die Kursleiterinnen sind gute methodisch-didaktische Kenntnisse. Nur damit kann das neue Wissen richtig „plaziert" und in den Unterricht umgesetzt werden. Lehrer/innen, die regelmäßig Brain-Gym®-, Streß abbauende und Energie fördernde Übungen im Unterricht anwenden, berichten von deutlich verbesserten Schulleistungen und erhöhter Konzentrationsfähigkeit der Schüler.

Auf Initiative des Logopädischen Dienstes unterrichteten während einiger Jahre Paul und Gail Dennison, Frank Mahony und Judy Sunny Mello in mehrtägigen Kursen interessierte Lehrer und Therapeuten. Seit einigen Jahren häufen sich Anfragen aus Lehrerkollegien und aus Logopädenkreisen in der Schweiz und Deutschland nach Workshops, die einen Überblick über verschiedene kinesiologische Richtungen geben, so daß die Wahl des im Moment in Frage kommenden Kurses erleichtert wird.

3. Kinesiologische Arbeit im Schulhaus (Pilotprojekt seit 1993)

Hervorgehend aus den ersten Einführungskursen und unter dem Patronat des LPD, mit Einwilligung des Erziehungsdepartementes, arbeitet seit Oktober 1993 eine Lehrerin, die sich u. a. vertieft in Edu-K (Instruktorin) und Touch for Health (Instruktorin), Hyperton-X, Three in One Concepts ausgebildet hat. Unterrichtsort ist ein Schulhaus in einem Quartier mit einem hohen Prozentsatz an Ausländerkindern. Die Therapeutin ist während durchschnittlich fünf bis sieben Lektionen pro Woche in den Unterricht dreier erster Klassen integriert. Die folgenden Ausführungen sind auszugsweise den an den LPD gerichteten Berichten entnommen. (Bürki/Mäder)

Folgende Arbeitsformen werden eingesetzt:

- Arbeit im Lehrer/innenteam
- Arbeit mit der ganzen Klasse
- Einzelarbeit mit Schülern während des Unterrichtes im Schulzimmer.

Folgende Förderaspekte sind in den Zielsetzungen der kinesiologischen Arbeit enthalten: Entwickeln eines Körperschemas, Orientierung im Raum, Aktivieren der perzeptiven Fähigkeiten, Festigen der koordinativen Fähigkeiten (auch fein- und grobmotorisch), Erhöhen der Leistungsbereitschaft, Verbessern der Konzentrationsfähigkeit, Streßabbau, Fördern des Selbstvertrauens und Wohlbefindens. Alle Schüler werden mit dem Heidelberger Intelligenztest abgeklärt.

In einer ersten Phase wird zum Beispiel in folgenden Teilbereichen gearbeitet: Lateralitätsbahnung zum Etablieren eines Überkreuzmusters, Übungen zur Förderung der auditiven und visuellen Wahrnehmung, Streßabbau auf verschiedene Laute, auf Sprechen und Lesen, Übungen an der *Liegenden Acht* u. a. zur Förderung der Rechts-links-Unterscheidung, Brain-Gym®-Übungen zur Förderung und Aktivierung von Haltung und Verhaltensdispositionen, Stärkung der Motivation, der Ausdauer und der schulischen Einstellung anhand von Zielbalancen.

In einer zweiten Phase wird, nach erneuter Überprüfung durch oben genannten Test, schwerpunktmäßig in folgenden Bereichen zusätzlich gearbeitet: Lateralitätsbahnung in Bezug auf spezielle Fertigkeiten, Streßabbau auf Sprechen und Lesen, Förderung des fließenden Lesens und der Sinnentnahme, Rechenbalancen zur besseren Orientierung im Zahlenraum bis 100, Unterstützung im Erlernen der Schulschrift und Schreibbalance zur Verbesserung des Schreibflusses, Fördern der Sozialkompetenz und der Konfliktbewältigungsstrategien anhand von Zielbalancen (u. a. Verbessern der Konzentrationsfähigkeit).

Die kinesiologische Unterstützung ermöglichte es, Lernstörungen und Lernblockaden auf Grund verschiedener Stressoren im gewohnten Raum des Unterrichtes sofort und effizient anzugehen.

Der hohe prophylaktische Wert der kinesiologischen Begleitung kann zu einem Teil der Einzelarbeit mit Kindern zugeschrieben werden. Eine enorme Wirkung zeigen jedoch auch die kinesiologischen Übungen, welche die Lehrkraft täglich mit der ganzen Klasse im Morgenkreis durchführt.

Als erstes Fazit des bis Sommer 1996 (nach Redaktionsschluß) laufenden Projektes kann festgehalten werden, daß aus diesen drei Klassen keine Kinder zusätzlich zur logopädischen Abklärung angemeldet werden mußten. Der jährliche Kostenaufwand für die Arbeit dieser Kinesiologin entspricht etwa den jährlichen Ausgaben für vier Einzeltherapien (= vier Kinder). In den Genuß dieser Förderung kamen jedoch Kinder aus drei ersten Klassen mit einer durchschnittlichen Klassenzahl von achtzehn Kindern. Diese Art von Förderung als integrierter Bestandteil des Unterrichtes erweist sich als besonders geeignete Fördermaßnahme in der integrierten Heilpädagogik.

Fazit

Kaum eine Methodik hat sich in der pädagogisch-therapeutischen Welt so schnell verbreitet wie die diversen Richtungen, die aus der Angewandten Kinesiologie entstanden sind. Der Qualitätssicherung der vielen Kursangebote muß künftig ein hoher Stellenwert eingeräumt werden. Wesentliches Kriterium ist auch hier eine entsprechend fundierte Ausbildung der Anwender.

Kinesiologische Konzepte sind sehr geeignet und eine Bereicherung der logopädischen und legasthenietherapeutischen Praxis; sie können diese zwar nicht ersetzen, jedoch möglicherweise verkürzen. Sie können auch nicht methodisch-didaktische und erzieherische Versäumnisse beseitigen. Publikationen aus dem Bereich der Sprachheilpädagogik (zum Beispiel Bergmann, Clausnitzer/ Donczik, Codoni, Sühnemann; vgl. S. 173–174) veranschaulichen interessante Möglichkeiten. In der täglichen Praxis zeigen sich durch diese Anwendungen immer wieder in kurzer Zeit frappante positive Veränderungen. (Codoni 1995b, S. 271 ff.) Die Einfachheit ihrer Anwendung und die unmittelbaren positiven Ergebnisse vermitteln schnell den Anstrich einer esoterisch aufgebauschten, wenig faßbaren und unseriös wirkenden Arbeit. Dadurch gerät sie nicht selten ins Kreuzfeuer der Kritik. (Codoni 1995a, S. 12-18)

Es kann nicht oft genug wiederholt werden, wie wichtig eine seriöse, gut fundierte Ausbildung und kontinuierliche Weiterbildung sind. Dies gilt sowohl für die Kursanbieter wie auch für die Ausführenden.

Es drängt sich auch auf, künftig auf breiter Basis Studien durchzuführen, die seriös wissenschaftlich ausgewertet werden und die erzielten Erfolge belegen.

Die Verbreitung und Unterstützung solcher Konzepte durch eine staatliche Stelle mit einem pädagogisch-therapeutischen Auftrag verlangt einen hohen Wissensstandard, Mut und fachliche Neugier, Durchstehvermögen und kooperative Behörden, die innovative Ansätze schätzen.

„Menschen besitzen ein natürliches Potential zum Lernen. Sie sind neugierig gegenüber ihrer Welt, wenn diese Neugier nicht durch Erfahrungen, die sie in unserem Erziehungssystem machen, abgestumpft wird. Sie sind in ambivalenter Weise begierig, sich zu entwickeln und zu lernen. Diese innere Kraft und dieser Wunsch zum Lernen, zum Entdecken, zur Erweiterung von Wissen, kann unter angemessenen Bedingungen freigesetzt werden." (Rogers)

Literatur:

Bergmann, August: *Kinesiologie*, Würzburg: 20. DGS-Arbeitstagung, 1992, S. 100–110

Bürki, Andrea/Mäder, Annemarie: *Interne Berichte über die kinesiologische Arbeit im Schulhaus* (1994, 1995)

Clausnitzer/Donczik, in: *Die Sprachheilarbeit* Nr. 3/1996, S. 147–162

Codoni, Susanne: „Artikulationsstörungen, die Spitze des Eisbergs ...", in: *Jahrbuch des Arbeitskreises für Myofunktionelle Therapie*, Freiersleben/Helms: Peter Lang Verlag, 1994, S. 67–76

dies.: „Bitte mit Fingerspitzengefühl – Angewandte Kinesiologie", in: *Forum Logopädie* Nr. 3/1995, S. 12–18

dies.: „Edu-K as basis for speech therapy with handicapped children", Case Study, Denver: Edu-K Foundation Gathering, 1993

dies.: „Ganzheitlich orientierte Sprachheilarbeit auf der Basis neuerer physiologisch orientierter Konzepte", in: *Die Sprachheilarbeit* Nr. 3/1995, S. 271-278

dies.: „Was hat Dennisons CORE-Übung mit Mundatmung und Sprechstörungen zu tun?" (= nachfolgender Beitrag im vorliegenden Buch!), Freiburg: VAK, 1996

de Wild, Margriet/Codoni, Susanne: „TfH in speech pathology and physical therapy as possibility in the treatment of handicapped children", Vortrag beim TfH-Kongreß in Las Vegas, 1993

Dennison, Paul und Gail: *Brain-Gym®-Lehrerhandbuch*, Freiburg: VAK, 1991

Donczik, Jochen: „Können edukinestetische Übungen (Brain-Gym®) Legasthenikern helfen?", in: *Die Sprachheilarbeit* Nr. 39 (297–305)

Gerz, Wolfgang: *Das ist Applied Kinesiology (AK),* Oberhaching: Gesundheits-Dialog Verlag, S. 4

Grohnfeldt, Manfred: *Störungen der Sprachentwicklung*, Berlin: Marhold, 1986, S. 65

Rogers, Carl R.: Zitat in: *Lehrbetriebe Basel: Konzept 2000*, Basel 1994

Sühnemann, H.: „Stottertherapie mit kinesiologischen Methoden", in: *Die Sprachheilarbeit* Nr. 6/1994, S. 376–383

Susanne Codoni:

Was hat Paul Dennisons CORE-Übung mit Mundatmung und Sprechstörungen zu tun?

Aus der Praxis – für die Praxis

„Sprachlicher Ausdruck ist abhängig von sprechmotorischer Leistung. In einem Zustand ausgeglichener Körperspannung funktionieren sprechmotorische Abläufe normal und frei, während bei gesteigertem oder verringertem Muskeltonus vorwiegend im Schulter-Hals-Bereich und bei nicht ausgereiften oder falschen, die Statik verändernden Bewegungsmustern, die Leistungsfähigkeit der Kau- und Sprechorgane sowie die gesamte Gesichtsmuskulatur beeinträchtigt ist." (Vgl. Literaturangaben am Ende des Beitrags: Blöcher)

Das Erscheinungsbild

Wer kennt sie nicht …,

… die Kinder mit der aufgeworfenen, wulstigen Unterlippe, dem stets leicht geöffneten Mund, oft erkältet, vielmals mit auffälliger Zahnstellung, mit gebeugter Haltung, Hände in den Hosentaschen und schlurfendem Gang?

… die Schulkinder mit schiefer, gekrümmter Haltung, mit den Füßen scharrend am Schülertisch sitzend, mit einem leicht verständnislosen und konzentrationsschwach wirkenden Gesichtsausdruck?

… die Jugendlichen und Erwachsenen auf der Straße, in der Straßenbahn, im Restaurant etc., mit Zahnspangen oder ungepflegten Zähnen, mit Mundgeruch, den Mund stets leicht geöffnet, die Lippen trocken und dicklich, die Aussprache undeutlich und verwaschen, die Stimme rauh, die Gesichtsmuskulatur schlaff, die Mimik gering – abgelöscht?

Wer kennt nicht die eigene persönliche Reaktion auf diese Menschen?

Es ist eine Tatsache, daß die Dyslalien (oder das Stammeln), welche alle falsch gesprochenen Laute und deren Verbindungen betreffen, im Vorschul- und Schulalter die am häufigsten auftretenden Sprechstörungen sind.

Obwohl bekannt ist, daß alle an der Lautbildung beteiligten Organe Sitz einer Störung sein können, hat die Erfahrung gezeigt, daß die am häufigsten auftretenden artikulatorischen Fehlleistungen zu einem sehr großen Teil auf myogene (muskelfunktionelle) Störungen zurückgeführt werden können. (Codoni 1994) Letzere können unter anderem Zeichen von verzögerter oder gestörter Entwicklung, von motorischer Ungeschicklichkeit (kongenitaler Dyspraxie oder angeborener Bewegungsschwäche) und/oder Mangel an auditiver Aufmerksamkeit sein.

Vor allem treten Sigmatismen (Lispeln) in Kombination mit Mundatmung, mit dem Vorstoßen der Zunge beim Sprechen und Schlucken, mit erhöhtem Speichelfluß und Anfälligkeit für Infekte der oberen Luftwege, mit einer schlaffen Körperhaltung oder Hyperaktivität signifikant gehäuft auf.

Reflexgeschehen und psychomotorische Entwicklung

Die statomotorische Entwicklung, das Reflexgeschehen und motorische Verhalten des Kleinkindes sind in diversen Fachbüchern eingehend beschrieben worden (Vojta/Peters und Flehmig): " ... der Reflex, sich auf eine zentrierte Art zu bewegen, entwickelt sich idealerweise, wenn das Kleinkind in den ersten Lebensmonaten Bewegungen erforscht ..., um Kontrolle über Schulter- und Hüftreflexe (in der Kinesiologie *Cloacles* genannt) zu erlangen, um sich auf den Rücken und später auf den Bauch drehen zu können. Diese Fähigkeit, sich umzudrehen (Stellreflexe), ist Voraussetzung für die spätere Entwicklung des inneren X, welches gegenüberliegende Hüften und Schultern verbindet. ... Später wird dies die Grundlage für leichtes Kriechen und Krabbeln sein ... Gehen und Laufen sind Manifestationen der Zentrierung in unseren Vorwärts-

bewegungen, und diese Geh- und Laufübungen sind die perfekte Übung für die Gehirnbalance." (Dennison)
(Vgl. Abbildung 1 am Ende des Beitrags, S. 182)

Zusammenhänge zwischen Form und Funktion

Die MFT (myofunktionelle Therapie) ist ein eng gefaßtes therapeutisches Konzept zur systematischen Behandlung von Schluck- und Muskelfunktionsstörungen im Gesichts- und Mundbereich sowie zur Behandlung von diesbezüglich verursachten Sprechstörungen.

Abbildung 2 zeigt das Modell des triangulären Gleichgewichtes nach Daniel Garliner. Es illustriert die Zusammenhänge zwischen den primären und sekundären Leistungen von Muskeln oder Organen samt ihrer Abhängigkeit von Form und Funktion im orofacialen Bereich (Gesicht und Mund). Sprechen als Sekundärfunktion ist abhängig von der Form (Kiefer/Zahnstellung), basierend auf der gut funktionierenden orofacialen Muskulatur als Primärfunktion.

Abbildung 3 zeichnet – auch als Dreieck dargestellt – das Prinzip der MFT auf. Abbildung 4 stellt mögliche Konsequenzen bei einer gestörten Muskelbalance dar.

Aus dieser Sicht betrachtet darf man die MFT als Basistherapie zur Korrektur mangelhaft funktionierender Muskeln bezeichnen, ja, sie als wesentliche Methode zur Behandlung oben genannter Sprechstörungen empfehlen.

Interessant ist die Querverbindung zu der von George Goodheart beschriebenen Triade der Gesundheit (Abbildung 5). (Codoni 1996)

Abbildung 6 stellt den Menschen schematisch als Perpetuum mobile in einem ursprünglich von Brodie entwickelten, durch Castillo-Morales modifizierten und von Codoni (1993, 1995) ergänzten Modell vor. Damit werden die Zusammenhänge zwischen Form und Funktion, bezogen auf den ganzen Körper, aufgezeigt, und es wird klar, daß beispielsweise Fehlstellungen im Kiefer oder im Becken den ganzen Menschen mehr oder minder beeinträchtigen können.

„Muskelfunktionen sind ohne Stützapparat nicht möglich, und Skelett, Bandapparat und Bindegewebe hängen in ihrer Entwicklung und Gesunderhaltung in hohem Maße von ihnen ab." (Vojta/Peters)

Konsequenzen

Gestützt auf die Darlegungen dieses Berichtes ist folgendes festzuhalten:

- Kinder mit eingangs beschriebenen Auffälligkeiten sind im Kindergarten und in der Schulklasse gehäuft anzutreffen.
- Muskelinsuffizienzen im Gesichtsbereich zeigen Auswirkungen nicht nur auf die gesamte Körperstatik, sondern auch auf die Konzentration und das Lernverhalten. Nicht zuletzt können sie für den Betroffenen selbst zu einem ästhetischen Problem werden.
- Eine unbalancierte, das heißt eine sich nicht im Gleichgewicht befindende Körperstruktur zieht mit großer Wahrscheinlichkeit die verschiedensten Schulschwierigkeiten nach sich.
- Lehrer/innen, Therapeuten/innen, Eltern, Schulkameraden (oder Kollegen) etc. reagieren oft spontan und unbewußt negativ auf solche Erscheinungsbilder.
- Verbale Aufforderungen an die Betroffenen, doch endlich den Mund zu schließen, gerade zu sitzen usw. nutzen sich ab – werden nicht mehr gehört.

Abbildung 7 zeigt die sich gegenseitig bedingende Form und Funktion auf, und – wer kennt sie nicht, diese Kinder …

Möglichkeiten

Aus dem breiten Spektrum der kinesiologischen Richtungen wird im folgenden eine Übung beschrieben und mit Fotos illustriert: Dennisons CORE.

to core = sich (innerlich) aufrichten

Dennison hat anläßlich eines seiner Sommerkurse in Basel (Brain-Gym® für schulische Fertigkeiten) mit seiner CORE-Übung eine sehr wertvolle, äußerst effiziente Vorgehensweise gezeigt. Sie läßt sich unmittelbar in die Praxis umsetzen, sobald der Anwender damit geübt hat.

Obwohl zu Recht immer wieder darauf hingewiesen wird, wie wichtig spezielles Wissen ist, läßt sich diese Übung – nach mehrjähriger Erfahrung der Autorin, die sie in allen möglichen Kontexten angewendet hat – tatsächlich ohne viel (theoretische) Vorkenntnisse sowohl in der Einzelarbeit (vom Ich zum Du) wie auch in der Gruppe (Klassenverband o. ä.) von einem Lehrer/Therapeuten, Elternteil oder von Kindern untereinander durchführen. Wesentlich für den Erfolg ist die Kontinuität der Anwendung.

Vorgehen

Für diese Übung werden beide Hände gebraucht. Der zu behandelnde Partner (Kind) steht so nahe vor dem Therapeuten (o. a.) oder seitlich, daß dieser ihn leicht mit den Händen erreichen kann. Mit behinderten Kindern kann diese Übung im Liegen oder Sitzen durchgeführt werden.

Die Berührung erfolgt mit der flachen Hand, und der anzuwendende Druck kann mit ungefähr 500 bis 1.000 Gramm (plus/minus) angegeben werden. Dennison empfiehlt etwa den gleichen Druck, wie man ihn beim Muskeltesten benötigt.

Die Hände werden an Schultern und Hüften des Partners an-/aufgelegt, sowohl homolateral als auch überkreuzt (vgl. Abbildung 8):

- auf der Vorderseite,
- auf der Körperrückseite
- Körpervorder- mit Körperrückseite kombiniert

Sobald ein leichtes Federn der berührenden Stelle, ein „Einrasten" erfolgt, wird (laut Dennison) nach weiterem dreimaligem Berühren die Position gewechselt.

Nutzen

In kürzester Zeit richten sich die Kinder durch das gezielte Berühren und das Stimulieren dieser Punkte auf – sie werden aus der Hüfte heraus stabiler, ihre Haltung wird aufrechter, die Konzentration richtet sich nach innen, der Augenausdruck wird wacher und der Mund schließt sich. Kinder, die homolateral organisiert sind, integrieren sich kurzfristig mit dieser Übung.

Fazit

Die beschriebene Übung ist schwerpunktmäßig der Vorbereitung, der „Grobmotorik" zuzuordnen. Sie ist nicht unmittelbar mit den die Kulturtechniken fördernden Brain-Gym®-Übungen verbunden.

In wechselnder Reihenfolge regelmäßig über eine längere Zeit durchgeführt – in der Einzelarbeit, in der Schule, zu Hause als Vorbereitung der Hausaufgaben –, erweist sie sich (bei geringem Zeitaufwand, maximal fünf Minuten), als motivierend und sehr geeignet zur Stabilisierung und Tonisierung, der momentanen Befindlichkeit, der inneren Ruhe und Ausgeglichenheit dienlich.

Auch wenn mit der oben beschriebenen Übung nur ein kleiner, wichtiger und aussagekräftiger Ausschnitt beleuchtet werden konnte, bewahrheitet sich erneut, was im Artikel „Möglichkeiten und Grenzen ..." (Codoni 1996) bereits dargestellt wurde, daß nämlich kinesiologische Konzepte – richtig und in geeignetem Moment angewandt – eine bereichernde, wertvolle Ergänzung und Erweiterung der Logopädie und des Schulunterrichtes bedeuten.

Literatur:

Blöcher, E.: „Beziehung zwischen Kieferanomalie, Sprach- und Lese- und Rechtschreibschwäche unter dem Aspekt einer motorischen Dysfunktion", in: *Die Sprachheilarbeit* Nr. 23, S. 121–132, 1978

Codoni, S.: „Artikulationsstörungen, die Spitze des Eisbergs einer komplexen Störung", in: *Jahrbuch des Arbeitskreises für myofunktionelle Therapie*, Freiersleben/Helms: Peter Lang Verlag, 1994, S. 67–76

Codoni, S.: „Ganzheitlich orientierte Sprachheilarbeit auf der Basis neuerer physiologischer Konzepte", in: *Die Sprachheilarbeit* Nr. 3, 1995, S. 271–278

Codoni S.: „Möglichkeiten und Grenzen kinesiologischer Verfahren ..." (= vorausgehender Beitrag im vorliegenden Buch!), Freiburg: VAK, 1996

Dennison, P., in: Kursunterlagen *Edu-Kinestetik für Fortgeschrittene,* Freiburg: IAK Institut für Angewandte Kinesiologie GmbH

Flehmig, I.: *Normale Entwicklung des Säuglings und ihre Abweichungen*, Stuttgart: Thieme, 4. Auflage 1987

Vojta, V./ Peters, A.: *Das Vojta-Prinzip*, Berlin: Springer, 1992

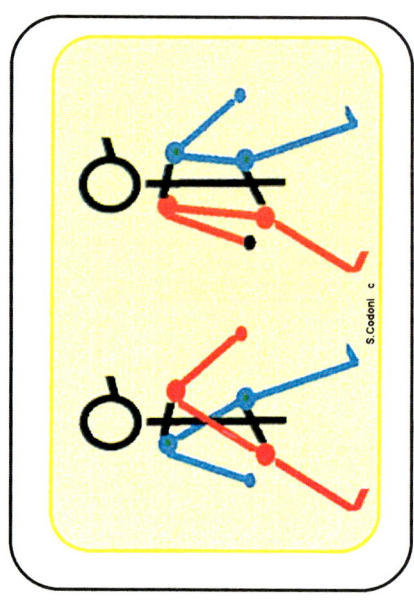

Abbildung 1

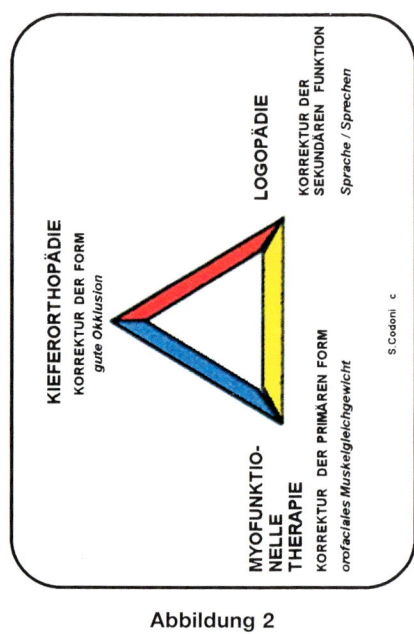

KIEFERORTHOPÄDIE
KORREKTUR DER FORM
gute Okklusion

LOGOPÄDIE
KORREKTUR DER SEKUNDÄREN FUNKTION
Sprache / Sprechen

MYOFUNKTIO-
NELLE
THERAPIE
KORREKTUR DER PRIMÄREN FORM
orofaciales Muskelgleichgewicht

S.Codoni c

Abbildung 2

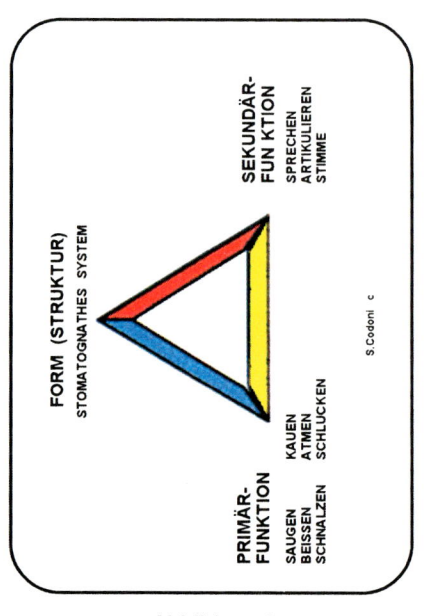

FORM (STRUKTUR)
STOMATOGNATHES SYSTEM

SEKUNDÄR-
FUN KTION
SPRECHEN
ARTIKULIEREN
STIMME

PRIMÄR-
FUNKTION
SAUGEN
BEISSEN
SCHNALZEN

KAUEN
ATMEN
SCHLUCKEN

S.Codoni c

Abbildung 3

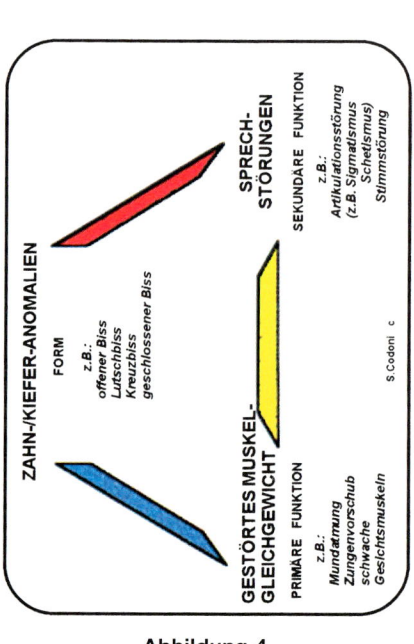

ZAHN-/KIEFER-ANOMALIEN

FORM
z.B.:
offener Biss
Lutschbiss
Kreuzbiss
geschlossener Biss

SPRECH-
STÖRUNGEN
SEKUNDÄRE FUNKTION
z.B.:
Artikulationsstörung
(z.B. Sigmatismus)
Schetismus)
Stimmstörung

GESTÖRTES MUSKEL-
GLEICHGEWICHT
PRIMÄRE FUNKTION
z.B.:
Mundatmung
Zungenvorschub
schwache
Gesichtsmuskeln

S.Codoni c

Abbildung 4

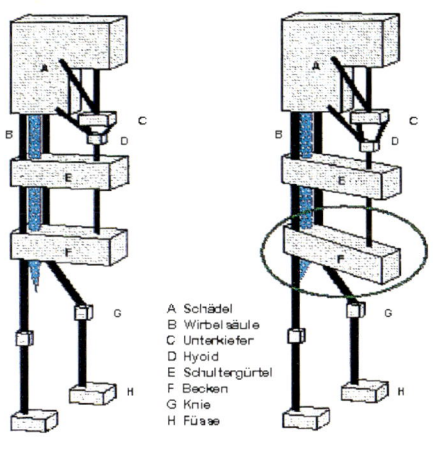

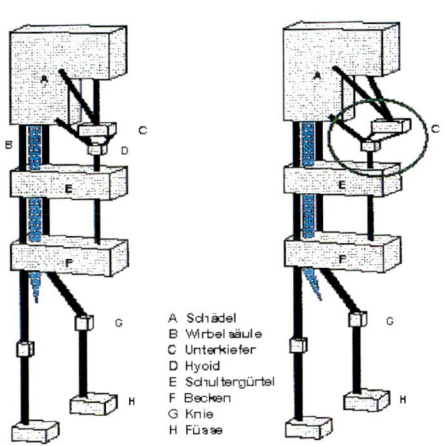

Abbildung 6 a + b

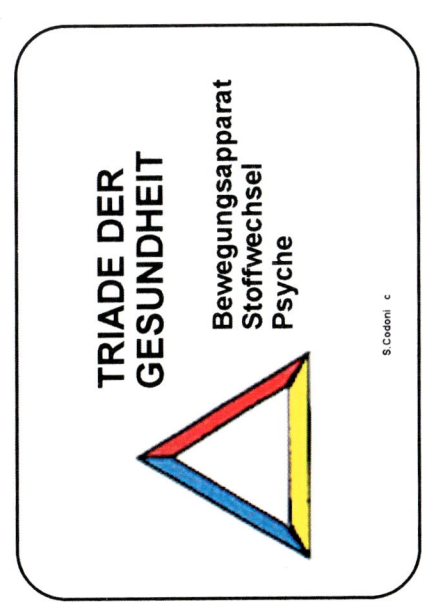

Abbildung 5

Abbildung 7

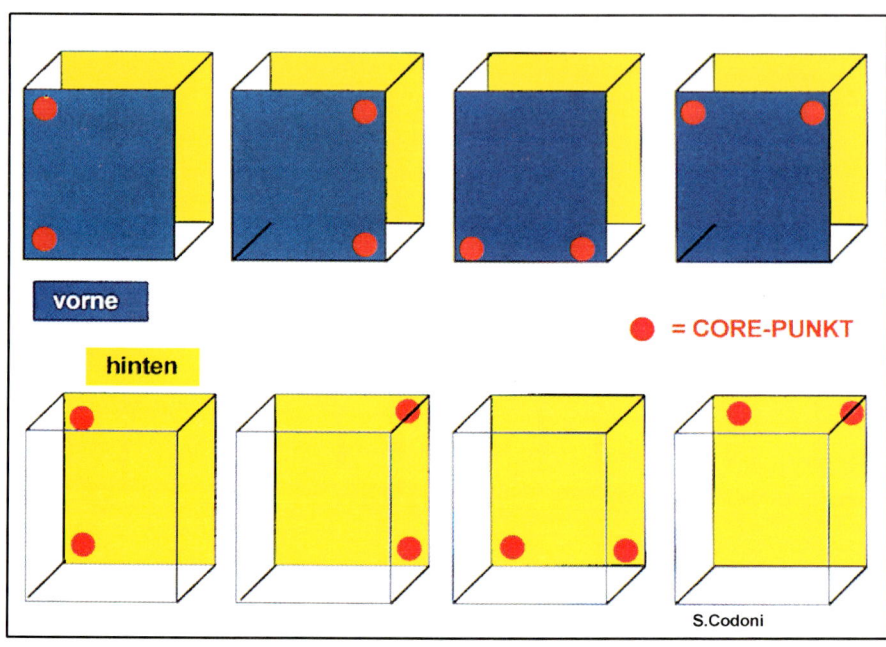

vorne

hinten

● = CORE-PUNKT

S.Codoni

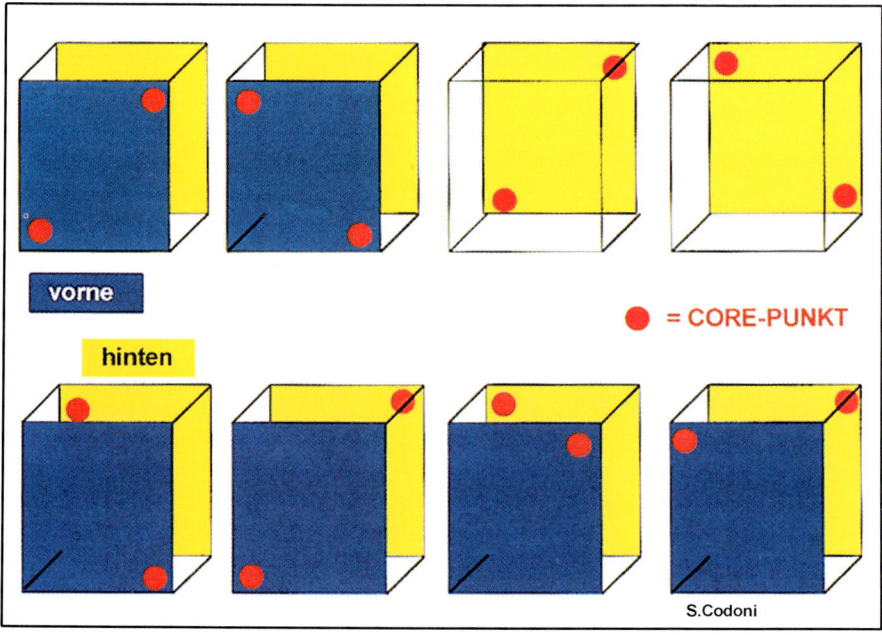

vorne

hinten

● = CORE-PUNKT

S.Codoni

Abbildung 8 a + b

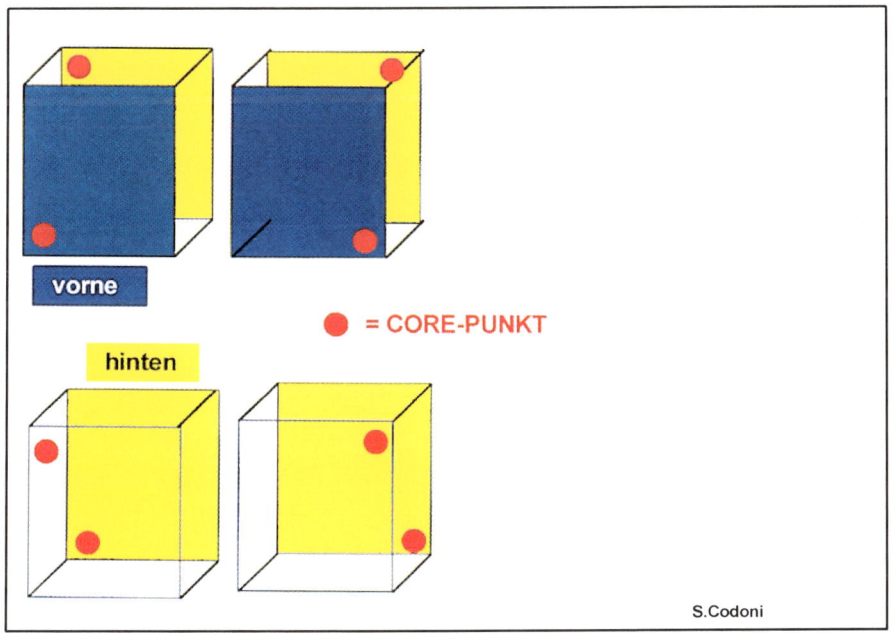

vorne

● = CORE-PUNKT

hinten

S.Codoni

Abbildung 8 c

Susanne Codoni bei der Kernmuskelaktivierung. Die Kinder lernen, diese Technik selbst auszuführen.

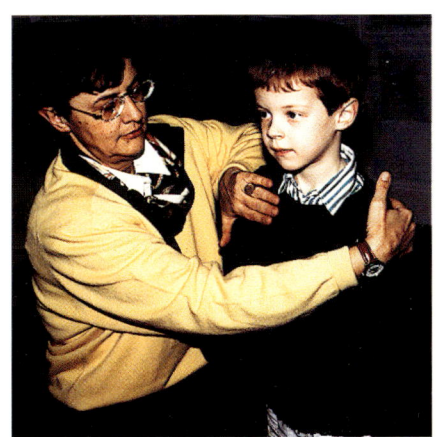

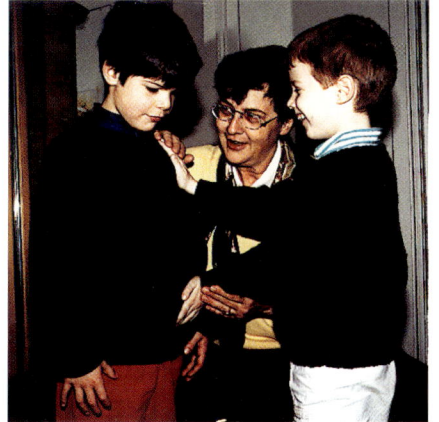

„Die Gespenster sind los ...": Das Obergespenst

„Die Gespenster sind los …": 1. Einheit, erster Arbeitsschritt

„Die Gespenster sind los ...": 2. Einheit

„Wir gehen auf Bärenjagd ...": Langes nasses Gras

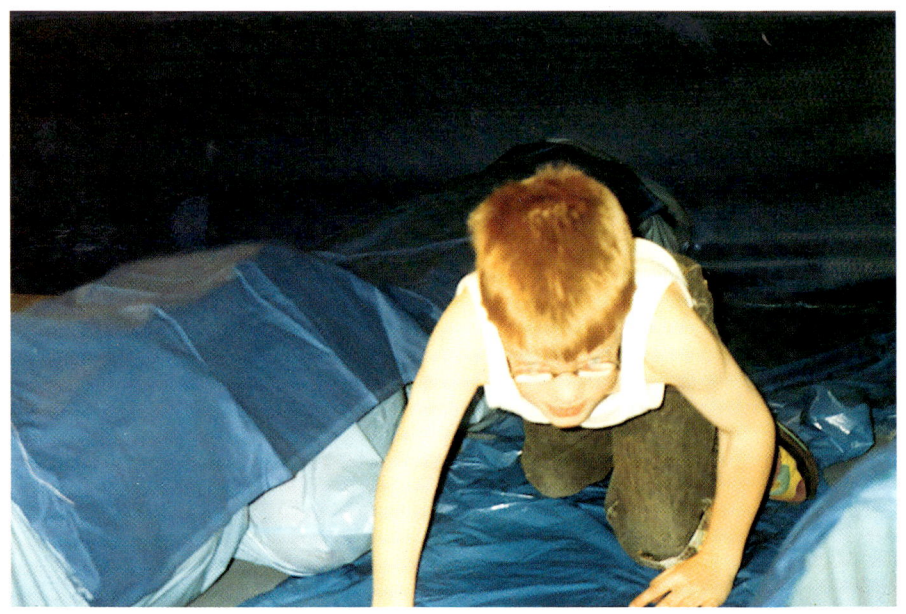

„Wir gehen auf Bärenjagd ...“: Nasser, kalter Fluß

„Wir gehen auf Bärenjagd ...“: Dunkle, finstere Höhle

„Wir gehen auf Bärenjagd . . .“: Matschiger, glitschiger Schlamm

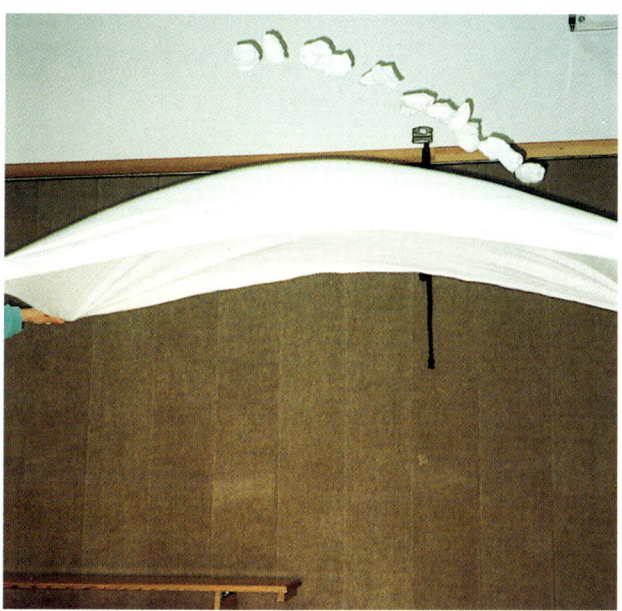

„Wir gehen auf Bärenjagd . . .“: Wirbeliger Schneesturm

Movement Dynamics: Übung „Sphären"

Movement Dynamics: Bauchatmung

Irmtraud Große-Lindemann:

Kinesiologie –
ein Weg in der Sprachtherapie

Meine Ausbildung zur Sprachheilpädagogin habe ich 1978 abgeschlossen. Im Schuldienst habe ich Sprachtherapie bei körperbehinderten Kindern und im Vorschulbereich gemacht. Anfangs konzentrierte ich mich auf das Einüben von Lauten. Ich merkte aber sehr schnell, daß das nicht der Kernpunkt einer Sprachbehinderung sein kann. Die Problematik der Kinder war komplexer und die sprachliche Äußerungsform „nur" ein Symptom. Daraufhin legte ich mehr Wert auf Wahrnehmungstraining, Hörtraining, Gleichgewichtsübungen. Aber auch damit blieb ich eher auf der Symptomebene, ohne die eigentliche Problematik zu ändern. Irgendwann wurde mein Hauptansatzpunkt die Psyche des Kindes. Wie ich dem Kind auf dieser Ebene tatsächlich helfen konnte, wußte ich aber nicht. Anschließend therapierte ich über grobmotorische Malbewegungen, weil mir aufgefallen war, daß Kinder mit einer bestimmten Sprechproblematik auch bestimmte Bewegungsabläufe nicht machen konnten.

Wie aber sollte ich herausbekommen, über welche Methode das Kind gerne eine Hilfe bekommen hätte? Ich wußte nicht, wo das tatsächliche Problem liegt, wenn das Kind zum Beispiel kein „sch" sprechen kann.

1. Sprachtherapie

Sprachtherapie gliedert sich für mich in drei Bereiche, die wiederum unterteilt werden:

- Logopädie: Lautbildung, Sprechbewegung, Satzbau
- Psychologische Beratung: Lernberatung, Elternberatung, Umwelt ändern
- Wahrnehmungstraining: akustische Differenzierung, Gleichgewicht, Bewegungswahrnehmung

Das Kind kommt mit seinem Problem in die Sprachtherapie. Wir nehmen von dem Problem die Sprachbehinderung wahr, wissen jedoch nicht, wofür sie ein Ausdruck ist. Sprachbehinderung also als Hilfeschrei des Kindes.

Die Sprachentwicklung wird von vielen Komponenten beeinflußt. Und die Sprachproblematik wird auch durch viele Komponenten aufrechterhalten. Nur: Bei welcher Komponente braucht das Kind *vorrangig* Hilfe?

2. Kinesiologie als Hilfe

Mit der Kinesiologie bekam ich ein Werkzeug in die Hand, das mir hilft, das Körperbewußtsein des Kindes zu fragen, wo konkret, jetzt im Moment, eine Hilfe notwendig ist. Um die Komponente zu finden, an der vorrangig gearbeitet werden soll, habe ich eine Übersicht gemacht, die die verschiedenen Sprachbereiche darstellt. Ganz grob kann man sagen: Sprechen beginnt mit dem Hören, das Gehörte wird verarbeitet, und die Sprechmotorik formt dann das, was wir sagen wollen. Differenzierter gesehen stellt sich dies so dar:

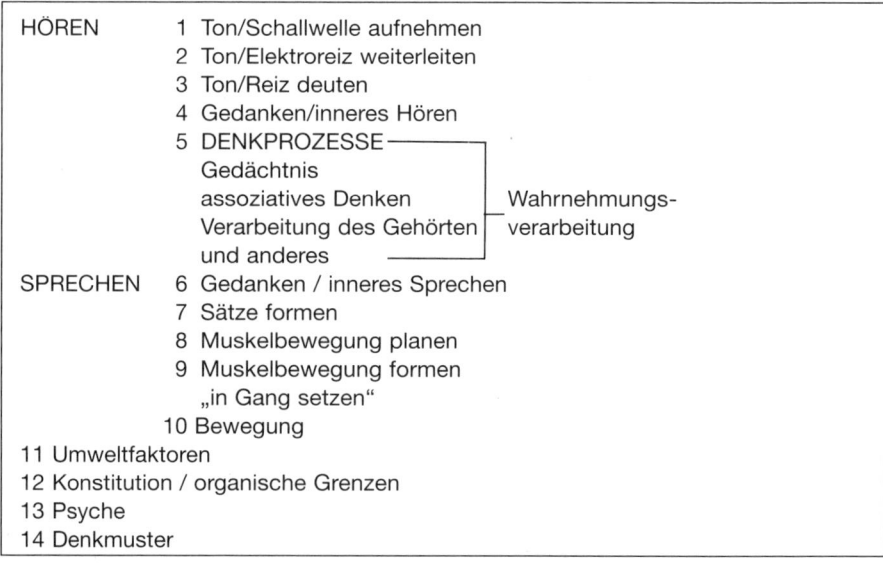

Abbildung 1

194

Diese Grafik benutze ich, um über den Muskeltest das jeweilige Thema für die Therapiesitzung zu identifizieren.

In meiner kinesiologischen Ausbildung habe ich zwei unterschiedliche Ansatzpunkte kennengelernt:

1. Edu-Kinestetik und Brain-Gym® von Paul Dennison. Für ihn ist es wichtig, mit dem Kind ein Ziel herauszuarbeiten, welches das Kind erreichen will und aufgrund von Streßblockaden nicht anstreben kann.
2. Applied Physiology (AP) von Richard Utt. Er geht vom momentanen Streß aus, der aktiv ist, wenn ich an das Thema denke, und der durch bestimmte Techniken verstärkt aktiviert wird. Diesen Streß versucht er so exakt wie möglich zu formulieren. Er grenzt den Punkt ein, der das Weiterlernen blockiert.

Im Klassenverband und in der Einzeltherapie an einer Schule für sprachbehinderte Kinder arbeitete ich mit Brain-Gym®, einer Methode, die mir und den Kindern Spaß machte. In der Sprachtherapie mit geistig Behinderten war die Umsetzung der Brain-Gym®-Übungen sehr schwierig und die Zielformulierung von seiten der Kinder gar nicht möglich. AP vereinfachte die Arbeit und machte sie effektiver. Ich konnte das Thema eingrenzen und über das Akupunktursystem ausbalancieren. Anfangs dachte ich, daß dieser Weg für die Kinder zu langweilig sei, wurde aber eines Besseren belehrt.

Im folgenden möchte ich den Weg beschreiben, über den ich heute mit sprachbehinderten, lernblockierten oder seinsblockierten Kindern arbeite. Es ist eine Methode, die mir dazu dient, das Thema möglichst genau einzukreisen, möglichst genau zu provozieren. Es ist keine Balancemethode. Nachdem der Streß genau genug aktiviert ist, folgt eine beliebige Balance, das heißt ein Menü nach Brain-Gym® oder, wie ich es tue: Methoden der AP.

3. Ablauf einer Sitzung

Ich beschreibe hier den Verlauf einer Sitzung, zu der das Kind mit einem *umfassenden* Thema gebracht wird und bei der es nicht an einem *konkret* faßbaren Streß arbeiten möchte. Wir beginnen mit

Small talk, ohne bestimmte Themenstellung. Für mich ist es wichtig herauszufinden, womit das Kind sich gerade beschäftigt und was für die Sitzung wichtig sein könnte.

Nach den energetischen Vorbereitungen auf das Muskeltesten frage ich über den Muskeltest, ob wir zusammen kinesiologisch arbeiten dürfen. Dann geht es darum, das Thema zu ermitteln. Ich benutze dazu die Grafik (Abb. 1). Sie hilft mir, alle an der Sprachbildung beteiligten Bereiche zu berücksichtigen. Habe ich den im Moment wichtigsten Bereich gefunden, beginne ich, ihn zu differenzieren. Zum Beispiel: Um welchen Wahrnehmungsbereich handelt es sich genau?

In der Voraktivität aktivieren wir das Streßthema über Handlungen. Mir ist es wichtig, den Kernpunkt des Stresses auszubalancieren; aus diesem Grunde suche ich den Gehirnbereich, der energetisch mit dem momentanen Streß zu tun hat.

Jetzt folgt die Balance. Ich benutze zum energetischen Ausgleich die Methoden aus der Angewandten Physiologie von R. Utt. Das Kind führt dann die zu Beginn der Sitzung ertesteten Übungen erneut aus. Wir nehmen den Unterschied wahr. Zeigt der Muskel noch Streß an, folgt eine weitere Balance; sonst teste ich unterstützende Übungen für zu Hause aus, damit die neu gebahnte Fähigkeit eingeschliffen und gefestigt wird.

4. Therapieverlauf von Dieter

Im folgenden möchte ich einen fiktiven Therapieverlauf darstellen. Dieter kommt in die Sprachtherapie, weil er kein „sch" sprechen kann. Er ist sieben Jahre alt, auf mich wirkt er eher wie ein Vierjähriger. Die Handmotorik ist plump, undifferenziert, sein Gang schwerfällig. Dieter sitzt mir mißtrauisch, ängstlich gegenüber. Er wirkt traurig. Dieters Mutter erzählt, daß er keine Lust habe, zur Schule zu gehen, und immer wieder Streit mit anderen Kindern habe.

Erste Sitzung

In der ersten Sitzung erkläre ich, was Kinesiologie ist, daß ich mit dem Muskeltest arbeite und daß ich über den Muskeltest mit dem

Körper spreche, um das Körperbewußtsein zu fragen, wo er eine Hilfe braucht. Des weiteren, daß es um eine Balance geht, daß ich einen Weg suche, um dem Körper/Kind zu helfen, den nächsten Schritt zu tun, damit Dieter lernt, das „sch" so zu sprechen, wie es im deutschsprachigen Raum üblich ist.

Nach den einführenden Erklärungen zu meiner Arbeitsmethode suche ich das für die erste Sitzung wichtigste Thema. Ich nehme mir die Grafik (Abb. 1) zu Hilfe, damit ich keinen Sprachbereich vergesse. Über Muskeltesten finden wir heraus, daß wir am Sprachbereich 1: Ton/Schallwelle, arbeiten sollen. Aber um welchen Bereich der Schallaufnahme geht es? Zum einen ist da der anatomische Bereich. Ich nehme mir ein Bild vom Aufbau des Ohres und teste.

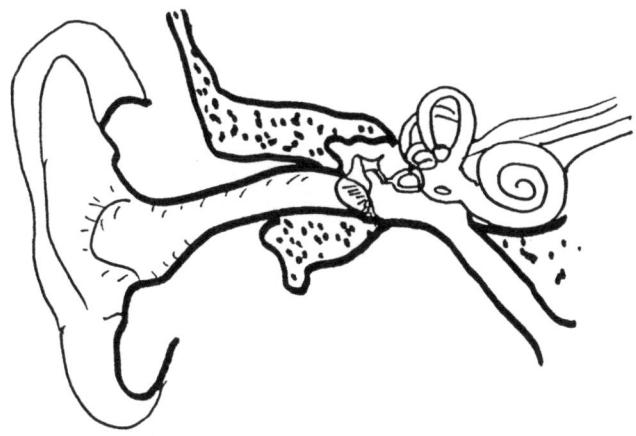

Abbildung 2: Das Ohr

Bei Dieter geht es nicht um eine energetische Blockade in der Ohrphysiologie. Ich suche weiter. Schallaufnahme hat auch mit der Aufnahme von Geräuschen, Tönen, bestimmten Tonfrequenzen, Lauten ... zu tun. Der Muskeltest gibt den Hinweis, daß es um die Schallaufnahme eines bestimmten Lautes geht. Wieder benutze ich eine Tabelle, um möglichst schnell den gewünschten Laut zu finden.

Vokale:	ɑː, ɑ, a
	Vorderzungenvokale mit Lippenspreizung: eː, e, ɛ, ɛː, iː, i, ɪ
	Vorderzungenvokale mit Lippenrundung: øː, ø, œ, yː, y, ʏ
	Hinterzungenvokale mit Lippenrundung: oː, o, ɔ, uː, u, ʊ
	Diphthonge: ae, ao, ɔø, ui, oa
Konsonanten:	Nasale: m, n, ŋ
	Explosivlaute: p, b, t, d, k, g
	Reibelaute: f, v, s, z, ʃ, ʒ, ç, j, x
	Liquide: Zäpfchen-r, Zungenspitzen-r
	Konsonantenverbindungen: pf, ps, pʃ, ts, tʃ, dʒ, ks, kv
	Achtung: Konsonanten werden in Abhängigkeit zum folgenden
	Vokal gebildet! Zum Beispiel: Mond – Mann – Mähne

Abbildung 3

Nachdem ich den genauen Streßpunkt kenne, reize ich diesen Bereich mit einer Übung. In diesem Fall sage ich den Laut „sch" ins rechte Ohr, ins linke Ohr, von oben, … ich sage verschiedene Silben, in denen der Laut vorkommt, … ich sage Wörter, in denen der Laut vorkommt (im Anlaut, Inlaut, Auslaut). Immer wenn der Arm nachgibt, weiß ich, daß ich einen Streßbereich gefunden habe, der mit Dieters Problem zu tun hat. Alle Streßbereiche, die der Muskel angezeigt hat, speichere ich im Verweilmode ab.

Nachdem der Körper mir signalisiert hat, daß der Streß genau genug definiert ist, geht es an die Balance. Ich selbst benutze zur Balance die Applied Physiology von Richard Utt. An dieser Stelle kann aber jede andere Balancemethode eingesetzt werden. Die Balancen aus Brain-Gym®, Edu-Kinestetik für Fortgeschrittene und aus One Brain haben sich als nützlich erwiesen.

Ist im Balancebereich alles abgearbeitet und zeigt kein Streß mehr an, aktiviere ich das Thema erneut. Das Kind hört wieder den Laut alleine, in Silben, in Wörtern, von rechts, links usw. Bleibt der Muskel jetzt stark, weiß ich, daß das System keinen Streß mehr mit dieser Herausforderung hat. Zeigt der Muskel zum gleichen Thema erneut an, mache ich eine weitere Balance darauf.

In unserer fiktiven Sitzung geht es anschließend noch um die akustische Unterscheidung von „s" und „sch". Vielleicht kann

Dieter das „sch" nicht sprechen, weil die akustische Verarbeitung des Lautes blockiert ist und für ihn „s" und „sch" gleich klingen?

Eventuell teste ich noch Hausaufgaben aus, damit Dieter das jetzt streßfreie Thema üben kann.

Zweite Sitzung

Dieter kommt zur zweiten Sitzung. Wir unterhalten uns etwas und testen noch einmal das Thema der letzten Sitzung nach. Dann gehe ich wieder in die Grafik (Abb. 1) und suche den Problembereich, in dem wir weiterarbeiten dürfen. Der Muskel zeigt bei 10 = Bewegung an. Bewegung bei der Sprachausgabe bedeutet Bewegung der Sprechmotorik, das heißt der Kehl-kopf-, Zungen- oder Gesichtsmuskulatur. Geht es um einen spezifischen Muskel, der Dieter beim Sprechen Streß macht? (Hierbei stütze ich mich auf entsprechende Abbildungen aus der Fachliteratur, zum Beispiel: Feneis, H., *Anatomisches Bildwörterbuch*, Stuttgart: Thieme, 1988.)

Oder ich teste erneut die Lauttabelle (Abb. 2) durch, um zu schauen, mit welchem Laut Dieter beim Sprechen Probleme hat.- Bei Dieter zeigte das „m" an. Ich frage mich jetzt: Was hat das „m" mit seinem hörbaren Problem „sch" zu tun? Wenn der Muskeltest mich auf Dinge hinweist, die nicht direkt mit dem Sprachproblem des Kindes zu tun haben, lasse ich meine Phantasie spielen. Was hat „m" mit „sch" zu tun? Ich komme dabei zum Beispiel auf Mundmotorik und denke, daß Dieter eventuell Streß mit dem Lippenringmuskel hat. Ich lasse ihn das „m" sprechen als Laut, in verschiedenen Silben, im Wort (An-, In-, Auslaut), und frage dann, ob die Lippenmotorik noch mit anderen Lauten provoziert werden soll. Wenn ich alles, was der Körper mir zum Thema 10 = Bewegung anzeigt, abgespeichert habe, gehe ich zur Balance über.

Zum Abschluß der Sitzung reize ich die angezeigten Streßbereiche erneut und teste für Dieter unterstützende Übungen aus, mit denen er daheim das neue, jetzt streßfreie Bewegungsmuster einüben kann.

Dritte Sitzung

In der dritten Sitzung geht es dann vielleicht um 14 = Denkmuster. Der Kreis um den Ablaufplan in Abb. 1 beinhaltet Faktoren, die die Sprachfunktionen beeinflussen. Einer davon sind die Denkmuster, Glaubenssysteme oder Ideen des Unbewußten.

Die AIZ (Allgemeine Integrations-Zone) ist unser Selbstbildzentrum, das Zentrum des Ego (Ich) und daher der Sitz unserer Glaubenssysteme und unseres Selbstvertrauens. Ihre Aufgabe ist es, gespeicherte Erfahrungen mit aktuellen Empfindungen zu verbinden und daraus den 'besten Weg' zu finden, um zu reagieren. (Vgl. Stokes/Whiteside, *One-Brain-Workshop-Buch*, S. 23) Die Denkmuster sind der mentale Motor unseres Handelns. Sie entstehen oft in frühester Kindheit, leben in uns als „Definition" weiter und beeinflussen unser Handeln, auch wenn ihr Inhalt schon längst überholt ist. Bei Dieter zeigt das Denkmuster „Ich kann nicht sprechen" an. Die Altersrezession führt uns in sein drittes Lebensjahr. Vielleicht hat damals jemand zu ihm die Bemerkung gemacht: „Du kannst ja nicht mal sprechen." Ich weiß es nicht, wie Dieter zu dem Glaubenssystem kam. Es wird höchste Zeit, es durch den Satz „Ich kann sprechen" zu ersetzen.

„Ich kann sprechen" ist hier nicht als Zielsatz zu deuten, sondern als innere Überzeugung. Solange das Kind davon überzeugt ist, nicht sprechen zu können, wird es sich selber immer wieder beim Spracherwerb blockieren. Aus diesem Grunde ist es wichtig, solche blockierenden Denkmuster aufzudecken und auszubalancieren.

Denkmuster, die oft bei sprachbehinderten Kindern integriert werden müssen, sind erfahrungsgemäß folgende:
Ich …
Ich will …
Ich darf …
Ich kann …
und zwar in Verbindung mit:

… sprechen, meine Meinung sagen, sprechen lernen, fließend sprechen, mich bewegen, frei atmen, lernen.

Auch das Sabotageprogramm (aus dem Kurs PKP III) ist ein wichtiges Thema in der Sprachtherapie. Beim Sabotageprogramm geht es um Denkmuster, die das Lernen, Werden und Sein sabotieren. Zum Beispiel kann es sein, daß Klienten auf den Satz integriert werden müssen: „Ich habe ein Recht auf mein Leben."

Bei der Arbeit an Denkprozessen frage ich ebenfalls nach dem dazugehörigen Gehirnbereich (NMK). (NMK = Neuro-Meridian-Kinestetik, ein von der Autorin entwickeltes kinesiologisches System, welches ein gezieltes Ansteuern von sechzehn Gehirnbereichen und weitere Differenzierungen über das Akupunktursystem ermöglicht. Es baut auf Richard Utts System *Applied Physiology and the Brain* auf.) So bekomme ich einen Hinweis, welcher Gehirnbereich konkret durch diese Art des Denkens blockiert wurde.

Vierte Sitzung

In der vierten Sitzung zeigt zum Beispiel 13 = Psyche an. Hier geht es um bestimmte Situationen. Es können zum Beispiel Situationen sein, in denen Dieter das „sch" noch nicht benutzt, obwohl er es „normalerweise" schon sprechen kann.

Zeigt 13 = Psyche an, muß der Therapeut seine Fähigkeiten einsetzen, um genau einzugrenzen, ob es um Angst, zurückgehaltene Wut, Depression geht. Entsprechend ist zu korrigieren.

In dieser Sitzung mit Dieter führt uns der Muskeltest zum Thema „Angst". Er traut sich endlich, zu erzählen, daß er nicht gerne in die Schule geht, weil ein Klassenkamerad ihn „immer ärgert". Dieter sagt, daß ihn „niemand mag". Dieses Bild, das Dieter von sich hat, wird zum Inhalt der Balance. Hinzu kommt Dieters Streß im Umgang mit anderen Kindern.

Fünfte Sitzung

In der fünften Sitzung führte uns der Muskeltest in der Grafik der Sprachbereiche (Abb. 1) zu 5 = Denkprozesse, in einer weiteren Differenzierung zu den „Wahrnehmungsbereichen". Hier geht es darum, den gestreßten Wahrnehmungsbereich zu finden, zu reizen und auszubalancieren. In der folgenden Tabelle befinden sich die

wichtigsten Wahrnehmungsbereiche mit Beispielen für die dazugehörigen Funktionen.

Über den Muskeltest finden wir den Wahrnehmungsbereich, der
genauer angesehen werden soll. Wir testen aus, welcher Aspekt
dieses Bereiches im Moment Priorität hat. Dann provoziere ich den
Bereich mit speziellen Übungen:

Beispiel: optisch – Helligkeit
   Ich lasse das Kind hell-dunkel oder extrem hell (Neonlicht)
   anschauen. Bei einem Kind fanden wir über diesen Weg heraus, daß es Angst vor Dunkelheit hatte. Das war ein Auslöser
   für sein interdentales Lispeln.

Wahrnehmungsbereiche:	
olfaktorisch	(riechen)
optisch	Helligkeit, Farben, Richtungssehen, Figur-Grund, Erfassungsspan-ne, Schattierung, Tiefe, Perspektive, Muster, Umrisse, Bedeutung, Labyrinth, Linien folgen, Augenstellung
akustisch	Tonhöhe, Tonart, Obertöne, Harmonie, Geräusche, Bedeutung, Figur-Hintergrund
gustatorisch	bitter, sauer, salzig, süß
Gleichgewicht	Drehbewegung, vor-zurück, seitwärts, hoch-runter
somästhetisch	Schmerz, Temperatur warm-kalt, Körpertemperatur
taktil	Berührung, Druck, tiefer Druck, Vibration
kinästhetisch	Muskellänge, Sehnenspannung, Gelenkstellung und Lage-empfinden, Stellungssinn, Kraftempfinden, Bewegungssinn

Abbildung 4

Beispiel: akustisch – Tonhöhe hören
   Ich lasse das Kind bestimmte Tonhöhen anhören (Audio-
   meter, DSG 2001). (Eventuell kann das Kind „k" und „t" nicht
   unterscheiden, weil es mit bestimmten Frequenzbereichen
   Streß hat.)
   Ich lasse das Kind herausfinden, welcher von zwei Tönen der
   höhere war, oder ob die beiden Töne gleich hoch waren.

Bei Dieter zeigt „kinästhetisch" an. Jetzt teste ich weiter, um den Streßaspekt genau herauszufinden. Es geht um Lageempfinden. Hierbei geht es darum, daß wir ein Gefühl für die Lage einer Körperteils haben, ohne zu sehen, wo er ist. Bei Dieter geht es um das Lageempfinden der Zunge. Dieter soll spüren, wo die Zunge im Mund anstößt, er soll mit der Zunge einem Spatel folgen, er soll die Zunge nach „oben" ... bewegen. Auf diese Handlungen machen wir dann die Balance.

Denkprozesse sind ein unbegrenztes Thema. In der fünften Sitzung geht es hier um den Unteraspekt Wahrnehmungsbereiche. Geht es ein andermal zum Beispiel um den Unteraspekt Sprachverarbeitung, so gehört dazu: Erlernen von ... / Gedächtnis für ... / Zugriff auf ... / Benutzen von: Lauten, Lautfolgen, Wörtern, Semantik (Bedeutung der Wörter), Sprachverständnis, Grammatik: Einzahl-Mehrzahl, Zeiten, Artikelgebrauch (bestimmte/unbestimmte), Adjektivgebrauch, Bilden von Nebensätzen.

Geht es unter 5 = Denkprozesse um Gedächtnis, kann man differenzieren nach: Lautgedächtnis, Wortgedächtnis, Kurzzeitgedächtnis, Bewegungsgedächtnis usw.

Ausblick

Ich habe fünf Sitzungen aus der Therapie mit Dieter beschrieben. Dieter kam fünfzehnmal zur Sprachtherapie. Nach der Sitzung war meistens kein direkter Fortschritt festzustellen, außer daß der Muskel jetzt auf das Thema stark testete. Im konkreten Alltag von Dieter aber hat sich viel geändert. Sein Gesichtsausdruck ist strukturierter geworden, die Handmotorik differenzierter, seine Körperhaltung selbstbewußter, er hat Spaß daran zu sein. Strahlend erzählte er mir Erlebnisse mit seinem neuen Freund. Es war schön, diese Veränderungen zu erleben. Daß er jetzt das „sch" benutzt, ist dabei fast nebensächlich, obwohl es für die Eltern der Anlaß war, mit Dieter eine Therapie aufzusuchen.

5. Einsatz bei anderen Sprachbehinderungen

An der Arbeit mit Dieter, einem stammelnden Kind, habe ich einen Sprachtherapiebereich genauer beschrieben. Kommt eine stotternde Person in die Sprachtherapie, ist der Ablauf der gleiche. Ich suche über Muskeltest in der Grafik (Abb. 1) das Thema, an dem zuerst gearbeitet werden soll. Nachdem ich lange Jahre die Ursache des Stotterns in der Psyche gesehen habe, hat mich der Muskeltest eines Besseren belehrt. Ebenso wichtig wie das Arbeiten an Denkmustern und Streßsituationen war die Arbeit an reaktiven Sprechmuskeln und das Ausbalancieren sprachspezifischer Gehirnbereiche und des Corpus callosum, der Verbindung zwischen der rechten und linken Großhirnrinde.

Auch bei dysgrammatisch sprechenden Kindern ist der schematische Ablauf gleich. Die Denkmuster lagen jedoch mehr im Bereich: „Ich will erwachsen werden." – „Ich übernehme die Verantwortung für mein Handeln." Hier liegen die Sprachbalancen mehr auf der Sprachhirnebene.

In der Sprachtherapie mit geistig behinderten Kindern nahm die Arbeit an der Sprachhirnebene einen großen Raum ein, aber auch die Balance der unterschiedlichsten Wahrnehmungsbereiche.

Die Wichtigkeit von Wahrnehmungsbereichen lehrte mich die Arbeit mit Nina, einem sechsjährigen Mädchen. Nina ist geistig behindert und konnte zu Beginn der Therapie ihre Sprechmotorik nur undifferenziert benutzen, sie sagte nur wenige Worte. Die Grobmotorik war sehr eingeschränkt. Sie hatte Schwierigkeiten, beim Gehen das Gleichgewicht zu halten. Hand- und Armbewegungen führte Nina plump und undifferenziert aus. Nina kam zu mir in die Sprachtherapie, um sprechen zu lernen. Über den Muskeltest, in diesem Fall über Surrogat, fragte ich Nina, an welchem Bereich sie gerne arbeiten möchte. Über ein halbes Jahr, einmal pro Woche, wollte Nina am Wahrnehmungsbereich „Gleichgewicht" arbeiten, Gleichgewicht unter den verschiedenen Aspekten: sich schnell hinauf- bzw. herunterbewegen, sich drehen, den Kopf nach unten hängen lassen usw. Nach einem halben Jahr konnte Nina die Handmotorik besser einschätzen, sie konnte strukturierter und mit Gleichgewicht gehen, und sie begann deutlich, Wörter und dann auch Sätze zu benutzen. Für mich war es ein Beispiel, wie durch Gleichgewichtsbalancen die innere Stabilität angesprochen wird und damit auch die Möglichkeit, Sprache zu bilden.

6. Arbeit mit Legasthenikern

Als ich dann mit Legasthenikern arbeitete, war es hilfreich, die Grafik (Abb. 1) auf Schreiben zu übertragen:

SEHEN	20	Augen auf den Gegenstand einstellen
	21	Gesehenes wird in Elektroreiz umgewandelt
	22	Seheindruck wird weitergeleitet
	23	Seheindruck wird gedeutet
	24	Gedanken/inneres Sehen
VERARBEITUNG	25	DENKPROZESSE Gedächtnis zum Beispiel für Buchstaben, Reihenfolge und anderes
SCHREIBEN	26	Gedanken / inneres Sprechen
	27	Sätze formen
	28	Muskelbewegung planen — Sprechmuskulatur — Schreibmuskulatur
	29	Muskelbewegung formen „in Gang setzen"
	30	Bewegung/Schreibvorgang

Abbildung 5

Auch wenn wir nicht laut sprechen, wird die Sprechmuskulatur angesprochen. Wir sprechen innerlich mit, und beim innerlichen Sprechen, geht die Sprechmotorik (unbemerkt) mit.

Dies ist ebenfalls ein Beispiel dafür, daß jeder Verarbeitungsschritt mit allen anderen in einer ständigen Rückkopplungsschleife verbunden ist.

Das bedeutet: Es kann zum Beispiel 4 = Gedanken / inneres Hören als Thema anzeigen, aber auch die Verbindung zwischen zwei Themen, zum Beispiel 4 = Gedanken in Bezug zu 11 = Psyche. Wie beeinflußt das innere Hören die Psyche? Oder: Wie beeinflußt die Psyche das innere Hören?

7. Muskeltesten – eine Sprache für Sprachlose?

Zum Schluß möchte ich noch einen Themenbereich der Sprachtherapie anschneiden, mit dem ich in der Arbeit mit geistig behinderten Kindern konfrontiert wurde: Der Muskeltest kann als

„Sprache" benutzt werden, wenn das Kind nicht in der Lage ist, „ja" und „nein" deutlich zu machen.

„Der Körper lügt nicht", sagt John Diamond; folglich kann ich über Ja-nein-Fragen mit dem Kind kommunizieren. Sagt mir der Muskeltest jedoch wirklich die Wahrheit? Jeder Mensch möchte selber entscheiden, was er seinem Gegenüber sagen will, und diese Freiheit sollte ein geistig Behinderter ebenfalls haben. Hat er die Freiheit, wenn ich mit dem Muskeltest arbeite? Sagt der Muskeltest wirklich die Wahrheit? Ich stelle die Frage, und der Muskeltest antwortet mit „ja" bzw. „nein", indem er bei „ja" einrastet bzw. bei „nein" anzeigt. Aber ob es wirklich die genaue Antwort auf meine Frage ist, sei dahingestellt.

Tester, Surrogat und Kind bilden eine energetische Einheit, und diese energetische Einheit gibt über den Muskeltest eine energetische Antwort. Es gibt aber viele Aspekte, die die Energien zum Zeitpunkt des Testens beeinflussen:

• Vorstellungen des Testers
• Vorstellungen der Surrogatperson
• Streß beim bzw. mit dem Muskeltesten
• Kind denkt gerade an eine Streßsituation
• Kind will sich nicht mitteilen und blockiert

Die Reihe ist beliebig fortzusetzen. Wenn der Muskeltest von so vielen Aspekten abhängt, kann ich ihn dann überhaupt als Kommunikationsmittel benutzen? Ich meine: Ja! Jedenfalls sagt mir das meine Erfahrung. Über den Muskeltest bekomme ich einen entscheidenden Hinweis, einen Hinweis, der mir oft hilft, das Kind anders zu verstehen, einen Hinweis, wie die Antwort sein könnte. Und diesen Hinweis sollten wir ernstnehmen, gerade bei Kindern, die sich in keiner Weise mitteilen können.

Was ist jedoch zu beachten, wenn ich den Muskeltest als Kommunikationsmittel benutze?

1. Der Tester sollte eine fundierte Ausbildung in Kinesiologie haben, um auf Erfahrungen mit dem Muskeltesten zurückgreifen zu können, damit der Muskeltest nicht als bloßes Ja-nein-Werkzeug mißbraucht wird.

2. Tester, Surrogat und Kind sollten energetisch ausgeglichen sein.
3. Ist das Kind bereit, über Muskeltest zu kommunizieren? Eine ernstgemeinte Frage. Zeigt der Muskel an, arbeite ich nicht weiter!
4. Ist das Kind bereit, mit diesem Tester und diesem Surrogat über Muskeltest zu kommunizieren, oder möchte es andere Personen dabei haben?
5. Ist das Kind bereit, zu diesem Thema etwas mitzuteilen?
6. Wer formuliert die Fragen? Tester oder Surrogat?
7. Wie sollen die Fragen formuliert werden? Als Du-Fragen: Hast du Schmerzen? Als Ich-Statement: Ich habe Schmerzen?
8. Die innere Einstellung von Tester und Surrogat sollte geprägt sein von Einfühlung in das Kind, tiefem Interesse am Kind, Achtung, Ehrfurcht vor dem Sein des Kindes; und sie sollte völlig frei sein von eigenen Vorstellungen, Erwartungen, Neugier, Ausfragenwollen, „Wissenwollen".

Neben einer Ja-nein-Kommunikation kann das Kind sich mit Hilfe des Muskeltests auch über Themen mitteilen, zum Beispiel mit Hilfe von

- Körperscanning
- Verhaltensbarometer
- Motivationskarten
- Affirmationslisten zu Bachblüten, Meridianen, u. a. m.
- selbst formulierte Listen.

Ganz gleich, was bei dieser Art der Kommunikation mitgeteilt wird: Es ist immer nur ein Hinweis auf das, was die Person bewegen könnte, und nicht „die" Wahrheit. Dennoch ist mir dieser Hinweis eine so wichtige Aussage, daß ich den Muskeltest als Grundlage für meine Kommunikation mit Personen verwende, die sich sprachlich nicht artikulieren können.

Im folgenden ein Beispiel, wie einem Kind mit dieser Methode geholfen werden konnte. In einer Sprachtherapiesitzung wollte Erika „nicht arbeiten". Sie wollte uns jedoch etwas sagen. Erika ist stark körperbehindert und kann nicht sprechen. Nicht einmal „ja" und „nein" kann sie deutlich machen.

Wir klärten, ob Erika die begleitende Person und mich als Gesprächspartner akzeptierte. Da sie uns durch den Muskeltest schon deutlich gemacht hatte, daß sie uns etwas mitteilen wollte, brauchten wir diese Frage an dieser Stelle nicht erneut zu klären. Auf die gleiche Art zeigte Erika, daß der Tester die Fragen formulieren solle, und zwar so, als würde er die Fragen an sie direkt richten. Erikas Antworten erfolgten dann über den Ja-nein-Muskeltest mit Surrogat. Nach einigem Hin und Her wußten wir, daß Erika uns sagen wollte, warum sie so schlecht schlafen könne. Sie hatte Schmerzen. Über Körperscanning (eine Methode aus *One Brain* 1) fanden wir einen Punkt am Fuß.

Als die Bezugsperson dann Erikas Nachtschiene kritisch ansah, stellte sie eine scharfe Kante fest, die leicht zu glätten war.

9. *Fazit*

In meiner Arbeit als Sprachheilpädagogin verwende ich den Muskeltest, wie dargestellt, in zweierlei Hinsicht. Zum einen für eine gezielte und differenzierte Eingrenzung des Problemthemas mit der dazugehörigen Balance, und zum anderen als Kommunikationsmittel mit sprachlosen Personen.

Um in dieser Art die kinesiologischen Techniken in der Sprachtherapie einsetzen zu können, ist jedoch ein großes Hintergrundwissen erforderlich. Ich muß wissen, was Sprachbehinderung ist, das heißt, ich brauche eine logopädische Ausbildung. Zum anderen ist umfangreiches kinesiologisches Wissen notwendig, um verantwortungsbewußt und effektiv kinesiologisch zu arbeiten (zum Beispiel Kursinhalte aus Edu-K für Fortgeschrittene, Advanced One Brain). Für eine wesentlich differenziertere Arbeit im Wahrnehmungsverarbeitungs- und im Bewegungsmusterbereich sind allerdings die Kursreihen Neuro-Meridian-Kinestetik und Applied Physiology zu empfehlen und erforderlich.

Renate Wennekes, Regina Padberg:

Edu-Kinestetik: Hilfe beim Lernen und Behalten

Möglichkeiten und Grenzen der Arbeit mit Edu-K in der Schule

„Wenn ich nicht mehr weiterkomme, dann mache ich meine Hopser." Diese Aussage eines Jungen aus einer zweiten Klasse war für mich (Regina Padberg) ein Schlüsselerlebnis in meiner Anfangszeit mit Edu-Kinestetik in der Schule. Ich hatte verschiedene Sachen ausprobiert, mit dem Ziel, den Kindern für ihren Lernprozeß Verantwortung zuzugestehen, sie mehr einzubeziehen mit ihren Voraussetzungen und Problemen. Diese Übungen waren ein auch im Klassenverband praktikabler Anfang in diese Richtung. Die Edu-Kinestetik half mir und den Kindern, Schule spannend zu machen. Nervenaufreibende Kämpfe um Disziplin und Ordnung verringerten sich, und besonders für die schwächeren und zurückhaltenderen Kinder wurde es leichter, sich im Unterricht einzubringen. Es verbesserten sich auch die Leistungen; auffallend war dies bei Klassenarbeiten, beim Lesen und Rechnen.

Der Erfolg war beeindruckend. Im Laufe der Zeit tauchten bei einigen Kindern die alten Schwierigkeiten wieder auf. Dies machte mir deutlich, wo und wie ich weiterarbeiten konnte; das heißt, ich wählte jetzt bei einigen Kindern gezielter Übungen aus, Übungen, die ihren individuellen Problemen entsprachen. Was bei allen Kindern aber neben der Lernverbesserung in jedem Fall blieb, war eine gute Grundstimmung, Freude an der Bewegung und die Motivation herauszufinden, warum Probleme vorhanden waren.

Erstaunt war ich über die Reaktion im Kollegium. Ein Teil machte sich lustig. Es gab auch Ablehnung und Unwillen. Nur wenige waren bereit, sich meine Arbeit wirklich anzusehen.

Seit circa zehn Jahren beziehen Lehrerinnen und Lehrer besonders in den Grund- und Sonderschulen die Edu-Kinestetik mit in den Unterricht ein. Die meisten von ihnen haben diese aus den USA stammende Methode in Privatseminaren oder Volkshochschulkursen kennengelernt. Mehr und mehr bieten auch die einzelnen Schulämter Fortbildungsveranstaltungen zum Thema Edu-Kinestetik an, da ein großes Interesse von Seiten der Lehrerschaft an diesen Kursen besteht. Es hat sich herumgesprochen, daß die Edu-Kinestetik wertvolle Hilfe und Unterstützung bei der Bewältigung von Lernproblemen und Denkblockaden bieten kann. Es gibt viele positive Reaktionen, die zur Verbreitung der Methode führen, aber auch Kritik und Ablehnung.

Die Wurzeln und die Entstehungsgeschichte der Edu-Kinestetik

Die Edu-Kinestetik wurde von dem Pädagogen Dr. Paul Dennison in den siebziger Jahren in den USA entwickelt. Sie begeistert durch ihre Vielseitigkeit, die Einbeziehung verschiedener Ansätze und Methoden und die Offenheit für neue Erkenntnisse und Forschungsergebnisse. Als Sonderschullehrer und später als Leiter eines Legastheniezentrums beschäftigte Dennison sich mit der Erforschung der den Problemen der Kinder zugrunde liegenden Störungen. Dabei setzte er sich mit den wissenschaftlichen Erkenntnissen der Gehirnforschung, der Lerntheorie, Lernpsychologie und der Pädagogik auseinander. Er stellte neue Thesen über Ursachen von Lernstörungen auf und entwickelte daraus seine eigene Theorie, nämlich die der Energieblockaden des Gehirns und der Sinne. Im nächsten Schritt suchte er nach Möglichkeiten, diese Energieblockaden aufzuheben. Hierbei griff er zurück auf seine pädagogischen Erfahrungen im Unterricht mit lernschwierigen Kindern und in der Zusammenarbeit mit der Optometrie, den sensomotorischen Übungsverfahren und mit der Angewandten Kinesiologie.[1]

In Zusammenarbeit mit zahlreichen Menschen – Kindern und Erwachsenen, die Lernprobleme hatten – erprobte Dennison seine Methode. Er überprüfte mit dem Muskeltest[2] aus der Angewandten

[1] Vgl. hierzu Dennison: *Brain-Gym®-Lehrerhandbuch,* S. 8-11
[2] In diesem Zusammenhang ist auch der Ablauf der Arbeit mit dem Muskeltest von Bedeutung; vgl. dazu Wennekes/Stiller in: Döring, S. 208-211

Kinesiologie und mit dem Noticing seine Theorie über Lernblockaden und arbeitete an deren Auflösung über Bewegungsübungen.

Der Muskeltest und das Noticing[3] waren den Hilfesuchenden
und ihm selbst eine wichtige Richtschnur, um Veränderungen zu
spüren und einzuleiten. Danach wurde beobachtet, inwieweit die
Aufhebung der Lernblockade auch faktisch das Lernen erleichter-
te, ob zum Beispiel das Vorlesen wirklich besser wurde. Im nächsten Schritt verifizierten die Hilfesuchenden selbst im Alltag, inwieweit sich ihr Lernverhalten veränderte, und unterstützten diese
Veränderungen durch Bewegungsübungen.

Der Fortschritt und der Erfolg wurden bei weiteren Treffen über-
prüft und vervollständigt, solange dies für den Lernprozeß des
Betreffenden förderlich war. Über diese Erfahrungen wurde die
Methode der Edu-Kinestetik ausgebaut. Es zeigte sich im Laufe der
Zeit, daß die Hilfe auch auf andere Lebensbereiche übertragbar
war. Dieser Prozeß des Ausprobierens und Forschens hält bis
heute an. Jeder, der mit Edu-Kinestetik arbeitet, sei es mit sich
selbst oder mit anderen, ist Teil dieses Prozesses.

Ziele und Vorgehen der Edu-Kinestetik

Die Edu-Kinestetik hat zum Ziel, bei Kindern und Erwachsenen die
Bereitschaft zum Lernen neu zu wecken und die Freude daran zu
erhalten.

Entsprechend dem lateinischen *educare*, was soviel heißt wie
herausführen, liegt das Hauptaugenmerk der Edu-Kinestetik
darauf, die beim einzelnen vorhandenen Fähigkeiten und Probleme
herauszuführen, um dem individuellen Lernprozeß gerecht zu werden. Im Mittelpunkt steht das Individuum, seine ganz spezifischen
Lernvoraussetzungen, seine persönliche Lerngeschichte und sein
individuelles Umfeld. Dabei hilft die Bewegung, die Kinästhetik, das
heißt die Lehre von der Bewegungsempfindung. [Die einge-
deutschte Methodenbezeichnung Edu-Kinestetik lehnt sich in der
Schreibweise bewußt an das amerikanische Original an. Anm. des
Verlags]

---

[3] Beim Noticing beobachte ich mein inneres und äußeres Gleichgewicht bei bestimmten
Aufgaben, in bestimmten Situation. Ich erspüre meine Energie. Es ist eine Methode aus der
Edu-K, die in Seminaren praktisch geübt wird.

Kinder lieben Bewegung und sind immer in Bewegung. Über das Ausprobieren, Begreifen, Erlaufen, Riechen, Schmecken, Fühlen erobern sie die Realität. Schon in der Schwangerschaft entwickelt sich das Wahrnehmungssystem durch Erfahrung und insbesondere durch Bewegung sowohl der Mutter als auch des Ungeborenen selbst. Für uns Menschen als „zu früh Geborene"[4] bleibt Bewegung auch nach der Geburt der entscheidende Motor für den Aufbau unserer Fähigkeiten und die Vernetzung des Gehirns.[5]

In der Schule haben Bewegen und Ausprobieren wenig Platz. Hier bedeutet Lernen: still sitzen, verbalen Ausführungen folgen und in vorgegebenen Bahnen denken. Als Erwachsene haben wir häufig vergessen, wie wichtig Bewegung für unser Wahrnehmungssystem ist – obwohl jeder von uns spürt, wie gut ein Ballspiel oder ein ausgedehnter Waldspaziergang ist.

Bewegung bedeutet auch Bewegung im Gehirn: die Fähigkeit, Ideen zu haben und umzusetzen, Vorschläge zu hören und zu überdenken, neue Sachen auszuprobieren, wach zu sein, sich einzubringen, die Chance zu haben, einen eigenen Standpunkt zu vertreten und ihn auch infragezustellen. Das Gehirn muß genau wie die Muskeln in unserem Körper trainiert werden, sonst veröden die Bahnen, das Gedächtnis läßt nach, die Gedankenleistung verarmt.

Die Edu-Kinestetik ist keine Unterrichtsmethode im engeren Sinne. Mit Edu-Kinestetik lernt man zum Beispiel nicht das Lesen, sondern arbeitet an den Voraussetzungen für das Lesenlernen. So zum Beispiel bei den Augenbewegungen, insbesondere dem Fixieren, dem Überschreiten der Mittellinie, dem Zuhören, dem Hören der eigenen Stimme und dem inneren und äußeren Gleichgewicht. Der Leselernprozeß wird vorbereitet, und während des Prozesses wird darauf geachtet, daß die Lernsituation so gestaltet ist, daß sie für den Lernenden möglichst angenehm ist, er sich wohl fühlt und gut zurechtkommt.

---

[4] Die meisten Säugetiere sind bei der Geburt in der Lage, sich fortzubewegen und sich selbständig zur Nahrungsquelle – der Brust der Mutter – hinzubegeben. Menschliche Säuglinge sind erst nach etwa neun Monaten, mit dem Krabbeln, in diesem Stadium. Vgl. Zimmer, K.

[5] Zum Zusammenhang zwischen Bewegung und Gehirnentwicklung vgl. u.a.: Doman

Das PACE ist hierfür ein gutes Beispiel. Die Abkürzung PACE bedeutet (wörtlich übersetzt) soviel wie Schritt oder Tempo. Diesem Konzept liegt die Idee zugrunde, daß jeder Mensch sein eigenes Tempo und ein Recht auf seinen individuellen Lernweg hat. Nur wenn die jeweiligen Bedingungen und Voraussetzungen berücksichtigt werden, kann Lernen für den einzelnen erfolgreich und förderlich sein.

Ist der Lernende an einem dieser Punkte unsicher, ist es zunächst einmal wichtig, die Ursache zu erforschen und sich bewußt zu machen, was ihn vom Lernen abhält. Häufig reicht die Beschäftigung mit diesen Fragen schon aus, um sich für den Lernprozeß zu öffnen. Die Lernbereitschaft kann darüber hinaus noch durch eine speziell für den Lernenden passende Bewegungsübung unterstützt werden und/oder durch eine Balance.

Wesentliche Aspekte der Balance

Die Balance[6] – ein einzigartiger Dialog mit unserem Körper – über die Beobachtung der Muskelreaktionen in bestimmten Situationen und zu bestimmten Themen drückt sich in der Edu-K durch verschiedene Aspekte aus:

1. das Brain-Gym® zur Unterstützung der Sinne und der Koordination im Körper bzw. im Gehirn;
2. die Schulung der Wahrnehmung über das Noticing, den Muskeltest, den hohen/niedrigen Gang und die verschiedenen Dimensionen;
3. das Verankern von Lernerfahrungen, das heißt die positive Verstärkung über das Noticing und den Muskeltest.

In jeder edu-kinestetischen Zusammenarbeit – einer Balance – werden fünf Lernschritte berücksichtigt:

1. Lern-PACE

Klärung der Zusammenarbeit und der Bereitschaft zum Lernen. Edu-kinestetische Übungen und Balancen werden im Einver-

---

[6] Das Wissen zum Balancieren kann nur unter praktischer Anleitung in Kursen erworben werden. Eine gute Zusammenfassung zum Balanceprozeß geben Wennekes/Stiller in: Döring, S. 214-217

ständnis miteinander durchgeführt. Die Verantwortung bleibt beim Lernenden. Dies ist besonders deutlich beim Muskeltest: Er kann nur durchgeführt werden, wenn der andere bereit ist, zu halten und nachzugeben.

2. Ziel-PACE

Klärung des Ziels. Nur wenn ich mir klar bin, was ich erreichen möchte, was wesentlich für mich ist, kann ich gezielt lernen. Ein gutes Beispiel dafür ist, wie schnell Kinder ihre Hausaufgaben machen, wenn sie etwas Schönes vorhaben, und wie lange es dauert, wenn sie ziellos sind.

3. Voraktivität

Klärung der Voraussetzungen. Wo liegt das Problem? Was wurde schon gelernt? Welche Bereiche des Körpers (der Sinne, des Gehirns, der Muskeln) sind bereit zusammenzuarbeiten, sind blockiert oder abgeschaltet? Wo und wie sind meine Widerstände?

4. Aktivierung

Der Lernprozeß findet statt. Beschäftigung mit dem Thema mit allen Sinnen und mit Bewegung, Zulassen von neuen Ideen, Überdenken von Vorschlägen, Verstehen der Situation und des Stoffes.

5. Nachaktivität

Verinnerlichung, Übertragung, Verankern, vertiefende Übungen für zu Hause mit dem Ziel, den Stoff zu behalten, mit dem zu vergleichen, was ich weiß, und das zu spüren, was ich schon gelernt habe. Als letzter Schritt ist das Gelernte in den Alltag zu übertragen.

Eine Balance, die diese fünf Schritte enthält, beginnt mit den individuellen Voraussetzungen des einzelnen für das Lernen und paßt das Lernen diesen Möglichkeiten an.

Möglichkeiten der Edu-K in der Schule

Die Edu-Kinestetik stellt einen Weg dar, das Leben und Lernen mit allen Sinnen auch für die Schule zu verwirklichen. Der Prozeß der

Wahrnehmung, die Arbeit des Gehirns beim Denken und Erinnern, der Aufbau und die Funktion der Sinnesorgane brauchen Training und Aufmerksamkeit. Die Sinne anzuregen und in den Schulalltag mit einzubeziehen ist ein wichtiges Anliegen der Edu-Kinestetik. Die Übungen sind einfach und im Schulalltag wie auch zu Hause umsetzbar. Auch die Informationen zum Lernen, wie die Modelle hoher/niedriger Gang, die Funktionsaufteilung in den Gehirnhemisphären, das Modell der drei Gehirne und ihre Bedeutung für den Lernprozeß, die Bedeutung der sieben Dimensionen für das Lernen und das Konzept von Lernen und Bewegung sind leicht verständlich. (Die Edu-Kinestetik wird in international standardisierten Ausbildungskursen gelehrt.) Die leichte Verständlichkeit des edukinestetischen Ansatzes regt Lehrpersonen und Eltern an, sich weiter zu informieren und nachzudenken bzw. nachzufragen bei eigenen Lernproblemen und denen der Kinder.

Edu-Kinestetik begeistert viele Lehrerinnen und Lehrer, weil sie oft zum ersten Mal spüren, daß sie Möglichkeiten gefunden haben, mit Lernstörungen wirklich umzugehen. Sie können tatsächlich helfend eingreifen, was zu einer augenblicklichen Erleichterung des Schulalltags führt. Nervenaufreibende Kämpfe um Disziplin und Konzentration werden weniger, Kinder mit Lernproblemen können ihre Leistungen verbessern, ohne aus dem Klassenverband ausgegrenzt zu werden. Edu-K kann helfen, schwerwiegende Lernstörungen aufzudecken. Lehrern fehlt oft ein Instrumentarium, mit dem sie auch im Klassenverband Lernprobleme genauer bestimmen können. Wenn zum Beispiel Übungen zu den Augen, Ohren und zur Koordination zu schwierig sind, kann das ein Zeichen sein, daß die Kinder therapeutische Hilfe von außen brauchen.

Viele behaupten, der Erfolg der Edu-Kinestetik liege in der Zuwendung, die die Schüler und Schülerinnen durch die Methode erfahren. Dieses Argument müßte dann allerdings auch für jede Art von Nachhilfe oder Einzelförderung gelten. Die Kinder spüren, daß sie durch die Erklärung ihrer jeweiligen Problematik ernstgenommen werden, daß ihre Lehrerin Möglichkeiten anbieten kann zu helfen, daß sie selbst etwas für sich tun und daß sie letztlich mehr Verantwortung für ihr eigenes Leben übernehmen können.

Trotz umfassender Informationssysteme (Schule, Zeitung, Fernsehen, Volkshochschule ...) wissen Kinder oft genausowenig wie Lehrer und Eltern, was eigentlich beim Lernen passiert. Informationen über das Lernen regen die Eigenaktivitäten, das Selbstvertrauen und die Eigenverantwortung an: Ich kann etwas tun und bin meinem Versagen nicht hilflos ausgeliefert. Wenn ich zum Beispiel Schwierigkeiten habe beim flüssigen Lesen, und ich finde heraus, daß meine Augen bei der Bewegung von links nach rechts springen anstatt zu gleiten (winzige Sprünge sind normal, können mit dem bloßen Auge auch gar nicht gesehen werden), dann kann ich die Augenbewegung trainieren.

Eltern werden mit den Lern- und Verhaltensproblemen der Kinder konfrontiert und sind genauso hilflos wie die Lehrerinnen und Lehrer. Pädagogische Elternabende sind selten, und die Zusammenarbeit zwischen Elternhaus und Schule beschränkt sich häufig auf Probleme. Die Unsicherheit der Eltern den Erziehungs- und Schulproblemen gegenüber wirkt sich auch auf die Sicherheit der Kinder aus. Die Edu-Kinestetik bietet eine Möglichkeit, mit den Eltern ins Gespräch zu kommen und sie am Lernprozeß ein wenig teilhaben zu lassen. Ein Achten und Eingehen auf mögliche elterliche Bedenken, das Angebot, daß sie dabei sein können im Unterricht, und auch Familienbesuche, all dies erleichtert die gesamte Arbeit in der Klasse. Je besser Eltern und Lehrer zusammenarbeiten, desto konfliktfreier geht es meistens in der Klasse zu.

Die Brain-Gym®-Übungen können zu Hause und am Anfang des Unterrichts als Gymnastik eingesetzt werden, zum „Aufwecken" der Sinne und zur Einstellung auf die Schule. Besonders wichtig ist es hierbei, die Basissinne (Taktilität, Gleichgewicht und Propriozeption) anzuregen und die Kinder darüber zu informieren, daß sie zum Lernen Augen, Ohren, Hände und ein „eingeschaltetes" Gehirn brauchen.

Darüber hinaus können die Übungen helfen, wenn ich etwas nicht kapiere, ein „Brett vor dem Kopf" habe, einen „Blackout", das heißt, wenn ich meine Vokabeln gelernt habe, und in dem Moment, in dem ich gefragt werde, fällt es mir einfach nicht wieder ein. Eine Übung kann helfen, eine Streßreaktion des Körpers abzufangen und dem Gehirn wieder die Erlaubnis zum Denken zu geben.[7] Dies kann langfristig zu einer Verbesserung der Leistungen führen.

Selbst wenn sich trotz Übungen der gewünschte Erfolg bei den Leistungen nicht einstellt, geht es den Kindern meist besser. Sie kommen mit sich und der Situation anders klar: Die Probleme sind da und es gibt Wege, damit umzugehen. Die Chance, die augenblickliche Lernsituation zu hinterfragen und Erklärungen zu finden, hilft oft, die Lernbereitschaft trotz großer Schwierigkeiten zu erhalten.

Auch bei Verhaltensproblemen, Klassenarbeiten und dem Einführen neuen Lernstoffes können die Übungen hilfreich sein. Sie erinnern daran, daß ich mein Wahrnehmungssystem zum Lernen brauche, und geben mir einen Moment Zeit, mich auf den Lernstoff einzustellen. Dazu ist es notwendig, daß Lehrer und Lehrerinnen die Übungen gut kennen und kontinuierlich einsetzen.

Für Kinder, die Lernschwierigkeiten und Verhaltensprobleme haben, sind die Übungen allein meist nicht erfolgreich. Neben einer therapeutischen Begleitung von außen ist es möglich, mit Balancen in der Einzel- und Kleingruppenarbeit spezifisch auf die Lernbedingungen des Kindes einzugehen. Manchmal kann damit bei lernschwachen Schülern präventiv gearbeitet und so eine Sonderschuleinweisung verhindert werden.[8] Hierbei geht es in erster Linie darum, ihnen die Freude am Lernen nicht völlig zu vergällen und sie aus dem Teufelskreis des Versagens herauszuholen.

Es gibt zur Zeit viele verschiedene Ansätze in den Schulen, Lehrer und Kinder über edu-kinestetische Übungen zu unterstützen.[9] Bei den meisten geht es um die Einbeziehung der Übungen in den normalen Unterricht und die Unterstützung der Sinne durch Bewegung. Dadurch lockert sich Lernen im Sitzen, und die Aufmerksamkeit wird auf das gelenkt, was beim Lernen stattfindet. Einige arbeiten mit Aktionsbalancen bei Kindern, die kurzfristig

---

[7] Sobald ich denke, fühle: *es wird gefährlich*, verändert sich die Arbeit im Gehirn, vom Erinnern zum reflexartigen Reagieren (vgl. Vester: *Denken, Lernen, Vergessen*).

[8] Vgl. den Beitrag von A. Steinkamp in diesem Buch.

[9] Vgl. Wennekes/Padberg, Dokumentation

Lernprobleme haben, und bieten unterrichtsbegleitende Modelle für Kinder mit Lernschwierigkeiten an.[10]

Zu erwähnen ist auch noch der ausgleichende Effekt der Übungen auf die Lehrer und Lehrerinnen selbst. Lehrer, die „eingeschaltet" sind, haben häufig mehr Kraft und Freude für den Unterricht. Durch den Lärm, die Disziplinschwierigkeiten, die steigenden Probleme und Verunsicherungen der Schüler und Schülerinnen sind Lehrer und Lehrerinnen heute extrem gefordert. Die Methoden der Edu-Kinestetik können mir als Lehrer helfen, mich an meinen Schwachpunkten besser zu schützen und meine Stärken einzubringen. Wenn ich zum Beispiel meine Ohren regelmäßig massiere, kann ich besser zuhören, klarer auf den Lärm reagieren, und ich bin nach dem Schultag nicht so erschöpft.

Gleichzeitig gibt es einige Schüler und Schülerinnen, die mich besonders fordern. Die Übungen unterstützen mich, offen zu bleiben, Geduld und Verständnis aufzubauen, sowohl für mich selbst als auch für mein Gegenüber.

Grenzen der Edu-Kinestetik

Die Edu-Kinestetik ist *ein* Ansatz, *eine* Möglichkeit, Kindern das Lernen und Behalten zu erleichtern. Die Erwartung, daß die Übungen und Balancen alle Probleme lösen, führt oft zu Enttäuschungen. Die Edu-K kann die natürlichen Bewegungs- und Sinneserfahrungen, die ein Mensch für seine geistige Entwicklung braucht, nicht ersetzen. Ein Kind, das stundenlang vor dem Fernseher sitzt, statt draußen auf Bäume zu klettern, Ball zu spielen oder mit anderen Kindern seine Kräfte zu messen, kann nicht durch ein paar Übungen diese mangelnde Bewegungserfahrung und die daraus resultierenden Defizite ausgleichen.

Genausowenig kann die Edu-Kinestetik erreichen, daß ein Unterricht, der Kinder zum Stillsitzen und zum Verfolgen verbaler Ausführungen verurteilt, zu Lernfortschritten führt. Sie kann diesen Unterricht auch nicht stabilisieren.

Die Edu-Kinestetik basiert auf der Erkenntnis, daß Lernen über alle Sinne, über Bewegung, Tun und Ausprobieren in einer das

---

[10] Vgl. Xeller-Keck in: Wennekes/Padberg, Dokumentation

Individuum respektierenden und schützenden Umgebung und Lernatmosphäre stattfinden muß. Lehrerinnen und Lehrer, die mit Edu-Kinestetik in der Schule arbeiten und die Methode kennen, kommen über kurz oder lang dazu, bislang erprobte Unterrichtsmethoden zu überdenken, Schülerinnen und Schüler mehr in die Planung von Unterricht mit einzubeziehen und auch im Kollegium für Veränderungen einzutreten.

Die Praxis zeigt, daß Menschen, die sich bewegen, sich wohl fühlen und sich hinterfragen, auch bereit sind, etwas am System zu verändern; daß „funktionsfähige" Lehrer und Lehrerinnen sowie Schüler eher innovativ werden als solche, die im Problem steckenbleiben.

Genausowenig, wie die Edu-Kinestetik die Kraft hat, den Veränderungsprozeß der Schule zu stoppen, können die edu-kinestetischen Übungen und Balancen als „Wunderwaffe" für alle möglichen Schul- und Verhaltensprobleme angesehen werden. Viele Schwierigkeiten der Kinder kommen aus dem familiären Kontext, der Fehlernährung und natürlich auch der mangelnden Begabung. Da kann die Edu-Kinestetik nur *ein* Ansatz sein, der als pädagogisches Modell seine Grenzen im therapeutischen und medizinischen Bereich hat.

Die Edu-Kinestetik ist für Kinder und Erwachsene gedacht, die „Blockierungen" haben. Für Hirnverletzte oder schwer gestörte Menschen ist sie nicht ausreichend. Sie kann den therapeutischen Prozeß unterstützen, zum Beispiel die Therapiebereitschaft erhöhen oder bei erfolgreicher Therapie das Erreichte vertiefen und den nächsten Schritt vorbereiten, aber auf keinen Fall die Therapie ersetzen.

Auch Kinder, die wenig Vertrauen zu sich haben, sich selbst kaum wahrnehmen und schlecht koordiniert sind, profitieren vom bloßen Ausführen der Übungen nicht so stark. Für diese Kinder ist die Einzelarbeit mit Balancen, zusammen mit den Eltern, oft erfolgreicher. J. Donczik stellte in zwei Untersuchungen fest, daß besonders die Kinder im Mittelfeld von den Übungen profitieren.[11]

---

[11] Donczik 1994 und 1995

Gerade die scheinbare Einfachheit und die Verständlichkeit machen die Hilfe aus, die die Menschen aus der Edu-Kinestetik ziehen können. Interessanterweise kommen darüber viele Menschen in eine Auseinandersetzung mit pädagogisch-psychologischen Themen, an die sie sich sonst nie herangewagt hätten. Dies betrifft besonders Eltern ohne pädagogische Vorbildung. Der Blick für die Probleme wird geschult. Darüber besteht die Möglichkeit, früher Hilfe von außen zu holen, zum Beispiel eine Therapie, wo die Übungen nicht ausreichend sind.

Aber die Einfachheit ist eben nur eine scheinbare. Denn wie in diesem Aufsatz bereits andeutungsweise ausgeführt, steht hinter der Edu-Kinestetik ein komplexer Ansatz, der sich deduziert aus den Forschungen der Bereiche Legasthenie und Lerntheorie und der angewandten Gehirnforschung. Sowohl Paul Dennison als auch die Mitglieder der Edu-Kinestetic-Foundation informieren die anerkannten Edu-K-Lehrer in verschiedenen Ländern der Welt jährlich über die Neuerungen auf diesen Gebieten und über die Veränderungen der Edu-Kinestetik. (Vgl. dazu Wennekes/Degendorfer)

Vorschläge für die Unterrichtspraxis

Im Sommer 1993 wurde der *Arbeitskreis Edu-K in der Schule* gegründet, der der Deutschen Gesellschaft für Angewandte Kinesiologie e.V. angeschlossen ist. Die Gruppe trifft sich seitdem viermal im Jahr in Oldenburg. Ziele der Arbeit sind:

- Bildung eines Organisationsrahmens für Lehrer, die mit Edu-K in der Schule arbeiten,
- Entwicklung von Richtlinien für die Arbeit mit Edu-K in der Schule,
- Ausarbeitung von Unterrichtsmaterialien für Lehrerfortbildungen,
- Ansprechpartner für Lehrer und Lehrerinnen in Konfliktsituationen zu sein,
- Unterstützung wissenschaftlicher Untersuchungen über Edu-K in der Schule und deren Einsatz bei Lernblockaden und Lernstörungen,

- Weitergabe und Veröffentlichung wissenschaftlicher Ergebnisse über Edu-K,
- Bekanntmachen von Edu-Kinestetik als Möglichkeit, bei Lernstörungen und Lernblockaden zu helfen,
- Auseinandersetzung mit unseriösen und unsachlichen Kritiken auf sachlicher Ebene,
- Sammlung von Erfahrungsberichten und Ideen von Lehrerinnen, die mit Edu-K arbeiten, um so Hilfestellung für Neueinsteiger zu geben,
- Verbesserung der Edu-K-Instruktorausbildung,
- Organisation eines regelmäßig stattfindenden Lehrer- und Lehrerinnenkongresses zum Erfahrungsaustausch und zur Diskussion neuester Untersuchungen und Forschungsergebnisse.

Ein Schritt in diese Richtung war der erste Lehrer- und Lehrerinnenkongreß mit dem Thema Edu-K in der Schule (Juni 1995), zu dem circa fünfzig Praktiker aus dem deutschsprachigen Raum eingeladen waren. Der Kongreß war ein großer Erfolg. Der zweite ist in Planung für 1997.

Des weiteren entwarf die Arbeitsgruppe eine Empfehlung, die das stufenweise Vorgehen bei der Arbeit mit Edu-K in der Schule vorsieht. Dieser Stufenplan[12] sieht wie folgt aus:

Stufe 1

Zur Unterstützung der Koordination von Bewegungen sowie der beiden Hirnhälften und der Konzentration, aber auch zur Auflockerung bieten sich die motorischen Übungen an: *Überkreuzbewegung*, *Simultanzeichnen*, die *Liegenden Achten* und die Längungsbewegungen. Wichtig sind hierbei der Spaß am Tun und die Freiwilligkeit.

Zur Unterstützung des Selbstvertrauens und der Eigenverantwortung beim Lernen bekommen die Kinder Informationen über unser Wahrnehmungssystem und darüber, wie das Gehirn arbeitet. Den Kindern wird gezeigt, wie die sieben Sinne das Lernen unterstützen und wie wichtig dabei insbesondere Augen, Ohren und

---

[12] Vgl. dazu: Wennekes: Lernen und Bewegung, in: Dokumentation . . .

Hände sind. Außerdem wird den Kindern verdeutlicht, daß das Gehirn nur dann gut arbeiten kann, wenn der Körper genügend Nährstoffe und Wasser erhält und ausreichend bewegt wird. Zu diesem Thema bietet sich eine Elterninformation an, soweit es nicht bereits Teil des normalen Unterrichts der Schule ist.

Stufe 2

Zur Verbesserung der Lernatmosphäre und zur Einbeziehung der individuellen Lernvoraussetzungen der Schüler und Schülerinnen ist die Gehirngymnastik aus allen Bereichen[13] und das Balancieren im Noticing geeignet. Die Übungen können als Gymnastik mit der ganzen Klasse und auch spezifisch von einzelnen Schülern durchgeführt werden.

Das Noticing und das Balancieren ermöglichen ein Eingehen des Kindes auf seine spezifischen Bedingungen, zum Beispiel: Bin ich eigentlich mit meiner ganzen Aufmerksamkeit, mit meinen Augen, meinen Ohren, meinem Denken hier im Unterricht? Was steckt dahinter, wenn ich Probleme habe? Was kann ich zur Unterstützung tun?

Bevor in dieser Art gearbeitet werden kann, ist es notwendig, das Einverständnis der Eltern einzuholen und sich der Unterstützung der Schulleitung zu versichern. Hierzu sind eine gründliche Information auf einem Elternabend und auch Einzelgespräche erforderlich. Ziel ist es zunächst einmal, den Kindern und Eltern ein Gefühl zu vermitteln, daß sie bei Lernschwierigkeiten selbst etwas tun können, das über das häufig praktizierte „Pauken" hinausgeht. Vielleicht ist es ja nur ein „Brett vor dem Kopf", das Probleme bereitet, und eine Übung hilft, wieder „helle" zu werden. Dadurch können viele sich in der Schule entwickelnde Probleme vermieden werden.

Stufe 3

Als Lehrer und Lehrerinnen werden wir nicht nur mit den Schwierigkeiten der Kinder konfrontiert, die in der Schule und durch die Schule entstehen, sondern auch mit außerschulischen Problemen.

---

[13] Zur genauen Beschreibung der Übungen vgl.: Dennison: *Brain-Gym*®

Der Bildungsauftrag verpflichtet uns zu unterrichten, auch dann, wenn wir merken, daß die Probleme für einzelne Kinder so stark sind, daß die nötige Offenheit für das Lernen nicht gegeben ist. Wir alle kennen das Phänomen, daß Kinder abschalten, sich zurückziehen oder stören. Es gehört jedoch auch zu unserem Bildungsauftrag, das Kind für den Lernstoff zu öffnen und eine Atmosphäre zu schaffen, in der die Kinder sich wohl fühlen, in der Lernen möglich ist. Hierbei kann der Muskeltest (als besondere Form des Noticing) hilfreich sein!

Unsere Muskeln sind in einem sich ständig verändernden Spannungszustand (Muskeltonus). Auf alle Sinneserfahrungen, die uns beeinflussen, reagieren unsere Muskeln mit An- oder Entspannung. Sind wir fröhlich, so gehen wir erhobenen Hauptes, unsere Arbeit erscheint uns leichter und einfacher; sind wir traurig, so lassen wir den Kopf hängen, und die Arbeit erscheint uns schwerer als sonst. Der Muskeltonus ist damit Ausdruck unserer individuellen Empfindung.

Viele Kinder haben keinen Zugang mehr zu ihrem eigenen Leistungsvermögen und kein Gefühl mehr für ihre Fähigkeiten. Durch das Testen der Muskeln spüren sie selbst, wo sie stark bzw. gut sind und in welchen Bereichen sie sich gestreßt fühlen. Sie können auf diese Art ihre Eigenwahrnehmung aufbauen, und die Lehrerin hat eine Chance, die Meinung des Kindes zu seinen Stärken und Schwächen zu „hören". Wie oft versäumen wir es, das Kind selbst zu fragen, was es über seine Lernschwierigkeiten denkt, und vertrauen statt dessen auf Förderprogramme!

In Schulklassen, in denen mit dem Muskeltest gearbeitet wurde, zeigten die Kinder mehr Selbstvertrauen und hatten bei Schwierigkeiten eher das Gefühl, daß sie selbst aktiv werden könnten. Besonderen Spaß machte es den Kindern, sich gegenseitig zu testen. Darin liegt eine Chance, das Sozialverhalten der Kinder zu verbessern und ihre Kooperationsfähigkeit zu fördern. Viele Kinder wachsen heute als Einzelkinder in einer Umgebung auf, die ihnen wenig Möglichkeiten bietet, sich selbst zu spüren – wie beim Klettern auf Bäume, beim Bauen von Höhlen, beim Spielen und Kämpfen mit anderen Kindern. Der Muskeltest (als eine Form von

Noticing) ist ein kleiner Ersatz, Vertrauen zum eigenen Körper aufzubauen.

Der Muskeltest in der Schule

Der Einsatz des Muskeltests in der Schule bedarf reiflicher Über-
legung. Selbstverständlich sollte sein, daß er nur mit dem Einverständnis von Schulleitung und Eltern praktiziert werden kann. Viele
Erfahrungen zeigen, daß die Anwendung von Edu-K in der Schule
auch ohne Muskeltesten eindrucksvolle Erfolge bringt. Der Muskeltest ist nur ein *Teilbereich* der Edu-K, der eine wertvolle Ergänzung darstellen kann, und die meisten Lehrer verzichten darauf.
Dies ist in jedem Fall zu empfehlen, solange der Lehrer unsicher ist:
in der Klasse, mit den Eltern, im Kollegium und auch mit dem
Muskeltest selbst.

Welcher Denkansatz liegt dem Muskeltest zugrunde? In unserer
Gesellschaft herrscht noch das alte Newtonsche Weltbild: Der Körper ist wie eine Maschine, er kann in Teile zerlegt werden, die Teile
können beobachtet werden, und daraus kann ich dann wieder auf
das Ganze schließen. Die Denkweise beim Muskeltesten, nämlich
daß der Körper als Ganzes lernt und jeder Teil des Körpers das
Ganze spiegelt, ist damit zuerst einmal fremd. Doch allmählich
wandelt sich dieses Weltbild.[14]

Die Neurologie, Physik, Mathematik und Biologie haben sich in
ihren neueren Erkenntnissen weit von dem entfernt, was als allgemein verbindlich angesehen wird. Sie nähern sich mehr und mehr
dem 5.000 Jahre alten Wissen der Chinesen um die Lebensenergie, um das Licht in unserem Körper.[15]

Gleichzeitig beinhaltet die Benutzung des Muskeltestens durch
die Kinder auch ein Umdenken zu dem, was Schule ist, wie unterrichtet wird.

Ein Kind, das der Lehrerin sagen kann: „Sieh doch mal nach,
was bei mir im Körper los ist, weil ich die Matheaufgabe nicht
rechnen kann", oder eine Lehrerin, die sagt: „Laß uns doch mal

---

[14] Vgl. dazu u.a. den Artikel im *Spiegel* Nr. 10/96, Seite 210-215
[15] Vgl. dazu u.a. Bischof

herausfinden, was in deinem Körper oder Gehirn passiert, wenn du die Buchstaben nicht zusammenziehen kannst", sie verändern den am Wissen der Lehrer ausgerichteten Unterricht. Die Schüler und Schülerinnen sind direkter einbezogen in den Lernprozeß und mehr beteiligt.

Jeder Unterricht ist begleitet von einem Balanceakt zwischen Distanz und Nähe, Vertrautheit und Autorität, der die Qualität des Lernens mitbestimmt. Je mehr ich mich auf die –Kinder einlasse, das Kind als eine Persönlichkeit wahrnehme und in der Schule gelten lasse, desto stärker werde ich auch mit mir selbst konfrontiert, mit dem, was ich bin und was ich möchte.

Der Muskeltest kann mir eine Hilfe sein, meinen Blick zu klären für das, was meine eigenen Probleme sind, und damit eine Übertragungssituation im Unterricht vermeiden. Dies unterstützt mein Verständnis für die Kinder.

Der Muskeltest kann nur im Einverständnis mit dem Kind durchgeführt werden, weil das Kind sich aktiv beteiligen muß. Diese Erfahrung des Respektiertwerdens wird von den Kindern sehr geschätzt.

Der Muskeltest zeigt deutlich, ob die Bereitschaft zum Lernen da ist, und unterstützt die Lehrerin in dem Bemühen, den Lernvoraussetzungen des einzelnen Kindes gerecht zu werden. Der Test hilft, Blockierungen aufzuspüren und gemeinsam mit dem Kind Lösungswege zu finden. Das Gefühl des Kindes: „Jetzt bin ich bereit" verstärkt sein Selbstvertrauen und damit seinen Erfolg.

Die Arbeit mit dem Muskeltest setzt voraus, daß auch die Eltern der Kinder einverstanden sind. Außerdem müssen die Lehrer und Lehrerinnen hinreichende Erfahrung mit der Edu-K gesammelt haben. Falls jemand von außen zugezogen wird, empfiehlt es sich, darauf zu achten, daß es sich dabei auch um Lehrer bzw. um pädagogisch erfahrene Personen handelt.

Ausblick

Die Edu-Kinestetik ist eine relativ junge Methode, die im wesentlichen auf der Erfahrung und dem Austausch derer, die sie praktizieren, beruht. Inzwischen gibt es mehr und mehr Untersuchungen, die die Wirksamkeit auch statistisch festhalten.

Der Wissenschaftsbegriff hat sich in den letzten Jahren verändert, individuelle Erfahrungen und subjektive Eindrücke bekommen eine größere Bedeutung. Nichts ist objektiv. Jeder Versuch ist subjektiv beeinflußt durch die Einstellung der Versuchsleiter. Beobachtung und die Erkundung der inneren Welten werden wichtiger als Statistiken.[16] Wie kommt es, daß die Edu-Kinestetik in der Schule solch eine Nachfrage hat? Schule ist ein Ort geworden, wo reine Wissensvermittlung versucht und das Scheitern immer häufiger wird. Die Schwierigkeiten der Kinder, sich zu konzentrieren, aufmerksam und beobachtend dem Unterricht zu folgen, still zu sitzen, sich sprachlich auszudrücken, steigen von Jahr zu Jahr. Die Defizite im sensorischen Bereich sind auf Grund der veränderten Kindheit heute so groß, daß ein Lernen mit Spaß und Freude, ohne begleitende Unterstützung, schwierig ist.

Dem gegenüber stehen Erwachsene, Eltern und Lehrer/Lehrerinnen, die selbst verunsichert sind, mit ihren eigenen Problemen zu kämpfen haben. Die folgenden Fragen beschäftigen die Erziehenden: Wer bin ich? Was möchte ich? Wie kann ich meine eigenen Interessen vertreten?

Die Lehrer und Lehrerinnen werden in ihrer Ausbildung auch heute noch sehr mangelhaft auf die Schulrealität vorbereitet. Es wird von ihnen erwartet, mit Lern- und verhaltensauffälligen Kindern im Klassenverband von fünfundzwanzig bis dreißig Kindern umzugehen, ohne etwas darüber zu wissen, wie Lernen stattfindet, und ohne Hilfe an die Hand zu bekommen.

Die Edu-Kinestetik verfolgt keine Anpassungsstrategie an die Verhaltens- und Leistungsvorstellungen der Schule. Sie hat zum Ziel, den Schulalltag für Lehrer, Lehrerinnen und Kinder sinnlicher und beweglicher zu gestalten.

---

[16] Zum neuen Wissenschaftsbegriff vgl. Sacks, S. 16 ff.

In der Arbeit mit Edu-Kinestetik fangen wir immer bei uns selbst an. Kommt es deswegen zu solch unterschiedlichen Reaktionen wie einerseits der erstaunlichen Verbreitung und Begeisterung und andererseits der völligen Ablehnung? Die Chance, unsere augenblickliche Lebenssituation zu hinterfragen und aktiv etwas daran zu verändern, kann auch Ängste hervorrufen.

Die Edu-Kinestetik ist *ein* Ansatz, *eine* Möglichkeit unter vielen anderen neuen Lernmethoden[17], Kindern und Erwachsenen das Lernen und Behalten des Lernstoffes zu erleichtern. Sie kann helfen, Schwierigkeiten aus dem Weg zu räumen, ein „Brett vor dem Kopf" aufzulösen. Freude in der Schule, Spaß an der Bewegung und selbstbestimmtes Lernen sind Teil der Innovation in der Schule, vor allem der Grundschule. Die Edu-Kinestetik mit der sie auszeichnenden Würdigung des individuellen Lernstils und der Eigenverantwortung kann dabei einen wertvollen Beitrag leisten.

Literatur:

Bischof, Marco: Biophotonen. Das Licht in unseren Zellen, Frankfurt, 1995

Dennison, Paul und Gail: *Brain-Gym®-Lehrerhandbuch*, Freiburg: VAK, 7., neu illustr. u. vollständig überarb. Auflage 1995

dies.: *Brain-Gym®*, Freiburg: VAK, 7., neu illustr. u. bearb. Auflage 1995

Doman, Glen: *Was können Sie für Ihr hirnverletztes Kind tun?*, Freiburg: Hyperion, 1980

Donczik Jochen: „Er hat wieder nur mit einem Ohr hingehört", in: *Logos interdisziplinär*, Nr. 3, Sept. 95

Donczik Jochen: „Können edu-kinestetische Übungen Legasthenikern helfen?", in: *Die Sprachheilarbeit* 5/94

Döring Waltraud u. Winfried: *Sinn und Sinne im Dialog*, Dortmund: Borgmann, 1996

---

[17] Vgl. dazu Heitkämper

Heitkämper, Peter (Hrsg.): *Mehr Lust auf Schule*, Paderborn: Junfermann, 1995

Sacks, Oliver: *Eine Anthropologin auf dem Mars*, Reinbek: Rowohlt, 1995

Vester, Frederic: *Denken, Lernen, Vergessen*, München: DTV, 1978

Wennekes, Renate, und Padberg, Regina: *Dokumentation des 1. Lehrer/innen-Kongresses Edu-K in der Schule,* Selbstverlag, 1995

Wennekes, Renate, und Degendorfer, Susanne: *Edu-K Update*, Freiburg/Neuenkirchen: Selbstverlag, 1995

Zimmer, Katharina: *Das wichtigste Jahr*, München: Kösel

Elfriede Kirchhoff:

Kinesiologie und Schule – Nachdenken über neue Formen des Lernens

„Ich hoffe einmal zeigen zu können, daß die Art, wie die Jugend bisher erzogen und geschult worden ist, ein Streben nach dem niedrigsten gemeinsamen Nenner der Gleichartigkeit war." (Moshe Feldenkrais)

Die große Aufgabe von Lerninstitutionen in den nächsten Jahren wird sicherlich sein: selbst wieder mehr zu lernen – zu lernen, wie Lernen sich vollzieht. Und ihre Schüler lernen zu lassen, wie sie (individuell) lernen. Dies böte die Chance, die vermehrt festgestellte und beklagte Lernunfähigkeit von Schülern am richtigen Ende anzupacken, statt sich auf „noch mehr Üben" und Selektion zu beschränken.

Zeit seines Lebens war Moshe Feldenkrais ein Pionier auf dem Gebiet des Zusammenhangs von Wahrnehmung(sverarbeitung) und Bewegung(sfähigkeit). Stets Lehrender und Lernender zugleich, waren seine Erfahrungen und Beobachtungen darüber, wie Menschen lernen, wie Bewußtsein und Körper in diesem Prozeß verbunden sind – und nicht zuletzt auch sein eigener Lehrstil – von grundlegender Wichtigkeit. Wer sich mit Lernvorgängen befaßt, wird es sich künftig nicht mehr leisten können, an solchen und ähnlichen Erkenntnissen vorbeizugehen. Darum sind sie der Leitfaden der nachfolgenden Überlegungen.

Veränderungen

Über den Zeitraum dieses allmählich ausgehenden Jahrhunderts haben Veränderungen solchen Ausmaßes unser gesamtes Lebensgefüge (als Individuen, als Gesellschaft und als Spezies auf diesem Planeten) erfaßt, daß biologische Anpassungsprozesse (die sich nach Jahrtausenden bzw. Jahrmillionen definieren) hier in keiner Weise Schritt halten können. Gehirne, Nervensysteme, Verarbeitungsstrategien und Bewußtseinsprozesse müssen sich wandeln, um den neuen Anforderungen nachkommen zu können. Sie tun dies auch – bereits in der äußerst kurzen Zeitspanne der letzten Jahrzehnte, wie Untersuchungen der Gehirnforschung zeigen. Allerdings sind die stattfindenden Veränderungen nicht immer eine Erweiterung von Fähigkeiten: Unter der Priorität der Sicherung des Überlebens können diese offenbar durchaus auch vergröbert und reduziert werden; auch dies belegen wissenschaftliche Untersuchungen der letzten Jahre.

Lehrern (und auch anderen einschlägigen Berufsgruppen) ist dies allerdings tägliche Beobachtung: Bei verhältnismäßig kleineren Klassen und besserer Medienausstattung ist das Unterrichten dennoch belastender denn je zuvor.

Vermutlich sind wir mehr denn je in unserer Entwicklungsgeschichte darauf angewiesen, die anstehenden Veränderungen mit mehr Bewußtheit zu vollziehen. Das heißt: Wir sind mehr denn je darauf angewiesen, zu lernen – und zwar die Gesetze unseres eigenen Denkens, Bewußtseins, Lernen-Könnens. *Unser Lernen muß sich in seiner Qualität verändern, damit sich unser Denken und Handeln in seiner Qualität ändern kann.* Denn unser Überleben auf diesem Planeten werden wir keineswegs nur mit einer noch größeren Wissensmenge über die technische Manipulation der Umwelt sichern können.

Leben ist Handeln – Handeln ist Bewegung

Bewegung ist die Grundlage unseres Lebens. Ohne Bewegung ist kein Organismus in der Lage, sich in sich selbst zu organisieren oder Bezüge zwischen sich und der Außenwelt herzustellen. Hören, Sehen und Sprechen funktionieren nur auf der Grundlage von Muskeltätigkeit, sprich: Bewegung. Wir benutzen Bewegung, um auf unsere Umwelt unseren Bedürfnissen entsprechend Einfluß zu nehmen. Einschränkungen oder Behinderungen der Bewegungsmöglichkeit führen zu Einschränkungen der Wahrnehmungsverarbeitung und der Selbsteinschätzung, besonders zur Zeit der frühkindlichen Entwicklung. Und: Die Qualität der Bewegung zeigt den Zustand des Nervensystems. Auch ein ungeübter Beobachter kann in der Regel Anspannung, Langeweile, Ärger etc. an Bewegung, Körperhaltung und Gesichtsausdruck erkennen.

Nur die Bewegung von Muskeln ermöglicht ein Muskelgefühl und damit ein Körpergefühl. Nur so können wir bestimmen, was „innen" und was „außen" ist, was Raum und Zeit ist. (Umgekehrt kann ein Meditierender die absolute Reglosigkeit benutzen, um die Erfahrung von Raum und Zeit zu transzendieren. Allerdings: Bevor einer dies tun kann, muß er Zeit und Raum erst *erfahren* haben.)

Man kann also durchaus berechtigt sagen, *daß der Bedeutung nach der kinästhetische Sinn unser erster ist.*

„Organisches Lernen"

Die wichtigsten Dinge in unserem Leben lernen wir sehr früh, in vergleichsweise kurzer Zeit und ohne äußeren Plan. Wir alle lernten das Laufen, Sprechen, das Manipulieren der Eltern in sehr wenigen Jahren und auf unsere *höchst individuelle Art und Weise.* Es gab dafür weder Lehrmethoden noch Pläne, Prüfungen oder Termine. Es war also ein Lernen, das mancher Schulbehörde suspekt erscheinen würde: Es ist nicht exakt kontrollierbar. Und doch hat dieses – wie Feldenkrais es nennt – „organische Lernen" eine Erfolgsquote wie keine Schulinstitution der Welt. Niemand, der die entsprechenden physiologischen Voraussetzungen hat, fällt durch.

Das Lernen *dieser* Zeit ist elementar und stellt die Voraussetzung dar für späteres erfolgreiches Lernen in den verschiedenen Lerninstitutionen, die sich allesamt durch recht abstrakte, bewegungsarme, aber dafür wortreiche Lernformen auszeichnen.

Wenn wir etwas ver-*stehen* und be-*greifen* wollen, müssen wir unsere Körper-*erfahrung* zu abstrakten Denkprozessen in Beziehung setzen können. Arbeiten auf einer abstrakten Ebene, wie in den späteren Formen organisierten Lernens vorherrschend, funktioniert gut nur für jemanden, der eine ausreichend breite und solide Basis von Körpergefühl, sprich Bewegungserfahrung, besitzt. Eine möglichst große Zahl solcher Informationen ermöglicht seinem Nervensystem zahlreiche innere Verknüpfungen und damit eine stabile und differenzierte innere Organisation. Er kann sich daher verschiedenen neuen Situationen leicht anpassen und dabei zugleich seine innere Sicherheit bewahren. Er verfügt über mehrere Möglichkeiten, eine Sache zu tun, das heißt, verschiedene Wege stehen zur Wahl, und der Handlungsspielraum ist relativ groß. – Zur Beachtung: Die Angelegenheit gewinnt hier eine wichtige psychische Dimension. Es geht um *die Freiheit, eine Wahl treffen zu können* (das zentrale Thema der kinesiologischen Richtung *THREE IN ONE CONCEPTS*).

„Erfolgreiche Lerner" (nicht nur in Schulen) zeichnen sich durch eben solche Fähigkeiten aus: Sie können Bezüge erkennen und neue Bezüge herstellen, sie können Variationen entwickeln, Dinge auf verschiedene Art und Weise tun, ihnen stehen viele Wege offen, und sie sind in der Lage, eine ihnen (doppelt: der Sache und der Person) *angemessene Wahl* zu treffen. Und sie sind ziemlich „streßresistent", da sie sich in neuen Situationen leicht zurechtfinden und ihr Gefühl von innerer Sicherheit deshalb ausgeprägt ist. Kurz: Sie sind kreativ, effektiv und motiviert in ihrem Tun. Dies sind auch genau die Qualitäten, die das „organische Lernen" besonders der frühen Kinderjahre, aber auch in unseren späteren Jahren charakterisiert. Der Sprachgebrauch der Edu-Kinestetik bezeichnet dies als „Lernen im PACE".

Wie wäre es, wenn es das oberste Ziel unserer gesamten Lerninstitutionen wäre, solche „erfolgreichen Lerner" herauszubilden?! Und wie wäre es, wenn eine Gesellschaft aus eben solchen Individuen bestünde?!

Organisiertes Lernen

Mit diesem Begriff möchte ich jene Lernformen bezeichnen, die sich in irgendeiner Form organisiert und vorgeplant vollziehen, also Lernen in Schulen, Universitäten und anderen festen (meist staatlichen) Einrichtungen.

Es ist diese Form des Lernens, die üblicherweise mit dem Begriff Lernen schlechthin assoziiert wird. Dies weist auf ihre Wichtigkeit für die Aufrechterhaltung unserer Gesellschaft hin. Bevor jedoch diese Form des Lernens beginnt, haben wir ja bereits die wichtigsten Grundlagen für unser Leben gelernt, darunter auch die Grundlagen darüber, wie wir eigentlich lernen. Wir müssen sie gelernt haben, wenn Schullernen funktionieren soll.

Das herkömmliche schulische Lernen unterscheidet sich grundlegend vom Lernen der frühen Kinderjahre und hat (außer eventuell im Grund- und Sonderschulbereich) so gut wie keine Elemente des organischen Lernens. Es ist im Gegenteil durch eine Reihe von Elementen gekennzeichnet, die es den Beteiligten (Lehrern wie Schülern!) schwer machen, bei ihren Lernprozessen „im PACE" zu sein –zumindest aber dies dem Zufall überläßt. Die wichtigsten dieser Elemente sind:

a) feste, vorgegebene Ziele,
… die von Lehrplänen definiert werden und Lernvorgänge und -inhalte an Jahrgangsstufen binden. Je weiter einer innerhalb dieses Systems voranschreitet, desto wichtiger wird es, die vorgegebenen *Ziele* des Jahrgangs zu erreichen – *egal wie*. Der *Prozeß* des Tuns gerät immer mehr in den Hintergrund.

b) die Möglichkeit, Erfolg oder Mißerfolg zu haben,
… wobei dies weniger den persönlichen Fortschritt zum Maßstab nimmt, sondern mehr das vorgegebene Ziel und den Fortschritt der Mitlernenden („Klassendurchschnitt").

c) ein(e) Lehrer(in),
… der (die) das Lernen anleitet, die Wege steuert und die Maßstäbe für Erfolg setzt. Das Lernen der Schüler ist daraufhin ausgerichtet: Sie lernen, eine Sache so zu tun, daß sie die Zufriedenheit des Lehrers findet – weniger ihre eigene. Der Lehrer selbst hat diese Art des Lernens im Verlauf vieler Jahre verinnerlicht, auf diesem Wege seine Examina abgelegt und dadurch seine Lehrerlaubnis erhalten. Oft genug hat sich sogar seine überwiegende Lern- und Lebenserfahrung ausschließlich im Bereich dieses institutionalisierten Lernens vollzogen.

Und: eigenes Weiterlernen und Sich-Entwickeln findet für Lehrer nur statt, wenn sie hierfür ein ausgesprochenes eigenes Interesse und Engagement haben. Da besonders zu Zeiten öffentlicher Geldknappheit gerade auch im Bildungsbereich gern gespart wird, bekommen sie in ihrem Arbeitsfeld kaum Anreiz oder Unterstützung beim eigenen Weiterlernen. Im Gegenteil werden solche Bemühungen durch Erhöhung der Arbeitsbelastung, steigende Belastungsfaktoren am Arbeitsplatz selbst und Reduzierung von Fortbildungsmöglichkeiten eher regelrecht behindert. Um da nicht beim „Altbewährten" stehenzubleiben, muß einer schon recht hartnäckig sein. – Wie aber soll einer, der selbst kaum Handlungsräume erfährt, anderen solche eröffnen?!

Zweifellos hat diese Form des Lernens dennoch grundsätzlich Vorteile: Sie ermöglicht den Erwerb einer großen Menge von Wissen in relativ kurzer Zeit. Sie bietet auch einigermaßen die Gewähr dafür, daß ein Chirurg über anatomische Kenntnisse verfügt und ein Englischlehrer über die englische Sprache. Offenbar bietet sie aber nicht die Gewähr dafür, daß daraus auch „gute Ärzte" oder „gute Lehrer" entstehen. Es ist zum Beispiel durchaus möglich, daß einer Anatomie studiert hat, ein Skelett täglich in seinem Arbeitsraum vor Augen hat, vielleicht Orthopäde ist und dennoch kein gutes Körpergefühl für das Bewegungspotential seiner Hüftgelenke oder seiner Wirbelsäule hat. Ebenso ist es möglich, daß einer Kommunikationswissenschaften studiert, aber dennoch nicht in der Lage ist, sich seinen Mitmenschen verständlich zu machen. Und darüber hinaus ist es möglich, daß Studenten dieser und jeder beliebigen anderen Fachrichtung trotz reichlichen Fleißes nicht „zur Zufriedenheit ihres Lehrers" lernen – sprich: durchfallen.

Man sieht: In organisierten Lernprozessen funktioniert es anders als beim Laufenlernen. Hier kann man durchaus leicht versagen und durchfallen. Oder auch einfach mittelmäßig und unter dem eigenen Niveau bleiben. Es braucht Voraussetzungen für den Erfolg dieser Art: Einer muß eben gelernt haben, wie er mit seiner ganzen, einmaligen Person lernt. „Hochbegabte" wissen das und verfahren entsprechend. Möglicherweise sind ihre „Gaben" tatsächlich höher – was aber wichtiger ist: Sie haben *gelernt, ihre Gaben zu nutzen*. (Übrigens ist es bemerkenswert, daß Lerninstitutionen und „Hochbegabte" durchaus Schwierigkeiten miteinander haben: Einstein war eins der prominentesten Beispiele, jedoch beileibe nicht das einzige. Wie sagte Feldenkrais doch: „... ein Streben nach dem niedrigsten gemeinsamen Nenner der Gleichartigkeit ...")

Man sieht auch: Das abstrakte Lernen mit dem Hauptweg des Wortes (erklären – zuhören – aufschreiben – diskutieren – wiederholen ...) ist nur dann für jemanden effektiv, wenn er auf eine breite Grundlage eines sehr konkreten, alle Sinne einbeziehenden

Lernens (das „organische Lernen") zurückgreifen kann. Sonst bleibt sein Wissen ein Buchwissen, ist weder ver-*standen* noch be-*griffen*.

Lernen über Worte und Erklärungen vollzieht sich sozusagen im Dachstuhl des gesamten Lerngebäudes. (Hier ist Schule überwiegend aktiv.) Es funktioniert gut nur für jemanden, der in sich selbst schnell die Wege vom Dach zu seinem Lernfundament finden kann (also zum Beispiel andere Sinne mit einbeziehen kann, auch wenn sie vom Lehrstil her nicht explizit angesprochen sind). Das bedeutet, daß ihm mehrere Lernwege offen stehen, zwischen denen er wählen kann. Kurz: Er hat gelernt zu lernen. – Findet dieser Vorgang nicht statt, gerät das Lernen zum Pauken.

Lehrer klagen über die steigende Unfähigkeit von Kindern zu lernen: Eine veränderte Kindheit führt offenbar vermehrt dazu, daß ihr Fundament für die in der Schule praktizierten Lernformen bei Schulbeginn noch nicht stabil genug ist.

Es folgt also: Wenn unsere Schulinstitutionen heute und in Zukunft überhaupt ihren eigenen Ansprüchen gerecht werden wollen, müssen sie weniger abstrakt und mehr konkret verfahren, sprich: mehr „organisches Lernen" zulassen und fördern. (Dies erscheint durchaus adäquat, wenn man bedenkt, daß die Gattung Mensch auch vom Standpunkt der Evolution her noch kaum den Windeln entwachsen ist.)

Wenn Bewegung für die Ausbildung abstrakter Lernfähigkeiten unverzichtbar ist, so hat das einige Konsequenzen für unsere gesellschaftliche Organisation von Lernprozessen.

Aber bevor es hier um „Weitreichenderes" geht: Die simpelsten machbaren Veränderungen wären, dem chronisch zusammengestrichenen Unterricht in den Fächern Sport, Musik und Kunst mehr Bedeutung beizumessen. Es könnte so manche Bewegungs-, Musik-, Kunst*therapie* eingespart werden, würden (besonders heranwachsende!) Menschen nicht fortgesetzt in wichtigen Bereichen ihrer Persönlichkeitsentwicklung behindert. Schule sollte darauf achten, ihre Schüler nicht zu Patienten zu machen.

*

Der Einsatz kinesiologischer Verfahrensweisen könnte darüber hinaus einen wesentlichen und wirksamen Beitrag dazu leisten, Lernfundamente zu verbreitern und zu festigen – gelegentlich auch erst einmal zu schaffen. Kinesiologie ist in diesem Rahmen ein *Lernprogramm*. Ihr erklärtes Ziel ist es, die Persönlichkeitsentwicklung eines Menschen zu fördern. Ihr Blickfeld umfaßt alle Bereiche menschlichen Seins und Handelns. Ihr Ziel ist, „in die Balance" zu bringen. Eine unverzichtbare Voraussetzung für Lernen: Es kann sich nur einer auf Neuland wagen, der wenigstens halbwegs „im Lot" ist. Und je besser er es ist, desto weiter kann er sich vorwagen, neue Erfahrungen machen und sie integrieren.

Kinesiologische Zielformulierungen sind keine Lehrpläne. Diese Ziele werden vielmehr von der Person selbst entwickelt. Und nicht selten werden Balanceziele (also das Thema einer kinesiologischen Stunde) nicht direkt erreicht: „Rechtschreiben kann sie immer noch nicht – aber aufmüpfig ist sie geworden, läßt sich nicht mehr so leicht kleinkriegen."

Kinesiologie dient also keineswegs dazu, Kinder dem bestehenden Schulsystem mundgerecht anzupassen. Die Erwartung „Lateralitätsbahnung – Überkreuzbewegung – ein Zweier im Diktat" entpuppt sich häufig rasch als das, was sie ist: ein Kurzschluß. Und das ist gut so.

Kinesiologie kann aber dazu dienen, ganzheitliche und tiefgehendere Lernerfahrungen herbeizuführen als bisher üblich. Nachfolgend werden drei kinesiologische Arbeitsrichtungen besprochen, die hierfür besonders geeignet sind.

1. Edu-Kinestetik: das Bewegungsprogramm

Inzwischen haben sich die Brain-Gym®-Übungen der Edu-Kinestetik bzw. auch anderes Bewegungsrepertoire in vielen Lerngruppen etabliert. Für den Schulbereich hat sich gerade Brain-Gym® als wirkungsvoll und praktisch erwiesen, weil es ein begrenztes Repertoire relativ unkomplizierter und daher gut zu erlernender Bewegungsabläufe darstellt. Sie sind also einsetzbar, ohne daß der Betreffende ein mehrjähriges Training absolviert hat, wie dies in umfassenderen Bewegungslehren (Yoga, Feldenkrais, Alexander-

Technik etc.) erforderlich ist. (Natürlich wäre es darüber hinaus wünschenswert bis bitter nötig, gerade auch solche Bewegungslehren zum normalen Schulangebot zu machen.) Alle Brain-Gym®-Übungen sind so angelegt, daß sie die Fähigkeit des Nervensystems zur Selbstorganisierung unterstützen und insofern wirkungsvolle Lernhilfe sind. Wichtig ist dabei allerdings nicht nur das *Was*, sondern auch das *Wie* des Übens, will man eine gute Wirkung erzielen. Also:

Über die Art des Übens

Dies geschieht am besten, wenn die Bewegungen ihre Qualität der Lebendigkeit behalten. (Zur Erinnerung: Leben ist und braucht Bewegung – denken Sie an die erhöhte Lebendigkeit nach einer sportlichen Aktivität, einem Tanz o. ä.) Bewegungen, die Automatismen werden, haben diese Funktion nicht mehr. Sie verfestigen nur …

Gewohnheiten

Feldenkrais: „In Wirklichkeit führt zielstrebiges [!] Üben nur zur Geläufigkeit, das heißt, es läßt Fehler, die dabei unterlaufen, zu blinder Gewohnheit werden." (Moshe Feldenkrais: Die Entdeckung des Selbstverständlichen, Frankfurt: Suhrkamp, 1987, S. 61) Der Haken dabei ist die (in der Schule sehr gewünschte und gelobte) *Zielstrebigkeit* – alles Tun „um zu" und „damit". Die Kehrseite der Zielorientierung und -strebigkeit (die an anderer Stelle gewiß auch wichtig ist) ist der Verzicht auf die Beachtung des Weges, der zum Ziel führt.

Feldenkrais: „… Und doch sind im Leben alle diese Bedingungen erfolgreicher Leistung, sind Zielstrebigkeit, Erfolgs- und Leistungszwang dem Lernen ein Hindernis. Sie sind aber während der ersten zwei, drei Lebensjahre noch nicht wirksam, und das ist die Zeit, in der fürs Lernen der Boden ausgehoben und die Grundsteine gelegt werden." (ebd., S. 131)

Dieses müssen wir in kinesiologischer Arbeit unbedingt berücksichtigen. Es macht wenig Sinn, Überkreuzbewegungen zu „trainieren". Kein Kind käme auf die Idee, das Laufen zu „trainieren".

Seine innere Haltung ist eine entschieden andere: Sie ist experimentierfreudig, prozeßorientiert und daher offen für Abweichungen, Umwege und generell für Veränderungen. Viele Möglichkeiten und Varianten werden entdeckt und beibehalten oder wieder verworfen.

Genau diese Haltung müssen wir uns bei den Brain-Gym®-Bewegungen zu eigen machen: Mehr in den Kategorien von Experiment und Bewegung denken, nicht so sehr in derjenigen von Übung: „Hast du deine Übungen heute schon gemacht?" – Klingt das vielleicht noch aus eigenen Kindertagen herüber? Mit welchem Effekt? Wie anders ist es dagegen, wenn wir mit den Grundformen der Bewegungen experimentieren, Varianten finden, verschiedene Arten der Durchführung ausprobieren, das Unerwartete zulassen (!), „Fehler" machen (!) ...

„Lassen Sie beim Lernen jede Absicht weg, es richtig zu machen." (M. Feldenkrais)

„Machen Sie Fehler. Wer sagt Ihnen denn, daß das, was Sie jetzt für Fehler halten, nicht die beste Lösung ist? Wenn man nicht bewußt Fehler machen kann, kann man unmöglich lernen. Nur wenn Sie wissen, was Sie tun, können Sie tun, was Sie wollen. Sonst handelt man, wie man muß; wie ein Computer, der, einmal programmiert, keine Wahl hat." (ebd., S. 8)

Zwei kleine Entdeckungen für den Leser:

1. Erfinden Sie mindestens zehn neue Varianten von Überkreuzbewegungen. Wirklich neue, also nicht Bewegungen, die Sie schon aus Büchern oder Kursen kennen. Genießen Sie dann Ihre zehn individuellen Bewegungsvarianten. Welche ist die ungewöhnlichste?

2. Beobachten Sie Ihr Bewegungsrepertoire im Alltag. Und dann verändern Sie einmal Ihre gewohnten Bewegungen. Stellen Sie sich vor, daß in Ihnen ein Ballettänzer (oder Eiskunstläufer oder Leichtathlet) steckt. Was wird anders? Wie fühlt sich das an? Kommt Ihnen die Vorstellung komisch vor? Und warum eigentlich?

Ist es Ihnen greifbar geworden, warum ein „Überkreuztraining"
wenig Sinn macht?

„Und eilen Sie nicht, denn Eile stiftet Verwirrung." (M. Feldenkrais)

„Zeit ist Geld" gehört nicht nur zum Glaubensbekenntnis unserer
Gesellschaft, sondern ist auch Bestandteil des „heimlichen Lehr-
plans". Schüler müssen lernen, Dinge in einer „angemessenen Zeit
zu erledigen". Was dabei „angemessen" bedeutet, bestimmen
gesellschaftliche Vorgaben. In vielen Fällen bedeutet dies: sich
beeilen oder „sich ranhalten" müssen. Übrigens: Wer von uns
würde sich wohl in seinem Alltag dem allgemein üblichen Ausmaß
von Zeitdruck aussetzen, hätte er sich nicht in frühen Jahren lange
daran gewöhnt?

Mit den Brain-Gym®-Bewegungen können wir im Schulbereich
dazu ein Gegengewicht schaffen. Für die Durchführung bedeutet
das:

- Sich Zeit nehmen für diese Bewegungseinheit. Mehr Zeit. Noch
  mehr Zeit. Und regelmäßig. Der Grund ist einfach: Ein Dach steht
  halt nicht ohne Fundament.
- Das Tempo wechseln. Eine Bewegung langsam zu machen ist
  ungleich schwieriger als sie schnell durchzuführen; stehen ist
  schwieriger als sich bewegen. Die Edu-Kinestetik betont, wie
  wichtig es ist, den „angemessenen Gang" wählen zu können.

Edu-Kinestetik mit dem Muskeltest

Der Muskeltest bietet die Möglichkeit einer „maßgeschneiderten"
Arbeit. Eine kinesiologische Balance ermöglicht Lernsprünge, denn
sie ...

... ist individuell auf eine Person abgestimmt,
... gibt der Person ein differenziertes Feedback über ihren
„ersten" (nämlich den kinästhetischen) Sinn,
... hilft, verborgene Schwächen zum richtigen Zeitpunkt (!)
aufzudecken und an ihnen zu arbeiten,
... ist besonders hilfreich für die Durchführung solch wichtiger
Prozesse wie der Lateralitätsbahnung.

Durch den Einsatz von Aktionsbalancen entsteht die große Effektivität der Edu-Kinestetik. Diese können – und das ist vor allem in Lerngruppen sinnvoll – auch ohne Muskeltest durchgeführt werden, wobei die Eigenwahrnehmung als Maßstab eingesetzt wird („Noticing"). Unter Einbeziehung des Muskeltests haben solche Balancen vor allem ihren Platz in der Einzelförderung. Hier geschieht wesentlich mehr (und anderes) als beim „Gehirnturnen" in der Lerngruppe. Ideal für die Durchführung dieser Einzelförderung wären Lehrkräfte, die zusätzlich zu ihrem pädagogischen (oder sonderpädagogischen) Handwerkszeug über eine gründliche kinesiologische Zusatzausbildung verfügen. Diese sollte die Touch-for-Health-Reihe, mindestens aber TfH I einschließen.

Unser „Bremer Modell" hierfür: Eine berufsbegleitende, circa einjährige Fortbildung als Angebot für KollegInnen, die in der Einzelarbeit tätig sind. Meine Zielidee: Jede Schule sollte mit einer solcherart qualifizierten Lehrkraft versorgt sein, damit auch die Betreuung „schwierigerer Fälle" vor Ort stattfinden kann, eingebettet in ein pädagogisches Gesamtkonzept. Auf diese Weise würden Schüler nicht so schnell zu „therapeutischen Fällen".

2. Touch for Health

Touch for Health lehrt die Arbeit mit einzelnen Muskeln und ihrer Bewegungsmöglichkeit und darüber hinaus die Verbindung dieser Muskeln mit den Meridianen der traditionellen chinesischen Medizin. Dies eröffnet einen wahren Schatz an Möglichkeiten für das Körperlernen:

– Die Eigenwahrnehmung und das Bewegungsrepertoire (damit die Raumwahrnehmung) der Person kann sich differenzieren.

– Positive Veränderungen können durch das Mehr an zu testenden Muskeln breiter im Körper verankert werden.

– Lernblockaden können noch präziser ermittelt und bearbeitet werden.

– TfH-Kenntnisse schulen den Blick des Beobachters für Körpersprache – von unschätzbarem Wert für einen Lehrer, wenn er „auf einen Blick" erkennen kann, „was los ist".

– Die Kenntnis über die Verbindung Muskel – Meridian öffnet den Blick für körperliche und geistig-emotionale Zusammenhänge; es wird mit dem und am ganzen Menschen gearbeitet.

– Auf dem Wege der Körperarbeit kann auf unaufdringliche, nicht-moralisierende Art Unterstützung beim Lernen im psychischen Bereich gegeben werden.

Das bedeutet:

a) TfH bietet die Möglichkeit zu einer (gerade an Schulen) dringend benötigten Gesundheitserziehung. Sie macht physische, emotionale und ernährungsspezifische Faktoren in ihrer Wechselwirkung deutlich und körperlich erfahrbar (!).

b) Emotionale Streßfaktoren/Lernblockaden können noch spezifischer erkannt und aufgelöst werden, und zwar mit ständigem Rückbezug auf den physischen Körper. Es entsteht ein besseres Verständnis darüber, wie beides miteinander arbeitet. Und: Diese körperorientierte Arbeit zwingt niemanden, „darüber zu reden", wenn er nicht will; dennoch kann man aber auf sanfte Art daran arbeiten.

Zwei Beispiele:

– Das „Anschalten" der Hals-/Nackenmuskeln (dem Magenmeridian zugeordnet) bewirkt auf der physischen Ebene eine bessere Ausrichtung des Kopfes und damit ein leichteres Aufnehmenkönnen durch die dort angesiedelten Sinne. Gleichzeitig hilft es auf der psychischen Ebene, daß einer nicht so leicht „den Kopf verliert", wie dies sonst leicht unter emotionalem Streß (Magenmeridian!) geschieht.

Die Erfahrung eines anderen Gebrauchs seines Kopfes ist ungleich tiefgehender und haltbarer, als jemandem nur gut zuzureden.

– Ein häufig abgeschalteter Muskel ist der Psoasmuskel (Lendenmuskel). Eigentlich erstaunlich, wenn man bedenkt, daß dies ein ziemlich großer und kräftiger Muskel ist, der an allen Lauf-, Geh- und Springbewegungen beteiligt ist. Verständlicher wird dies aber, wenn man seine Verbindung zum Nierenmeridian berücksichtigt: Dies hat auf geistig-psychischer Ebene das Umgehenkönnen mit

Angst, Furcht und Schrecken zum Thema sowie das Entspannen und In-sich-ruhen-Können. Die Beziehung gerade zum Alltag von Kindern und Jugendlichen (auch, aber nicht nur in der Schule) ist unschwer herzustellen. Auch hier bewirkt eine Aktivierung des Muskels über TfH-Techniken (am besten mit zusätzlicher Bewegungsschulung) ein größeres Spektrum von Bewegungsmöglichkeiten und eine größere Sicherheit in der Bewegung – physisch und psychisch.

3. THREE IN ONE CONCEPTS

Diese Richtung eignet sich besonders für ältere Schüler, Jugendliche und Erwachsene. Ihr Schwerpunkt ist die Auflösung emotionaler Lernblockaden, die mit zunehmendem Alter an Wichtigkeit gewinnen, da wir es hier vermehrt mit negativen Lernerfahrungen zu tun haben. Ziel der Arbeit: seine bisherigen Erfahrungen neu einzuordnen unter dem Aspekt persönlich förderlicher neuer Entscheidungen. Anders ausgedrückt: zu erkennen, daß *Wahlmöglichkeiten und Handlungsspielräume immer bestehen; die Bereitschaft zu entwickeln, eine Wahl zu treffen und die Folgen dieser Wahl zu akzeptieren* – sprich: die Verantwortung für sein Handeln zu übernehmen.

Dies beraubt einen zwar der Bequemlichkeit von Ausreden, macht einen dafür aber vom Opfer zum Gestalter seiner Lebensumstände. (Gewiß also ein Programm von besonderem Wert auch für Lehrer und andere Erwachsene.)

Die Ziele von THREE IN ONE CONCEPTS decken sich erstaunlich mit den offiziellen übergreifenden Erziehungszielen der einzelnen Bundesländer. Wie also wäre es, wenn unser Schulsystem selbst so lernfähig wäre, diese besonderen Möglichkeiten zu nutzen, um seine eigenen Ziele und Leitsätze besser einzulösen?!

*

Auf zukünftige Schule bezogen wäre diese Art Arbeit also ein ausgezeichnetes Element, um Kinder und Jugendliche darin zu fördern, ihre jeweils individuellen Fähigkeiten stärker zu entwickeln (statt sie auf dem „kleinsten gemeinsamen Nenner der Gleichartigkeit" festzuhalten) und ihnen zu vermitteln, wie man (lebenslang!) aktiver und erfolgreich Lernender bleibt.

„Lernen ist gesünder als Patient zu sein:" (M. Feldenkrais)

„Heilkunde" und „Lehrkunde" berühren einander in vielerlei Hinsicht – notwendigerweise: beide sind Aspekte des menschlichen Entwicklungsprozesses. (Heil- und Lehrkundige sollten dies vielleicht zum Anlaß einer besseren Kooperation im Sinne ganzheitlicher Arbeit mit Menschen nehmen.)

Auch kinesiologische Techniken können (von ausgebildeten Therapeuten) im therapeutischen Sinn angewendet werden. (Vermutlich kann man dies mit so ziemlich jeder Lebensäußerung tun, wie die derzeitige Flut an Therapierichtungen zeigt.) Jedoch ist dies keineswegs der wichtigste Einsatzort der Kinesiologie – schon gar nicht im hier beschriebenen Arbeitsfeld.

Es ist förderlicher und weitgreifender, im Konzept von Lernen zu denken statt im Konzept von Therapie. Einer, der eine Therapie absolviert, trägt (bewußt oder unbewußt) das Etikett „krank" bzw. auf irgendeine Art „nicht in Ordnung". In der Therapie wird daran gearbeitet, daß er „in Ordnung kommt" – auf ein als allgemein akzeptabel empfundenes Niveau. (Übrigens ist auch eine Therapie dann am besten und effektivsten, wenn sie dem Betreffenden möglichst viele Lernchancen bietet.) – Kurz: Man arbeitet hier sozusagen „von Minus auf Null".

Der Blickwinkel bei Lernvorgängen ist ein anderer: Hier arbeitet man nicht „von Minus auf Null", sondern „von Null Richtung Positiv bis Unendlich". Das bedeutet: Therapeutische Prozesse sind (hoffentlich) abschließbar – Lernprozesse nie.

Die Vielzahl der Therapieangebote läßt vermuten, wir seien eine Schar von Kranken. Jedoch kommen wir in der Regel gesund, also keineswegs *therapiebedürftig* auf die Welt – wohl aber höchst unfertig und unwissend, sprich: *lernbedürftig.* Für den Einsatz von Kinesiologie in Lernbereichen bedeutet dies: Kinesiologie ist nicht nur für die Sonderschule, für die „Lernschwachen" (was eigentlich ist hier der Maßstab?), für die Arbeit „unterhalb von Normalnull". Daß diese Arbeit hier zuerst und am stärksten Eingang gefunden hat, ehrt wohl den offenen Geist zahlreicher dort Arbeitender, ist aber nicht der Kinesiologie eigentümlich. *Sie gehört auch und gerade in die besonders abstrakt verfahrenden Sekundarbereiche I und II.* (Zur Erinnerung: Es geht um *Weiterentwicklung* – über „Normalnull" hinaus. Es geht um Perspektiven in der Entwicklung menschlichen Bewußtseins.)

Also: Kinesiologie kann sicherlich auch therapeutisch eingesetzt werden. „Von Haus aus" ist sie aber ein Weg des ganzheitlichen Lernens und Wachsens und insofern eher vergleichbar zum Beispiel der Feldenkrais-Methode, der Alexander-Technik, dem Yoga. Kinesiologie in diesem Sinne in der Pädagogik einzusetzen bedeutet also keinesfalls, Lehrern noch zusätzlich therapeutische Aufgaben aufzubürden, sondern eher, andere pädagogische Möglichkeiten anzubieten. Die allerdings werden dringend gebraucht. Angesichts der Veränderungen im Arbeitsfeld Schule den bisherigen pädagogischen Blickwinkel unverändert beizubehalten hieße, Therapiebedürftigkeit geradezu mitzuproduzieren.

In der Tat: „Lernen ist gesünder, als Patient zu sein." Die Natur hat uns nicht dazu bestimmt, ein Heer von Patienten zu sein. Und wir sind das auch nicht. Wir sind schon eher – gemessen an unseren Entwicklungsmöglichkeiten und den Kapazitäten unseres Gehirns – ein Heer von „Dummköpfen".

Aber dagegen kann man etwas machen – wenn man will.

Literatur:

Feldenkrais, Moshe: *Bewußtheit durch Bewegung*, Frankfurt: Suhrkamp, 1978

ders.: *Abenteuer im Dschungel des Gehirns*, Frankfurt: Suhrkamp, 1981

ders.: *Die Entdeckung des Selbstverständlichen*, Frankfurt: Suhrkamp, 1987

Jochen Donczik:

Empirische Untersuchungen zur Wirkung von Brain-Gym®-Übungen

Als mich Claudia Meyenburg anläßlich eines Brain-Gym®-Update-Seminars mit Paul Dennison fragte, ob ich bereit sei, einen Artikel für den zweiten Band von *Die Sache mit dem X* (1) zu schreiben, habe ich zunächst ganz kurz gezögert. Immerhin ist dieses Buch ein Werk von Pädagogen unterschiedlicher Couleur, denen gemeinsam ist, daß sie in der Schule mit Kindern arbeiten. Ich aber bin Psychologe und leiste meine diagnostische und therapeutische Arbeit nicht in der Schulklasse, sondern betreibe Einzeltherapie.

Im Gespräch mit anderen anwesenden Teilnehmern des Seminars wurde mir jedoch schnell klar, daß viele Pädagogen, die Brain-Gym® in der Schule anwenden, oftmals vor Fragen gestellt werden. Sowohl Schüler als auch Eltern und Lehrer, die mit Interesse oder auch mit Skepsis beobachten, was kinesiologisch bemühte Lehrer mit ihren Schülern „anstellen", wollen genauer wissen, was da passiert, warum etwas passiert und ob es wissenschaftliche Beweise dafür gibt, daß die Brain-Gym®-Übungen wirklich helfen.

Daß sie helfen, wird jeder, der sie überlegt, gezielt und intensiv, aber auch mit Fingerspitzengefühl anwendet, recht bald erfahren. Daß solches Fingerspitzengefühl und darüber hinaus das Wissen um die neurophysiologischen und neuropsychologischen Wirkmechanismen kinesiologischer Übungen dringend erforderlich sind, hat Susanne Codoni in einem Artikel (2) sehr eindringlich deutlich gemacht.

Eine meiner Gesprächspartnerinnen hob ein weiteres Problem hervor: Die rein persönlichen Erfahrungen vom Erfolg dieser Übungen reichen manchmal in der Diskussion nicht aus. Es steht die Frage nach wissenschaftlich gesicherten, empirischen Beweisen. So rief mich eine Pädagogin hilfesuchend an, die wegen ihrer kinesiologischen Praktiken bei Eltern und bei bestimmten Institutionen in den Verdacht geraten war, sie betreibe das Werk von Sekten, die

Wirkung von Brain-Gym®-Übungen sei nicht nachgewiesen und wissenschaftlich nicht begründbar, die Übungen seien irgendwelcher „Hokuspokus".

In der Tat besteht ein dringender Bedarf an wissenschaftlich-empirischen Nachweisen der Wirkungen von kinesiologischen Übungen. In gleicher Weise reichen die wissenschaftlichen Fundamente für die kinesiologische Praxis aus der Sicht moderner neuropsychologischer Erkenntnisse bei weitem noch nicht aus. Hierzu ist auch zu sagen, daß Dennison seine Brain-Gym®-Übungen gerade erst vor fünfzehn Jahren entwickelt hat. Sie haben sich wegen ihres augenscheinlichen Erfolgs schnell verbreitet. Wissenschaftliche Untersuchungen fehlen noch weitgehend. Die akademische Wissenschaft hat sich ihrer noch kaum angenommen. Und doch stelle ich immer häufiger fest, daß sich Studenten, Diplomanden und auch Doktoranden, die sich im Rahmen ihrer wissenschaftlichen Ausbildung mit kinesiologischen Themen befassen wollen, an mich wenden.

Als ich mich vor einigen Jahren der vorliegenden Literatur zu kinesiologischen Themen zuwandte, mußte ich eben diesen Mangel an wissenschaftlich-empirischen Begründungen zur Kenntnis nehmen. Es schien mir, daß einerseits die neurophysiologischen und neuropsychologischen Begründungen der Wirkungsweise von Brain-Gym® nicht ausreichend dargestellt waren. Andererseits mangelte es an statistisch signifikanten Nachweisen ihrer Wirkungsweise anhand empirischer Untersuchungen bei ausreichend großen Untersuchungsgruppen. Aus meiner neuropsychologischen Erfahrung heraus war mir jedoch klar, daß *mehr* hinter diesen Übungen stecken müßte, als das in den ersten einschlägigen Büchern erkennbar wurde, die ich in die Hand bekam (wie *Befreite Bahnen* (3) oder *EK für Kinder* von Dennison (4)). So ging ich zunächst mit einiger Skepsis in die ersten Brain-Gym®-Kurse, machte mich aber sofort danach an die Arbeit, um mit meinen Patienten mit Lese-Rechtschreib-Schwierigkeiten auszuprobieren, ob beispielsweise die Dennison-Lateralitätsbahnung (DLB) tatsächlich geeignet ist, die Leseleistungen und die Steuerung der Augenbewegungen zu beeinflussen.

Erster Vorversuch

An wissenschaftliches Vorgehen gewöhnt, bereitete ich einen ersten Versuch vor, der sich gut in die routinemäßige Diagnostik und Therapie meiner Patienten einbauen ließ. Zunächst erprobte ich die DLB an 23 Kindern mit Lese-Rechtschreib-Schwierigkeiten. Jedes dieser Kinder, die ich wöchentlich einmal betreute, hatte vor der DLB einen Text aus den Niederschriftensammlungen der jeweiligen Klassenstufe zu lesen. Ich notierte die Zahl der Lesefehler und berechnete nach einer einfachen Formel den Prozentanteil der Fehler:
Fehlerzahl geteilt durch Anzahl der gelesenen Wörter mal 100.
Die Lesegeschwindigkeit berechnete ich nach der Formel:
Anzahl der gelesenen Wörter mal 60 Sekunden geteilt durch
Lesezeit
(Anzahl der benötigten Sekunden).

Nach dieser ersten Leseübung folgte die Dennison-Lateralitäts-bahnung (DLB), und danach ließ ich einen weiteren Text lesen, der vom Anspruchsniveau und von der Länge her mit dem ersten Text vergleichbar war. Wiederum berechnete ich den Prozentanteil von Lesefehlern (Fehlerprozent) und die Lesegeschwindigkeit (Wörter pro Minute). Im Ergebnis stellte sich bei allen 23 Kindern heraus, daß sich die Lesefehler überzufällig stark verringert hatten.

Im Laufe der Zeit konnte ich die Zahl der einbezogenen Kinder auf 63 im Alter von acht bis zwölf Jahren erhöhen und damit auch Untergruppen von besonders schwachen, mittelmäßig schwachen und einigermaßen normalen Lesern bilden. Das erwies sich als sinnvoll, weil sich im Verlauf des späteren Langzeitversuchs zeigte, daß diese Gruppen in unterschiedlicher Weise auf das Training reagierten.

An dieser Stelle sei hervorgehoben, daß ich die Untersuchungen in jedem Falle im Sinne eines natürlichen Experiments durchführte. Das ließ sich ohne zusätzlichen Aufwand in die wöchentliche Therapiestunde meiner kleinen Patienten einbauen. Für die Therapie waren die Untersuchungen mit ihren Trainingselementen und Leistungsüberprüfungen insofern von Nutzen, als sie jedem Kind immer wieder zeigten, welche Leistungsverbesserungen es meist unmittelbar durch die Brain-Gym®-Übungen erreichen konnte. Ich halte es geradezu für einen notwendigen Bestandteil der Therapie, daß sie durch immanente Verlaufsdiagnostik einerseits dem Kind seine Leistungsentwicklung deutlich macht und damit seine Motivation fördert und andererseits dem Therapeuten anzeigt, welche Ergebnisse er erreicht hat.

Die Ergebnisse des ersten Versuches zeigten, daß bereits nach einer einmaligen Dennison-Lateralitätsbahnung die Lesefehler von durchschnittlich 6,2% (Standardabweichung 4,8%) auf 4,8% (Standardabweichung 3,8%) gesenkt werden konnte. Damit war für mich zunächst einmal erwiesen, daß mit der DLB *keine zufälligen* Veränderungen erreicht wurden, die vielleicht nur bei bestimmten Kindern möglich wären. Einzelfalldarstellungen mit ähnlichen Wirkungen von einfachen Überkreuzbewegungen auf die Leseleistung liefert auch Barbara Meister Vitale (5).

Wie steht es um die Langzeitwirkung der DLB?

Es stellte sich mir aber die Frage, ob eine einmalige Lateralitätsbahnung ausreichen würde, um langfristige Wirkungen nach sich zu ziehen. Was die Gruppe der sehr schwachen Leser betraf, denen vor den Versuchen mehr als 10% Lesefehler unterlaufen waren, so konnte man nach *einer* DLB ohnehin nicht zufrieden sein. Die Lesefehlerquote dieser Gruppe hatte sich von durchschnittlich 11,8% auf 8,5% (Median) senken lassen. Das reichte bei weitem noch nicht aus, um den Anforderungen der Schule gerecht zu werden. Sinnverstehendes und ausreichend korrektes Lesen war damit noch nicht gesichert.

Die Gruppe der mittelmäßig schwachen Leser (5 bis 9,9% Lesefehler vor Versuchsbeginn) verbesserte sich nach der ersten DLB von durchschnittlich 7,1% auf 4,3% Lesefehler (Median). Nach meinen Erfahrungen mit Legasthenikern kann man mit einer Fehlerquote unter 5% einigermaßen sinnverstehend lesen.

Bei den normal lesenden Kindern, die weniger wegen schwacher Leseleistungen, sondern wegen ihrer vorrangigen Rechtschreibschwäche in Behandlung waren, verbesserte sich die Lesefehlerquote von 2,7% vor der DLB auf 2,2% nach der Bahnung. (Vgl. Abb. 1, S. 277)

Reichen wenige Bahnungsübungen aus?

Nach diesem einmaligen Versuch blieb die Frage offen, ob das erreichte Fehlerniveau über längere Zeit erhalten bleiben würde. Ich halte diese Frage für außerordentlich wichtig, denn hin und wieder werde ich mit der Auffassung von Praktikern konfrontiert, daß *eine* Bahnung ausreiche und daß man es den Müttern und den Kindern überlassen könne, zu Hause mit entsprechenden Übungen allein weiterzumachen. Ich bin zum einen der Auffassung, daß durchaus nicht jede Mutter in der Lage ist, zu Hause als Co-Therapeutin weiterzuwirken. Gerade bei Kindern mit Lernstörungen hat sich oft im Gefolge jahrelangen schulischen und häuslichen Drucks das Verhältnis zur Leistung im allgemeinen und zu den fordernden Müttern im besonderen in negativer Richtung entwickelt. Ich kann als Therapeut nicht garantieren, in welcher Weise die Übungen zu Haus weitergeführt werden. Ich möchte auch nicht, daß sie dazu beitragen, daß bereits vorhandener Leistungsdruck noch verstärkt wird. Wo allerdings das Mutter-Kind-Verhältnis noch in Ordnung ist, sollten die Übungen auf jeden Fall zu Haus weitergeführt werden. Das ist nach meinen Erfahrungen in vielen Fällen nicht so. Jedoch muß ich auch sagen, daß die besten und nachhaltigsten Erfolge eben bei jenen Kindern zu verzeichnen waren, bei denen die kombinierten Lese- und Bahnungsübungen in der Tat zu Hause ständig fortgesetzt wurden.

Kann man mit dem Muskeltest herausfinden, wieviele Bahnungen notwendig sind?

Ein anderes Problem kann entstehen, wenn Kinesiologen glauben, mit Hilfe des Muskeltests bestimmen zu können, wieviele Übungen notwendig sind oder wie lange geübt werden muß, um akute Lese- oder Rechtschreibschwächen zu beheben. Ich weiß aus der Arbeit mit meinen Patienten, die sich in den meisten Fällen über mehrere Jahre erstreckt, daß ein Übungsniveau, das man nach monatelangen Brain-Gym®-Übungen erreicht hat, nach einer Pause von einigen Monaten wieder verloren sein kann. Ich habe aber auch die Erfahrung gemacht, daß wenige erneute Brain-Gym®-Übungen genügen können, um das vorher erreichte Niveau wieder zu erreichen.

Dazu ist es notwendig, auf neuere Erkenntnisse der modernen Hirnforschung zu verweisen, welche die hirnorganischen Besonderheiten hervorheben, die bei Legasthenikern gegeben sein können. So hoben von Suchodoletz (6) sowie Rumsey et al. (7) hervor, daß das Zusammenwirken rechtshemisphärischer Funktionen der visuellen Buchstaben- und Wortanalyse und linkshemisphärisch gestützter Sprachanalyse bei Legasthenikern erschwert ist. Eine wesentliche Ursache für diese Schwäche haben Hynd und Mitarbeiter (8) erst in jüngster Zeit entdeckt. Sie maßen mit Hilfe der Magnet-Resonanz-Tomographie die Größe des Verbindungsorgans zwischen den beiden Hirnhemisphären (Corpus callosum) bei 16 Legasthenikern aus und verglichen die Befunde mit denen von 16 Normallesern. Die Ergebnisse zeigten, daß die vordere Region des Corpus callosum bei den Legasthenikern signifikant kleiner entwickelt war. Die Autoren schlußfolgern, daß sich daraus die Schwierigkeiten beim Lesen und Schreiben erklären lassen, die auf dem erschwerten interhemisphäriellen Austausch beruhen.

Ich betone diese Zusammenhänge in einer solchen Ausführlichkeit, um darauf aufmerksam zu machen, daß schnelle Erfolge mit wenigen Brain-Gym®-Übungen nicht zu der Annahme verleiten dürfen, damit sei alles getan. In der Tat sind die hirnorganischen Besonderheiten bei Legasthenikern im Einzelfall so bedeutend, daß es ständiger Übung bedarf, um stabile Veränderungen im Zentralnervensystem zum Beispiel mit der Kombination von Bahnungs- und Leseübungen „anzubahnen". Aus diesen Gründen war für mich die Frage von eminenter Bedeutung, wie lange die kombinierten Lese- und Lateralitätsbahnungen erforderlich sein würden. Für die Gruppe der sehr schwachen Leser stellte sich diese Frage nach der Wirkung einer einmaligen DLB nicht so sehr, denn mit ihren Leistungen konnte man ohnehin noch nicht zufrieden sein.

Ich entschloß mich daher, die kombinierten Lese- und Bahnungsübungen in der beschriebenen Weise über einen längeren Zeitraum zu wiederholen. Je nachdem, wie schnell die angestrebten normalen Leseleistungen erreicht werden konnten, erstreckten sich die Versuche über einen Zeitraum von einem bis zu fünfzehn Monaten. Bei der Untergruppe der normalen Leser (28 Kinder) konnten die Übungen nach wenigen Wochen abgeschlossen werden (Gruppe 3 in Abb. 1). In der Untergruppe der mittelmäßig schwachen Leser (20 Kinder) war zu beobachten, daß sich die Fehlerquote in der Woche zwischen den Übungen im Einzelfall wieder leicht erhöhen konnte. Die Wirkung der Brain-Gym®-Übungen schien also nicht über den Zeitraum einer Woche anzuhalten. Erst nach mehreren Wochen wurde in der Gesamtgruppe ein stabilerer Leistungsstand erreicht.

Noch deutlicher zeigte sich das „Sägezahnmuster" von wiederansteigender Fehlerquote in der Gruppe der sehr schwachen Leser (15 Kinder). Bei diesen Kindern war erst nach neun Wochen eine durchschnittliche Fehlerquote unter 5% erreicht. Es wurde hier am deutlichsten sichtbar, daß das Fehlerniveau in der übungsfreien Zeit wieder ansteigen konnte, auch wenn es in den allermeisten Fällen unter dem Ausgangsniveau der Vorwoche blieb. In der Tendenz hatte aber das Sägezahnmuster einen Verlauf, der deutlich eine abnehmende Fehlerquote erkennen ließ, wie das in Abb. 4 erkennbar ist. (Vgl. Abb. 2, S. 277, und Abb. 4, S. 278)

Kontrolluntersuchungen, die ich bei einzelnen Kindern mehrere Monate nach Beendigung der kombinierten Lese- und Bahnungsübungen vornahm, zeigten jedoch, daß das Fehlerniveau wieder auf ein unerwartet hohes Niveau ansteigen konnte. Auch traten in Einzelfällen wieder die okulomotorischen Störungen, also das typische Hüpfen der Augen auf, das sich schon nach den ersten Lateralitätsbahnungen kaum noch gezeigt hatte.

Es ergab sich für mich also die Schlußfolgerung, daß die kombinierten Lese- und Bahnungsübungen je nach Ausgangsleistung und Übungsverlauf über einen längeren Zeitraum betrieben müssen werden. Bei den Kindern mit Rückfällen nach längerer übungsfreier Zeit zeigte sich jedoch, daß schon wenige erneute Bahnungsübungen ausreichten, um das vorher erreichte Niveau wiederherzustellen. (Vgl. Abb. 3, S. 278)

Für den Therapeuten, der mit Legasthenikern arbeitet, bedeutet dies, daß die Übungen nicht zu früh abgeschlossen werden und daß auch nach einem Zeitraum von zwei bis drei Monaten erneute Überprüfungen des Leseniveaus vorgesehen werden sollten, um notwendigenfalls die Fehlerquote wieder zu senken. Auch mußte ich beobachten, daß in Einzelfällen nach einer längeren Übungs-pause die Störungen der Okulomotorik erneut auftraten, nachdem sie durch die Bahnungsübungen in fast allen Fällen weitgehend überwunden worden waren. Erneute Bahnungsübungen führten im allgemeinen dazu, daß die Störungen der Augensteuerung wieder zurückgedrängt werden konnten. Auch durch diese Erfahrungen mag unterstrichen werden, daß die Übungen über einen recht langen Zeitraum betrieben werden müssen, wenn sie zu stabilen Veränderungen von Lesefertigkeiten und auch zu Veränderungen physiologischer Grundlagen des Lesens, nämlich der Steuerung der Okulomotorik, führen sollen.

Ich reite auf dieser Erfahrung herum, weil man hier und da auf kinesiologisch arbeitende Praktiker trifft, die der Auffassung sind, mit einer oder wenigen Bahnungen oder anderen kinesiologischen Übungen könne man Eltern und Kinder sich selbst überlassen. Solche Praktiken führen dann bei skeptischen Beobachtern zu der Meinung, mit Kinesiologie mache man den Eltern lerngestörter Kinder nur falsche Hoffnungen. Ich selbst bin von wissenschaftlich arbeitenden Kollegen mit einer solchen Meinung konfrontiert worden, und es war dies für mich ein Anlaß mehr, ernsthaft nach den Wirkmechanismen von Brain-Gym®-Übungen zu suchen und den Versuch zu wagen, ihre Wirkung empirisch nachzuweisen.

Wirkung der DLB auf längere Leseübungen

Jeder, der mit Legasthenikern arbeitet, macht früher oder später die bittere Erfahrung, daß die Leseleistungen um so schlechter werden, je länger man eine Leseübung ausdehnt. Die Fehlerquote nimmt mit jeder zusätzlichen Übung zu, das Lesetempo wird immer langsamer. Eltern, die glauben, sie müßten mit ihren Kindern besonders eifrig und lange üben, sehen sich vor die Tatsache gestellt, daß die Übungsergebnisse um so schlechter werden, je länger sie ihre Kinder zum Lesen zwingen. Professor Burkhardt Fischer (9), ein Augenarzt, der sich mit der Legasthenie und ihren Ursachen aus der Sicht der Augenheilkunde beschäftigt, hat in einem Vortrag auf dem 10. Fachkongreß für Legasthenie darauf hingewiesen, daß Legasthenikern beim Lesen und Schreiben nach kurzer Beanspruchung die Augen geradezu verkrampfen. Es kostet sie zunehmend größere Anstrengung, ihre Energie auf das Lesen oder Schreiben zu konzentrieren, je länger sie ihre Augen dabei anspannen müssen.

Für mich erhob sich daher die Frage, ob die Dennison-Lateralitätsbahnung nicht auch in diesem Bereich eine positive Wirkung ausüben könnte. Bei den kombinierten Lese- und Bahnungsübungen hatte ich in fast allen Fällen eine Verbesserung der Augensteuerung feststellen können, und so wollte ich prüfen, ob die DLB auch bei längeren Leseübungen ein vorzeitiges Ermüden, die bekannte Zunahme der Lesefehlerquote und den Tempoabfall verhindern könnte. Die Versuchsanordnung sah deshalb vor, daß die beteiligten 35 Legastheniker im Rahmen der Voruntersuchung im Verlauf einer Therapiestunde zunächst nacheinander vier Texte aus den Diktatstoffen ihrer jeweiligen Klasse lesen sollten. Je nach Klassenstufe umfaßten die Texte zwischen 40 und 120 Wörter. Für jeden Text wurden nach dem Lesen die Fehlerquote in Prozenten und das Lesetempo (Wörter pro Minute) erfaßt. Beim Hauptversuch, der in einer der nachfolgenden Therapiestunden stattfand, wurde nach dem Lesen des ersten Textes die Dennison-Lateralitätsbahnung vorgenommen, und danach wurden wie bei der Voruntersuchung vier weitere Texte mit vergleichbarer Länge und Schwierigkeit gelesen. Wiederum wurden die Fehlerquote und das Lesetempo für jeden Text erfaßt.

Die Ergebnisse des Vorversuchs ohne DLB bestätigten die Erfahrung, daß mit jedem Text die Fehlerquote anstieg und gleichzeitig das Lesetempo abnahm. Was nicht gemessen werden konnte, war die zunehmende Lustlosigkeit und Frustration der Kinder, die sich zwangsläufig mit dem Leistungsabfall nach jedem Text ergaben. Ich habe das die Kindern bewußt erleben lassen, nach jedem Text Fehlerquote und Lesetempo berechnet und ihnen diese Daten mitgeteilt. Ich hielt es für notwendig, diese an sich bittere Erfahrung zu vermitteln. Denn schon nach den ersten folgenden Nachuntersuchungen konnte ich davon ausgehen, daß sich nach den Bahnungsübungen eben die gegenteilige Erfahrung einstellen würde, nämlich das bewußte Erleben der Leistungssteigerung nach jedem Text.

Bei der Nachuntersuchung ergab sich in der Tat diese Leistungs-steigerung, die durch die DLB begründet wurde. Sie hielt über fünf Lesetexte an.

Von zwei Ausnahmen sei berichtet: Bei zwei Kindern, die über die Jahre auch mit der DLB zu keiner durchschlagenden Verbesse-rung ihrer Leseleistung kamen, ließ ich bei allen fünf Leseübungen des Hauptversuchs stets den gleichen Text lesen. Es handelte sich bei diesen beiden Legasthenikern offensichtlich um eine beson-ders stark ausgeprägte Leseschwäche mit ernsthafteren hirn-organischen Besonderheiten. Während diese beiden Kinder es nicht vermochten, ihre Leseleistung bei ständig neuen Texten zu verbessern, gelang ihnen das wenigstens beim Üben des jeweils gleichen Textes. Ich habe mich letztlich mit diesem kleinen Erfolg beschieden, weil es bei diesen beiden Kindern nicht in erster Linie darum gehen konnte, eine Forschungshypothese zu verifizieren, sondern ihnen ganz einfach zu helfen, jenen Text einigermaßen lesen zu lernen, der in der nächsten Unterrichtsstunde auf der Tagesordnung stand.

(Vgl. zu diesem Abschnitt Abb. 4, S. 278, und Abb. 5, S. 279)

Wirkungen der DLB auf die Okulomotorik

An dieser Stelle muß vermerkt werden, daß von den 63 Leg-asthenikern, die in die Studie einbezogen waren, rund 70% vor Beginn der kombinierten Lese- und Bahnungsübungen mehr oder weniger ausgeprägte Störungen der Okulomotorik aufwiesen. Auf diese Schwierigkeiten haben Augenärzte hingewiesen, die sich speziell mit Legasthenikern befaßt haben (9). Meine Patienten waren in diesem Sinne nicht oder nur schwer in der Lage, mit den Augen einem in horizontaler, vertikaler oder kreisförmiger Bewe-gung befindlichen Objekt zu folgen. Ihre Augen „hüpften" insbe-sondere beim Überschreiten der Körpermitte. Eine meiner kleinen Patientinnen drückte das folgendermaßen aus: „Mir hüpfen die Buchstaben vor den Augen." Es waren indessen nicht die Buch-staben, die hüpften, sondern die Augen dieses Kindes. In einigen Fällen war auch zu beobachten, daß das Fixieren der Augen in einer bestimmten Richtung erschwert war. Die Übungen der DLB trugen insbesondere dazu bei, diese Störungen der Okulomotorik zu verringern bzw. vielfach sogar zu beheben, soweit man nach einem Zeitraum von fünfzehn Monaten von stabilen Veränderungen sprechen kann. Wesentlich ist dabei, daß dem Therapeuten und dem Kind, das die Übungen bewußt anwendet, ein Mittel in die Hand gegeben ist, erneut auftretende Störungen wieder zu überwinden. Daß das möglich ist, konnte ich an Einzelfällen mehrfach erfahren. So besuchte mich letztens ein ehemaliger Patient, den ich nach mehrjähriger Betreuung mit recht ordentlichen Lese- und Rechtschreibleistungen aus der Therapie entlassen hatte. Um sich auf seine bevorstehende Schulabschlußprüfung vorzubereiten, wünschte er eine Auffrischung des Trainings, nachdem er länger als ein Jahr nicht bei mir gewesen war. Das erwies sich auch als notwendig. Denn seine Augen hüpften wieder wie zu Beginn der Therapie. Auch zeigten sich wieder die üblichen Reihenfolgefehler (Buchstabenvertauschungen innerhalb eines Wortes) beim Lesen von Wörtern, die im Laufe des Trainings so gut wie überwunden waren. Es genügten aber einige Übungen aus der DLB, um den Leistungsstand wiederherzustellen, der im Laufe der Therapie erreicht worden war.

Wirkungen auf die kognitive Geschwindigkeit

In einem weiteren, getrennten Versuch wollte ich prüfen, ob sich die Dennison-Lateralitätsbahnung positiv auf die kognitive Geschwindigkeit auswirken kann. Hier ging ich ähnlich vor, wie ich es bei den kombinierten Lese- und Bahnungsübungen getan hatte. Ich ließ die Kinder im Einzelversuch zunächst den Zahlenverbindungstest (ZVT) von Oswald und Roth (10) abarbeiten. Nach Darstellung der Autoren prüft dieser Test die kognitive Geschwindigkeit, mit anderen Worten: das Tempo, mit dem geistige Prozesse ablaufen. Die Autoren bezeichnen den Zahlenverbindungstest auch als Intelligenztest, weil sie davon ausgehen, daß intelligentes Verhalten immer auch ein hohes Tempo der Wahrnehmungsprozesse und der auf ihnen beruhenden motorischen Reaktionen erfordert. Ich glaube aber, daß mit dem Zahlenverbindungstest in hohem Maße Konzentrationsleistungen geprüft werden. Bei diesem Test müssen die Probanden auf je vier A 4-Blättern neunzig Zahlen in aufsteigender Reihenfolge mit Strichen verbinden. Die Zahlen sind nach einem unregelmäßigen Muster auf den Blättern angeordnet. Gemessen wird die Geschwindigkeit bei der Bearbeitung der Aufgabe.

Mein Testdesign sah vor, daß meine Patienten zunächst den ZVT in einem Prätest abarbeiteten. Unmittelbar danach folgte die Dennison-Lateralitätsbahnung und sofort darauf eine erneute Bearbeitung des Zahlenverbindungstests.

Bei allen 45 Kindern, die in den Versuch einbezogen waren, konnten die Leistungen im ZVT von einem durchschnittlichen Prozentrang von 37,7 vor der Bahnungsübung auf einen durchschnittlichen Prozentrang von 57,2 nach der DLB gesteigert werden. Anders ausgedrückt bedeutet das, daß vor den Bahnungsübungen 37,7% der Kinder der entsprechenden Altersgruppen schlechtere Leistungen erzielt hätten, während der Prozentanteil schlechter abschneidender Vergleichskinder nach der Bahnung auf 57,2% anstieg. Um prüfen zu können, ob die Veränderungen überzufällig (signifikant) waren, wandelte ich die Prozentränge in T-Werte um. Die nachfolgende Tabelle zeigt die entsprechenden Mittelwerte und Standardabweichungen im Prä- und Posttest.

	Mittelwert	Standardabweichung
Prätest	44,6	12,8
Posttest	53,9	10,5

Mit dem T-Test konnten signifikante Mittelwertsunterschiede auf dem 5%-Niveau der Wahrscheinlichkeit nachgewiesen werden.

Bei den ersten Vorversuchen war ich zunächst sehr gespannt und bangte heimlich mit jedem Kind, ob es nach der DLB seine Leistungen steigern würde. Oft konnte ich mich nur mit Mühe zwingen, die Kinder bei der zweiten Testabarbeitung (Posttest) nicht „anzutreiben". Nachdem ich aber bei den ersten zehn bis fünfzehn Kindern feststellen konnte, daß sich die Leistungen nach der DLB in jedem Fall verbesserten, gelang es mir, mich bei den Posttests „zurückzulehnen" und ruhig abzuwarten. Die Leistungen verbesserten sich in jedem Fall nach der DLB. (Vgl. Abb. 6, S. 279)

Die Ergebnisse des Gesamtversuchs machten deutlich, daß sich die Dennison-Lateralitätsbahnung signifikant auf die kognitive Geschwindigkeit auswirkt. Aufgaben, die konzentriertes Zählen unter Nutzung visueller und graphomotorischer Leistungen erfordern, werden nach der DLB schneller, flüssiger und fehlerfreier bewältigt. Es kann darüber hinaus damit gerechnet werden, daß sich die DLB auf die Steuerung der Augenbewegungen positiv auswirkt, welche beim visuellen Erfassen der Zahlen natürlicherweise von wesentlicher Bedeutung sind.

Was aus neurophysiologischer Sicht durch die Bewegungsübungen der Lateralitätsbahnung im Zentralnervensystem abläuft, mag anschaulich werden, wenn man eine Abbildung in einer Veröffentlichung von Lassen et al. (11) betrachtet, die zeigt, wie sich die Hirndurchblutung schon bei einfachen rhythmisch-greifenden Bewegungen der rechten Hand drastisch erhöht. Für einen solchen Versuch wird dem Patienten über die Halsschlagader, welche die jeweilige Hemisphäre versorgt, ein unschädliches Mittel eingeführt (Xenon 133), das eine schwache, kurzzeitig wirkende Gammastrahlung ausübt. Diese Strahlung kann dann mit Hilfe des entsprechenden bildgebenden Verfahrens sichtbar gemacht werden. Verstärkte Durchblutung konnte bei solchen Untersuchungen in jenen Hirnstrukturen nachgewiesen werden, die für die Lösung einer Aufgabe aktiviert wurden. Mit der verstärkten Durchblutung wird die Versorgung dieser Strukturen, ihre Aktivierung und die Aufrechterhaltung der Aktivierung erst möglich.

Wir können annehmen, daß die komplexen Bewegungsmuster der DLB, die weit über die relativ einfachen Handbewegungen hinausgehen, wie sie im obigen Versuch erwähnt werden, mindestens eine ebensolche Erhöhung des Blutdurchflusses in großen Teilen des Gehirns zur Folge haben. Das würde einer eher globalen Aktivierung entsprechen, welche eben jene Steigerung der kognitiven Geschwindigkeit ermöglicht, die ich in meinen Versuchen mit dem Zahlenverbindungstest nachweisen konnte. Darüber hinaus aber nehmen insbesondere jene Übungen der DLB, mit denen die Körpermitte überschritten wird, Einfluß auf das Organ, das beide Hirnhemisphären verbindet, nämlich das Corpus callosum. Und dadurch ist wiederum zu erwarten, daß auch der Informationsaustausch zwischen den Hemisphären in einer Weise beeinflußt wird, die zur besseren Nutzung ihrer unterschiedlichen Funktionen und Potenzen führen.

Wirkungen auf Lernfähigkeit und Gedächtnisleistungen

In einer weiteren Versuchsreihe versuchte ich zu prüfen, wie sich die Dennison-Lateralitätsbahnung auf Lern- und Gedächtnisleistungen auswirkt. In diese Untersuchung waren 45 Kinder in Einzelversuchen einbezogen. In ähnlicher Weise wie bei den vorangegangenen Versuchsanordnungen ließ ich die Kinder in einem Prätest vor der DLB drei Untertests der Lerntestbatterie „Luria 90" nach Simernitzkaya und Donczik (12) abarbeiten.

Im ersten Untertest, dem „2 × 3-Wortlernversuch", haben die Probanden die Aufgabe, zwei Wortgruppen von je drei Wörtern in maximal fünf Lerndurchgängen einzuprägen. So werden ihnen zunächst die drei Wörter

Baum   Tisch   Mann

einer ersten Wortgruppe vorgetragen, und sie werden gebeten, die Wörter nachzusprechen und sie sich zu merken.

Danach werden ihnen die Wörter der zweiten Wortgruppe

Wald   Kuchen   Hand

vorgetragen, und sie werden wiederum aufgefordert, sie nachzusprechen und sie sich zu merken. Unmittelbar nach dieser ersten Darbietung und dem Nachsprechen erfolgt die Prüfung des unmittelbaren Gedächtnisses (auch als *Kurzzeitgedächtnis* bezeichnet), indem die Kinder aufgefordert werden, jetzt zuerst die Wörter der ersten Gruppe und danach die Wörter der zweiten Gruppe zu reproduzieren.

Wenn diese Aufgabe gelöst wird, kann das *Arbeitsgedächtnis* geprüft werden, indem nochmals nach den Wörtern der ersten und danach nach den Wörtern der zweiten Wortgruppe gefragt wird, ohne daß diese erneut dargeboten werden.

Diese Reproduktionsleistung geht über das unmittelbare Gedächtnis hinaus und erfordert schon ein etwas längeres Behalten. Arbeitsgedächtnisleistungen sind beispielsweise erforderlich, wenn man sich bei einer Rechenoperation bestimmte Zahlen oder aber auch den Ablauf bestimmter Operationen merken soll. Im Verlauf der Lerntestbatterie „Luria 90" sind die abgerufenen Arbeitsgedächtnisleistungen aber auch eine gewisse Voraussetzung für die Stabilisierung des Lernprozesses und damit für die später erfolgende Prüfung des verbal-auditiven Langzeitgedächtnisses.

Das *Langzeitgedächtnis* wird geprüft, nachdem zwischenzeitlich ein weiterer Untertest zu absolvieren ist. Es handelt sich um den „Buchstabenlernversuch", in dessen Verlauf eine Folge von fünf Buchstaben zunächst visuell angeboten und in maximal fünf Lerndurchgängen „einzulernen" ist. Dabei wird die rechte Hand zum Schreiben der Buchstabenfolge verwendet.

In einem „Figurenlernversuch" ist dann in ähnlicher Weise eine Folge von fünf sinnfreien Figuren „einzulernen". Dabei ist als Besonderheit zu beachten, daß die Figurenfolge mit der linken Hand abgezeichnet und danach in maximal fünf Lerndurchgängen zu reproduzieren ist.

Den Leser mag dieser komplizierte Ablauf verwirren, aber die Testbatterie ist in besonderer Weise geeignet, Ursachen von Lernstörungen aufzudecken, welche in Störungen des verbal-auditiven oder des visuellen Gedächtnisses zu suchen sind. Sie gibt des weiteren Aufschluß über Kurzzeit-, Arbeits- und Langzeitgedächtnisleistungen. Und sie kann auch Hinweise dafür liefern, ob es einem Kind leichter fällt, Material zu erlernen, das es mit der *rechten* oder mit der *linken* Hand „eingelernt" hat. Eine solche Fragestellung kann für manches Kind von entscheidender Bedeutung sein, wenn es darum geht, ob es mit der rechten oder mit der linken Hand schreiben lernen soll.

Im vorliegenden Untersuchungsgang hatte ich mich nur auf den „2 × 3-Wortlernversuch" und den „Buchstabenlernversuch" beschränkt, während die gesamte Lerntestbatterie „Luria 90" noch einen weiteren Untertest, nämlich den „5-Wortlernversuch" enthält, der die Kapazität des verbal-auditiven Gedächtnisses prüft.

Demgegenüber soll mit dem „2 × 3-Wortlernversuch" in erster Linie die Stabilität verbaler Lernleistungen gegenüber Störeinflüssen geprüft werden. Dabei geht Luria (13), der eigentliche Schöpfer dieses Lernversuchs, davon aus, daß das Erlernen der ersten Wortgruppe sich hemmend auf das Einprägen und Behalten der zweiten Wortgruppe auswirken kann und umgekehrt.

Prätest

Im Prätest hatte jedes der beteiligten 45 Kinder den „2 × 3-Wortlernversuch" und den „Buchstabenlernversuch" abzuarbeiten. Die Tests wurden jeweils am Anfang einer Therapiestunde durchgeführt. Im statistischen Mittel lag beim „2 × 3-Wortlernversuch" die *Kurzzeitgedächtnisleistung* (unmittelbares Gedächtnis) im Prätest bei einem Prozentrang von 73. Das bedeutete, daß 73% der Normierungsstichprobe ein besseres Ergebnis erreicht hätten, beziehungsweise 27% hätten schlechter abgeschnitten. Ergänzend ist an dieser Stelle zu bemerken, daß die Normtabellen für die Lerntestbatterie „Luria 90" so „gepolt" ist, daß niedrige Prozentränge für gute Leistungen und hohe Prozentränge für schwache Leistungen vergeben werden. Die Standardabweichung (Schwankung nach oben und unten) lag bei 27 Prozentrangpunkten.

Im *Arbeitsgedächtnis* lag die mittlere Prätestleistung bei Prozentrang 66, bei einer Standardabweichung von 31 Prozentrangpunkten. Im *Langzeitgedächtnis* erreichten die 45 Kinder im Durchschnitt einen Prozentrang von 52, bei einer Standardabweichung von 28 Prozentrangpunkten.

Im „Buchstabenlernversuch" lagen die Prätestleistungen im *unmittelbaren Gedächtnis* bei Prozentrang 83 (Standardabweichung 21) und im *Langzeitgedächtnis* bei Prozentrang 70 (Standardabweichung 23).

Posttest

Ein bis drei Wochen nach dem Prätest ließ ich in Einzelversuchen die beiden Tests erneut abarbeiten, variierte jedoch das Lernmaterial, so daß andere Wörter und andere Buchstabenfolgen verwendet wurden. Das ist notwendig, um Gedächtniseffekte auszu-schließen, die sich aus der Bekanntheit des Lernmaterials ergeben könnten. Vor dem Posttest führte ich mit den Kindern in jedem Falle die Dennison-Lateralitätsbahnung durch.

Die Ergebnisse zeigten, daß sich die Gedächtnisleistungen in allen Parametern signifikant verbesserten, wie aus Abbildung 7 und 8 erkennbar wird. (S. 280)

In der nachfolgenden Tabelle ist wiederum eine Umrechnung der Mittelwerte und Standardabweichungen in T-Werte vorgenommen worden, um die notwendigen Signifikanzberechnungen zu ermög-lichen.

	Prätest		Posttest		Signifikanz-niveau
2x3-Wortlernversuch	Mittel-wert	Standard-abweichg.	Mittel-wert	Standard-abweichg.	
unmittelbares Gedächtnis	59,5	7,1	55,1	7,5	0,02
Arbeitsgedächtnis	56,8	8,7	51,5	8,2	0.005
Langzeitgedächis	51,5	7,9	44,0	9,8	0,005
Buchstabenlernversuch					
unmittelbares Gedächtnis	64,4	7,0	58,8	8.7	0,05
Langzeitgedächtnis	56,9	5,8	53,1	6,4	0,05

Über diese Untersuchungen habe ich in einem Artikel berichtet (14). In der Folgezeit stellte ich mir allerdings die Frage, ob sich nicht auch *ohne* die Dennison-Lateralitätsbahnung die Lern- und Gedächtnisleistungen bei einer Retestung nach ein bis drei Wochen verbessert hätten, allein weil den Kindern ja beim Posttest der Testablauf bekannt war, auch wenn das Gedächtnismaterial an sich variiert wurde.

Ich wiederholte also die gesamte Prozedur mit 35 Kindern, schaltete jedoch dem Posttest *nicht* wie bei der vorherigen Versuchsanordnung die DLB vor. Wiederum wurde das Gedächt-nismaterial im Posttest variiert. Die Ergebnisse zeigen beim „2 × 3-Wortlernversuch" sehr geringfügige Verbesserungen in der

Kurzzeitgedächtnisleistung und in der Arbeitsgedächtnisleistung. Bemerkenswert ist aber, daß sich die Langzeitgedächtnisleistungen geringfügig verschlechterten. Alle Veränderungen zwischen Prä- und Posttest erwiesen sich nicht als signifikant. Die nachfolgende Tabelle zeigt die Prä- und Posttestleistungen im „2 × 3-Wortlernversuch".

		Prätest	Posttest
2 × 3-Wortlernversuch	Kurzzeitgedächtnis	PR 69	PR 66
	Arbeitsgedächtnis	PR 60	PR 56
	Langzeitgedächtnis	PR 56	PR 59

Im Buchstabenlernversuch waren die Ergebnisse ähnlich, jedoch unterschieden sich Prä- und Posttestleistungen im Kurzzeitgedächtnis etwas deutlicher, während die Langzeitgedächtnisleistungen etwa gleich blieben.

		Prätest	Posttest
Buchstabenlernversuch	Kurzzeitgedächtnis	PR 75	PR 64
	Langzeitgedächtnis	PR 69	PR 66

Im Gegensatz zum „2 × 3-Wortlernversuch" unterschieden sich die Prä- und Posttestleistungen beim „Buchstabenlernversuch" im Bereich des unmittelbaren Gedächtnisses (Kurzzeitgedächtnis) signifikant auf dem 5-Prozent-Niveau, nicht jedoch im Langzeitgedächtnis. (Vgl. Abb. 9 und 10, S. 281)

Die Ergebnisse dieser Kontrolluntersuchung belegen, daß die im Hauptversuch gewonnenen Verbesserungen der Lerntestergebnisse nach der Dennison-Lateralitätsbahnung nicht allein durch die Wiederholung der Lerntests zustande kamen. Es wurde deutlich, daß eine einfache Testwiederholung keine Leistungsverbesserungen nach sich zieht. Eine Ausnahme bilden die Kurzzeitgedächtnisleistungen im Buchstabenlernversuch, die jedoch durch die in Prä- und Posttest gleichbleibenden Langzeitgedächtnisleistungen relativiert werden. Es erscheint also wichtig zu betonen, daß namentlich die Langzeitgedächtnisleistungen durch die

Lateralitätsbahnung positiv beeinflußt werden können, da diese für erfolgreiches Lernen die größere Bedeutung haben.

Schlußfolgerungen für die pädagogische Praxis

Für den an wissenschaftlichen Untersuchungen weniger interessierten Leser mögen die beschriebenen Daten kaum interessant sein. Ich halte es deshalb für wichtig, auf die möglichen Folgerungen für das Lernen im Unterricht und auch für häusliches Lernen hinzuweisen. Die Untersuchungen belegen nämlich eines mit ziemlicher Deutlichkeit:

Die Dennison-Lateralitätsbahnung wirkt sich eindeutig auf Gedächtnisleistungen aus. Dabei sind Langzeitgedächtnisleistungen am stärksten beeinflußbar. Für Unterstützung erfolgreichen Lernens im Unterricht und für das häusliche Lernen könnte das bedeuten, daß es in jedem Falle sinnvoll ist, vor dem Lernen die DLB einzuschalten. Nachdem Dennison neuerdings empfiehlt, diese Übungsfolge nicht mehr wie bisher im Liegen, sondern im Stehen durchzuführen, könnte sie unter Umständen auch in den Unterricht oder vor Beginn des Unterrichts eingebaut werden. Daß sie vor dem häuslichen Lernen sinnvoll und möglich ist, bedarf keiner Frage. Manche meiner Patienten mit Teilleistungsstörungen oder anderen Lernstörungen bedienen sich der DLB auch morgens zu Hause, bevor sie in die Schule gehen oder nachmittags vor den Hausaufgaben. Von diesen Patienten höre ich dann auch, daß sie am besten beim Lernen vorankommen.

An dieser Stelle sei mir gestattet, von Matthias, einem meiner ehemaligen Patienten, zu berichten. Seine Mutter hatte mir zu Beginn der Therapie erzählt, daß er jeden Morgen mit übler Laune aufwachte, mit hängendem Kopf und herunterhängenden Armen widerwillig zur Schule stolperte, so daß sie über die Jahre jeden Morgen sorgenvoll hinter ihm herschauen mußte, voller Angst, er könnte in das nächste Auto laufen. Ich empfahl ihr, mit dem Jungen morgens schon im Bett die DLB durchzuüben. Und das ging gut. Es gefiel ihm, daß die Mutter sich schon morgens Zeit für ihn nahm, ihn auch an Händen und Beinen packte und seine müden Glieder „walkte". Offensichtlich gab es hier auch ein Bedürfnis nach körperlicher Berührung, vielleicht sogar ein Defizit, das aus früherer Zeit herrührte. Die Übungen hatten eine Reihe überraschender Folgen: Die Übellaunigkeit am Morgen löste sich in Wohlgefallen auf, der Junge lernte, auf dem Weg zur Schule mit wachem Blick seine Umgebung wahrzunehmen, unter anderem auch, weil durch die Übungen seine bis dahin gestörte Okulomotorik jetzt normal funktionierte. Und er überkreuzte beim Gehen nun auch die Körpermitte mit den Armen und ließ diese nicht mehr schlaff herunterhängen. Die Übungen hatten ihm einfach geholfen, seine natürlichen Bewegungsmuster zu finden, sie für den täglichen Gebrauch zu festigen und aufrechten Ganges und mit wachem Blick durch die Welt zu gehen. Ich konnte seine LRS-Therapie nach anderthalb Jahren erfolgreich abschließen. Seine Deutschlehrerin bestätigte, daß seine Lese- und Rechtschreibleistungen zum Ende der Therapie ein Niveau erreicht hatten, das über dem mancher Schüler lag, die keine Legastheniker waren.

Wie wirken Brain-Gym®-Übungen auf die Lautunterscheidung?

Schwächen in der Lautunterscheidung sind eine der wesentlichen Ursachen für Rechtschreibschwierigkeiten. Insbesondere bei Legasthenikern sind diese Schwierigkeiten – auch als phonematische Differenzierungsschwächen bezeichnet – weit verbreitet. Unter 53 Legasthenikern fand ich 43 Kinder (82%) mit mehr oder weniger ausgeprägten Problemen dieser Art.

Neuere Ergebnisse der Hirnforschung haben die hirnorganischen Ursachen aufgedeckt. So fand Galaburda (15), daß bestimmte Schaltstellen in subkortikalen Strukturen des Gehirns (Nucleus geniculatus), in welchen Sprachwahrnehmungen vom Ohr zum Großhirn weitergeleitet werden, bei Legasthenikern kleiner als üblich und damit weniger leistungsfähig sind. Auch die Zelldichte in diesen Strukturen ist weniger kompakt. Das führt zu einer verlangsamten Verarbeitung von Sprachwahrnehmungen. So können bestimmte Laute, die in unserer Sprache inmitten eines Wortes nur sehr kurz anklingen, schlecht erkannt und von anderen ähnlichen Lauten unterschieden werden.

Mit dem Oszillogramm läßt sich nachweisen, daß beispielsweise der Laut „t" in der Silbe „ta" nur etwa 40 bis 50 Millisekunden lang hörbar ist. Ähnliche Laute, wie „g" oder „b", erscheinen ebenfalls nur sehr kurz, während die vergleichbaren Laute „k" und „p" eine andere zeitliche Ausdehnung aufweisen. Wenn die auditive Verarbeitungsgeschwindigkeit eines Legasthenikers aber herabgesetzt ist, wie das vielfach der Fall ist, können diese Laute schwer unterschieden werden.

So kann es passieren, daß anstatt des Lautes „K" in dem Wort „Kanne" ein „T" gehört und das Wort als „Tanne" aufgefaßt wird. Bekannte Laute (Phoneme), die von Legasthenikern besonders häufig verwechselt werden, sind **d** und **t**, **t** und **g**, **b** und **p**, **m** und **n**, **g** und **k**, **w** und **b**.

Läßt sich die auditive Ordnungsschwelle mit Brain-Gym®-Übungen beeinflussen?

Mit der Prüfung der auditiven Ordnungsschwelle läßt sich ein Eindruck davon gewinnen, wie schnell das Hörsystem vom Ohr bis zum Gehirn bei der Verarbeitung von Hörreizen arbeitet. Diese auditive Ordnungsschwelle wird als diejenige Zeitspanne bezeichnet, die notwendig ist, um zeitlich schnell aufeinanderfolgende Hörreize voneinander zu unterscheiden.

Nach Pöppel (16) wird eine solche kleinste Zeitspanne bei Gesunden mit 40 Millisekunden angenommen. Mit Hilfe eines einfachen, von Fred Warnke (17) entwickelten Gerätes, „Brain-Boy" genannt, habe ich diese auditive Ordnungsschwelle inzwischen bei mehr als 60 Legasthenikern ermittelt, um sie anschließend in verschiedenen Variationen zu trainieren.

In der ersten Variante hatten die beteiligten 23 Legastheniker lediglich die Möglichkeit, einmal wöchentlich mit dem Brain-Boy zu üben. Es wurde jeweils der niedrigste erreichte Ordnungsschwellenwert gemessen. Zum Beginn des Trainings wurde mit einer durchschnittlichen Bestleistung von 89,3 Millisekunden ein Wert erreicht, der hoch über dem von Pöppel angegebenen Wert von 40 Millisekunden für Normalpersonen liegt. Die nachfolgende Tabelle zeigt, daß sich die Werte nach sechs Übungen, die in den anschließenden Therapiestunden angesetzt waren, nur unwesentlich verbesserten. Zum genaueren Verständnis sei erwähnt, daß die Übungen im Rahmen der jeweiligen wöchentlichen Therapiestunden stattfanden und insgesamt über einen Zeitraum von mehr als sechs Wochen verteilt waren.

Senkung der Ordnungsschwelle ohne Hörbalance (Mittelwerte)						
	1. Übung	2. Übung	3. Übung	4. Übung	5. Übung	6. Übung
Millisek.	89,3	86,9	88,3	85,2	85,2	79,1

In einer zweiten Variante sollte geprüft werden, ob mit der sogenannten Hörbalance aus dem Brain-Gym®-Programm Einfluß auf die gewünschte Senkung der auditiven Ordnungsschwelle genommen werden könnte. Es handelte sich bei diesem Vorhaben nicht um einen rein akademischen Versuch. Vielmehr ging ich von der Erwartung aus, daß sich bei meinen Patienten mit der Senkung der Ordnungsschwelle auch die Lautunterscheidung verbessern würde.

Die Versuchsanordnung war so angelegt, daß in jeder Therapiestunde zunächst wie in der ersten Variante mit dem Brain-Boy bis zur Erreichung des jeweils niedrigsten Ordnungsschwellenwertes geübt wurde. Diese Übungen dienten der Bestimmung des Ausgangswertes und wurden wie in der ersten Variante jeweils abgebrochen, wenn die Leistungen sich nicht mehr verbessern ließen, sondern in Folge eines gewissen Ermüdungseffekts schlechter wurden.

Unmittelbar danach folgten die Übungen der Hörbalance, die nach Dennison (18) eine positive Wirkung auf die auditive Wahrnehmung ausüben sollen. Es handelt sich um die Übungen mit den Bezeichnungen *Eule*, *Elefant* und *Denkmütze*.

Die Übung *Eule* sieht vor, daß der Kopf weitmöglichst nach beiden Seiten gedreht wird. Dabei wird eine Hand jeweils auf die gegenüberliegende Schulter gelegt. Es soll mit der Übung die Gerichtetheit der Wahrnehmung nach allen Seiten durch Vergrößerung des Bewegungsumfangs, des Blick- und Hörfeldes verbessert werden. Gleichzeitig soll die Übung die Nacken- und Schultermuskulatur dehnen und entsprechenden Streß durch erhöhte Blutzirkulation in diesem Bereich ablösen. Ich selbst spüre bei dieser Übung, die ich den Kindern vormache, nach wenigen Drehungen des Kopfes bereits eine spürbare Erwärmung unter der Hand, die auf die jeweilige Schulter zu legen ist. Es ist anzunehmen, daß die erhöhte Blutzirkulation in diesem Bereich sich auch auf die Durchblutung des Gehirns auswirkt und damit zu einer verbesserten Energiezufuhr beiträgt. Bemerkenswert ist in diesem Zusammenhang, daß ich bei Föhn oder bei einer herannahenden Grippe nach dieser Übung mehrfach Kopfschmerzen verspürte. Ich vermute, daß die erhöhte Blutzufuhr zum Gehirn in einem solchen Zustand erhöhter Anfälligkeit eher negativ wirkt.

Die Übung *Elefant* soll durch die Überkreuzung der Körpermitte zur Aktivierung beider Hirnhemisphären beitragen. Gleichzeitig werden mit dieser Übung Anforderungen an das Vestibularsystem im Ohr gerichtet, denn es ist nicht einfach, bei intensiver Ausführung auch das Gleichgewicht zu halten. Die Aktivierung des entsprechenden Organs im Ohr soll wiederum zur Verbesserung der Hörwahrnehmungen beitragen.

Die Übung *Denkmütze* soll eine Vielzahl von Akupunkturpunkten im Ohr aktivieren und nach Dennison die Formatio reticularis stimulieren. Diese Nervenstruktur im Mittelhirn ist für die Aufrechterhaltung des Hirntonus, also des Wachheitsgrades höherer Hirnstrukturen zuständig. Sie kann daher vermutlich Einfluß auf die Konzentration und Wachheit ausüben.

Nach Absolvieren dieser drei Übungen, die wenig Zeit in Anspruch nehmen, folgte das zweite Training mit dem Brain-Boy. In den meisten Fällen verbesserten sich dabei die Leistungen. In wenigen Fällen kam es infolge der Ermüdung durch das vorangegangene Brain-Boy-Training zu Leistungsverschlechterungen. Auch konnte sich die aktuelle Befindlichkeit nachteilig auswirken, wie bereits weiter oben in Zusammenhang mit Föhn und Kopfschmerzen erwähnt wurde. Nach dieser Erfahrung habe ich es mir zur Regel gemacht, vor den Brain-Gym®-Übungen nach der Befindlichkeit zu fragen, und ich lasse die Übungen fort, wenn das angezeigt ist.

Die nachfolgende Tabelle zeigt die Durchschnittsleistungen von 39 Legasthenikern im Verlauf einer Übungsserie, die sich über sechs Therapiestunden erstreckte.

Senkung der Ordnungsschwelle vor und nach Hörbahnung (HB)												
	1. HB		2. HB		3. HB		4. HB		5. HB		6. HB	
	vor	nach	vor	nach	vor	nach	vor	nach	vor	nach	vor	nach
Millisek.	83	73	73	68	64	66	67	58	55	56	55	51

Abbildung 11 (S. 282) zeigt die Kurven beider Übungsvarianten und macht deutlich, daß die wöchentlich einmal erfolgenden Übungen mit dem Brain-Boy ohne Hörbalance zu keiner signifikanten Senkung der Ordnungsschwelle führten.

Eine dritte Variante konnte ich im Rahmen eines Drei-Tage-Kurses für Legastheniker ansatzweise erproben. Bei diesem Kurs ließ ich die Kinder täglich zweimal, einmal am Vormittag und einmal am Nachmittag, ohne zusätzliche Hörbalance mit dem Brain-Boy üben. Bei dieser Übungsvariante erreichten die beteiligten 12 Kinder nach den insgesamt sechs Übungen ein Leistungsniveau um 40 Millisekunden, was dem Normalwert entspricht. Die Anzahl der Probanden reicht jedoch nicht aus, um daraus gültige Schlußfolgerungen abzuleiten.

Gibt es direkte Wirkungen von Brain-Gym®-Übungen (Hörbalance) auf die Lautunterscheidung?

In ähnlicher Weise wie beim Training der Ordnungsschwelle versuchte ich der Frage nachzugehen, ob mit Hilfe der Brain-Gym®-Übungen *Eule, Elefant* und *Denkmütze* ein direkter Einfluß auf die Lautunterscheidung genommen werden könnte. In den Versuch waren 53 Legastheniker einbezogen. Ich habe darüber in einer Publikation berichtet (19).

Die Versuchsanordnung sah vor, daß in einem *Prätest* eine Reihe von sinnfreien Silbenpaaren nachzusprechen und unmittelbar danach niederzuschreiben waren. Das Übungsmaterial bestand aus Silbenpaaren, in welche schwer zu unterscheidende

Laute (Phoneme) entweder am Wortanfang oder in der Mitte eingebaut waren, so beispielsweise die Silbenpaare
dere-tere; **rede-rete**; **gara-kara**; **aga-aka**; **krole-trole**; **eta-eka**.

Je nach Alter und Belastbarkeit wurden zehn bis zwanzig solcher Silbenpaare nachgesprochen und niedergeschrieben. Im Posttest, der unmittelbar folgte, wurden Silbenpaare einer Parallelform des Lautmaterials mit gleicher Schwierigkeit verwendet. Vor dem Nachsprechen und Nachschreiben wurden jedoch die bereits erwähnten Korrekturübungen *Eule, Elefant* und *Denkmütze* absolviert.

Der Prozentanteil falsch niedergeschriebener Silben wurde für Prä- und Posttest berechnet. Er konnte mit den Korrekturübungen von 25,5% auf 19,9% gesenkt werden. Die Mittelwertsunterschiede erwiesen sich als signifikant.

In einer weiteren Versuchsvariante versuchte ich zu prüfen, ob weitere Nachsprech- und Nachschreibübungen ohne Verwendung der Korrekturübungen *Eule, Elefant* und *Denkmütze* zusätzliche Leistungsverbesserungen ermöglichen würden. In diesen Versuch waren 41 Kinder der Population einbezogen, die bereits am ersten Versuch beteiligt waren. Sie verfügten also schon über entsprechende Erfahrungen. Die Ergebnisse zeigten, daß die Leistungen im Prä- und Posttest sich nicht unterschieden (siehe Abbildung 12, S. 282, zweites Balkenpaar).

In der dritten Versuchsvariante wollte ich prüfen, ob auch die Sitzposition beim Hören einen Einfluß auf die Lautwahrnehmung hätte. Im Prätest dieser Versuchsanordnung saßen die Kinder jeweils links von mir an der Stirnseite des Arbeitstisches und hörten gewissermaßen „nur mit einem Ohr" zu. Diejenigen Kinder (n = 28), die ich in den Vorversuchen noch nicht auf beidohriges Hinhören und gleichzeitige visuelle Unterstützung der auditiven Wahrnehmung durch konzentriertes Beobachten meines Mundes beim Sprechen trainiert hatte, konnten ihre Leistungen weiter verbessern. Die restlichen 13 Kinder waren mit dieser „Hörtechnik" bereits vertraut und hatten sowohl im Prä- als auch im Posttest mit beiden Ohren, aber auch „mit beiden Augen" zugehört, indem sie mir auf den Mund schauten, auch wenn sie im Posttest seitlich von mir saßen.

Reicht eine *Hörbalance* aus?

Wie weiter oben für die Dennison-Lateralitätsbahnung dargestellt, versuchte ich auch für die Hörbalance die Frage zu prüfen, ob es mehrerer Übungen dieser Art bedarf, um ausreichende Verbesserungen der Lautunterscheidung zu erreichen, die sich letztlich auch real in den Rechtschreibleistungen in der Schule äußern würden. Schließlich war mit der Senkung der Fehlerquote von rund 25% vor der ersten Hörbahnung auf 20% danach noch längst kein Niveau erreicht, das den Anforderungen in der Schule gerecht werden könnte.

Für diesen Versuch wählte ich 26 Kinder mit besonders ausgeprägten Lautunterscheidungsschwächen aus der ursprünglichen Versuchspopulation aus. Die mittlere Fehlerquote beim Nachschreiben der Silbenpaare lag in dieser Teilstichprobe anfänglich bei 35,5% (Standardabweichung 15%). Nach der ersten Hörbahnung konnte die Fehlerquote auf 28,6%, (Standardabweichung 19,9%) gesenkt werden. Die im Abstand von ein bis zwei Wochen durchgeführte zweite Hörbalance konnte bereits mit einem Ausgangswert von 21,9% Fehlern (Standardabweichung 10,1%) im Prätest begonnen werden. Offensichtlich hatten sich hier bereits die neu erworbenen Hörgewohnheiten (mit beiden Ohren hinhören, dem Sprecher auf den Mund schauen, beim Niederschreiben der Wörter konsequent jedes Phonem mitlautieren) ausgewirkt.

Im Posttest dieser zweiten Hörbalance wurde nach den Korrekturübungen *Eule, Elefant* und *Denkmütze* mit einer mittleren Fehlerquote von 15,3% (Standardabweichung 8,8%) eine weitere Senkung erreicht.

Die dritte Hörbalance nach einem weiteren zeitlichen Zwischenraum von ein bis zwei Wochen begann mit einem Ausgangswert von 20,6% Fehlern (Standardabweichung 8,5%), der dem Vergleichswert der vorangegangenen Übung entsprach. Es deutete sich mit diesem Ausgangswert an, daß hier ein Niveau erreicht war, daß ohne zusätzliche Hörbalance kaum noch weiter zu verbessern war, denn auch der Ausgangswert der nachfolgenden Hörbalance lag mit 18,2% Fehlern auf vergleichbarem Niveau. Im Posttest nach der dritten Hörbalance konnte der Fehleranteil jedoch weiter auf

12,2% (Standardabweichung 5,7%) gesenkt werden. (Vgl. Abb. 13, S. 282)

Nach der vierten Hörbalance wurde schließlich mit einer Fehlerquote von 10,9% (Standardabweichung 7,3%) ein Wert erreicht, der sich bei den meisten der beteiligten Schüler in den Rechtschreibleistungen in der Schule positiv bemerkbar machte, auch wenn das in Einzelfällen komische Züge annahm. So berichtete mir eine meiner Patientinnen, daß die Lehrerin sie beim Diktat vorwurfsvoll fragte, als sie beim Diktieren durch die Klasse wanderte:

„Was glotzt du immer so hinter mir her, du machst mich ganz nervös?!"

Meine Patientin wußte die richtige Antwort:

„Mein Doktor hat mir gesagt, ich soll ihnen beim Diktieren auf den Mund schauen, damit ich jeden Laut genau heraushören kann!"

Was das laute oder zumindest halblaute Mitlautieren beim Schreiben betrifft, hatten einige meiner Patienten weniger Glück. Sie berichteten, daß ihnen beim leisesten Flüstern bereits die Diktathefte weggenommen würden. Dabei muß ich bei meinen Hörbalancen immer wieder feststellen, wie unumgänglich gerade für Legastheniker dieses Mitlautieren ist.

Viel zu oft schreiben sie etwas anderes auf das Papier, als sie einen Augenblick vorher noch richtig nachgesprochen haben. Sie bedürfen mehr als andere beim Schreiben der kinästhetischen Mitkontrolle durch bewußte und gezielte Beteiligung der Artikulationsorgane. Das Mitlautieren beim Schreiben, das im Anfangsunterricht im ersten Schuljahr für jede Lehrerin und jeden Lehrer noch eine methodisch-didaktische Selbstverständlichkeit ist, bleibt für Legastheniker auch in höheren Schuljahren eine notwendige Hilfe.

Inzwischen gehören diese ständig wiederholten Hörbalancen zum selbstverständlichen und alltäglichen Instrumentarium meiner Therapien, wie das auch für alle in diesem Text beschriebenen kinesiologisch orientierten Übungen zutrifft. Eines sei aber an dieser Stelle nochmals betont: Auch wenn ich bei einzelnen meiner Patienten eine recht ordentliche Leistung in der Lautunterscheidung erreicht hatte, konnten sich nach einer längeren

Übungspause von etwa einem halben Jahr und mehr wieder die altgewohnten Hörgewohnheiten einstellen. Das war dann auch wieder mit einer Erhöhung der Fehlerquote verbunden. Wenige erneute Übungen waren in solchen Fällen jedoch ausreichend, um das vorherige Leistungsniveau wiederherzustellen.

Schlußfolgerungen für die pädagogische Praxis

Aus meinen Erfahrungen mit der Hörbalance ergeben sich Vorschläge, die sowohl für den Unterricht als auch für häusliche Übungen recht einfach zu realisieren sind.

Lehrkräfte können Legasthenikern und darüber hinaus allen Schülern das gezielte Mithören und damit die phonematische Differenzierung allein schon dadurch wesentlich erleichtern, daß sie beim Diktieren den Kindern frontal gegenüberstehen oder -sitzen. Dadurch kann gewährleistet werden, daß die Kinder mit beiden Ohren zuhören und dem Diktierenden auf den Mund schauen können. Das gilt für Eltern und Therapeuten in vergleichbaren Situationen in gleicher Weise.

Eine erfahrene Lehrerin berichtete auf einem meiner Brain-Gym®-Kurse, daß in ihrem Klassenraum die Tische zum Gruppenunterricht zwar in Hufeisenform aufgestellt wären. Sie nehme sich aber bei Diktaten und Niederschriften die Zeit, gemeinsam mit den Kindern die Tische wieder so aufzustellen, daß ihr jedes Kind frontal gegenübersitzen könne. Die Umräumaktion bringe Bewegung in die Klasse, die sie aber gern in Kauf nehme, weil Bewegung auch das Gehirn aktiviere und weil nach den Bewegungen eben doch besser gelernt werde. Für diese Kollegin war es keine Frage, daß sie vor einem Diktat die erwähnten Übungen *Eule, Elefant* und *Denkmütze* ausführen ließ, um möglichst optimale Hörwahrnehmungen zu unterstützen.

Aus meiner Erfahrung würde ich noch einen Schritt weitergehen und diese Übungen dann im Verlaufe eines Diktates einfügen, wenn erkennbar wird, daß bei Problemkindern Ermüdungserscheinungen eintreten. Das ist bei Legasthenikern recht schnell der Fall. Nicht nur ihre Augenmuskulatur verkrampft. Professor Andreas Warnke (20) hat mit Hirnstrommessungen belegt, daß Legastheniker beim Lesen sehr schnell das Maximum an Hirnaktivierung erreichen, daher sehr bald ihre Leistungsgrenzen erreichen und überschreiten und daher sehr viel schneller ermüden als Normalleser. Das gilt sicher genau so für das Schreiben, wobei hier noch auf jene Kinder hinzuweisen ist, denen die Schreibhand verkrampft. Für diese Kinder hat Elisabeth Zapke (21) aus jahrzehntelanger Erfahrung sehr wirksame Übungen entwickelt, die an dieser Stelle nicht weiter beschrieben, jedoch bestens empfohlen werden können. Hervorgehoben sei lediglich, daß eine schwerfällige Schreibmotorik im Laufe der Schuljahre in zunehmendem Maße dazu führt, daß den betroffenen Kinder die Schreibhand nicht nur sehr schnell verkrampft, sonders daß auch ihr Schreibtempo im Laufe der Jahre immer mehr hinter dem ihrer Altersgefährten zurückbleibt, ganz abgesehen von der Qualität ihrer Schrift, die nicht besser, sondern immer schlechter wird.

Alle diese Besonderheiten sind Legasthenikern eigen und lassen es sinnvoll erscheinen, bei Niederschriften, Diktaten oder anderen Schreibübungen rechtzeitige Pausen mit entsprechenden kinesiologischen Übungen einzulegen. Aber auch Kindern ohne Lese-Rechtschreib-Schwierigkeiten tun solche Übungen gut. Die dafür investierte Zeit wird sicher in den meisten Fällen durch bessere Leistungen wieder wettgemacht.

Zusammenfassung

Die beschriebenen Untersuchungen zur Wirksamkeit einiger ausgewählter Brain-Gym®-Übungen ergaben sich für mich aus dem ganz normalen Therapiealltag. Ich habe mir nur die Mühe gemacht, genau hinzusehen, was mit den Übungen erreicht werden kann, und habe die Ergebnisse gewissenhaft notiert und mit statistischen Methoden verglichen.

Für mich ist heute klar, daß die Dennison-Lateralitätsbahnung eine Reihe wichtiger Hirnfunktionen beeinflussen kann: Sie trägt durch gezielte Bewegungsmuster zur allgemeinen Aktivierung des Gehirns bei, sie fördert durch die körpermitteüberschreitenden Bewegungen das Zusammenwirken der beiden Hirnhemisphären und damit den Informationsfluß zwischen ihnen. Damit werden

Voraussetzungen für die Koordination rechtshemisphärisch gesteuerter, visueller und linkshemisphärisch gesteuerter sprachlicher Leistungen geschaffen, die für das Lesen und Schreiben von ausschlaggebender Bedeutung sind. Schließlich lassen sich mit der DLB die für Legastheniker typischen Störungen der Augensteuerung wirkungsvoll beheben.

Ich halte die DLB deshalb für ein Grundelement der Brain-Gym®-Übungen und verwende sie systematisch und ständig in der Einzeltherapie. Seit Dennison empfiehlt, sie stehend auszuführen, steht die Frage, wie man sie möglicherweise auch in den Unterricht einbauen kann, nicht mehr zur Debatte.

Für die Übungen der Hörbalance ist das meiner Ansicht nach kein Problem. Die *Eule*, die *Denkmütze* und der *Elefant* passen in jede Unterrichtsstunde, in der gehört, gelesen und geschrieben wird, und bringen Bewegung und Abwechslung in den Unterricht. Und danach ist konzentrierteres Arbeiten eine natürliche Folge. Lehrerinnen und Lehrer, die mit diesen Übungen arbeiten, werden das bestätigen. Ich kann nur zuraten und viel Freude und Erfolg wünschen.

Literatur:

Codoni, S.: „Bitte mit Fingerspitzengefühl. Angewandte Kinesiologie in der logopädischen Praxis", in: *Forum Logopädie* Nr. 3/1995, S. 12–18

Dennison, P. / Dennison, G.: *Brain-Gym®-Lehrerhandbuch,* Freiburg: VAK, 1992

Dennison, P.: *Befreite Bahnen*, Freiburg: VAK, 1992

Dennison, P.: *EK für Kinder*, Freiburg: VAK, 1992

Donczik, J.: „Er hat wieder nur mit einem Ohr hingehört! Hilfe für Legastheniker mit phonematischen Differenzierungsschwächen durch kinesiologische Übungen", in: *L.O.G.O.S. interdisziplinär* 3/1995, S. 203-210

Donczik, J.: „Können edukinestetische Übungen (Brain-Gym®) Legasthenikern helfen?", in: *Die Sprachheilarbeit* Nr. 39/ 1994, S. 297–305

Fischer, B.: „Zur Entwicklung der Augenbewegungen – mögliche Beziehungen zu Leseproblemen", Vortrag auf dem 10. Fachkongreß Legasthenie, Berlin: 1993

Galaburda et al. zitiert in Geschwind, N.: „Die Großhirnrinde", in: *Gehirn und Nervensystem*, Heidelberg: Spektrum der Wissenschaft, 1988

Hynd, G, W. / Hall, J. / Novey, E. S. / Eliopulos, D. / Black, R. C. / Cohen, M.: „Dyslexia and Corpus Callosum Morphology", in: *Archives of Neurology* 52/1995, S. 32–38

Lassen, N. A. / Ingvar, D. H. / Skinhoj, E.: „Hirnfunktion und Hirndurchblutung", in: *Gehirn und Nervensystem*, Heidelberg: Spektrum der Wissenschaft, 1988

Luria, A. R.: *Die höheren kortikalen Funktionen des Menschen und ihre Störungen bei örtlichen Hirnschädigungen*, Berlin: Deutscher Verlag der Wissenschaften, 1971

Meister Vitale, B.: *Lernen kann phantastisch sein*, Bremen: Gabal, 1993

Meyenburg, C.: *Die Sache mit dem X. Brain-Gym® in der Schule*, Freiburg: VAK, 1994

Oswaldt, W. D. / Roth, E.: *Der Zahlenverbindungstest*, Göttingen: Hogrefe, 1987

Pöppel, E.: *Grenzen des Bewußtseins*, Stuttgart: DVA, 1985

Rumsey, J. M. / Berman, K. F. / Denckla, M., B. / Hamburger, S. D. / Kruesi, M. J. / Weinberger, D. R.: „Magnetic Resonance Imaging of Brain Anatomy in Severe Developmental Dyslexia", in: *Archives of Neurology* 10/1986, S. 1144–1150

Simernitzkaya, E. G. / Donczik, J.: *Lerntestbatterie „Luria 90"*, Emmerting: Selbstverlag, 1994

Suchodoletz, W. von: „Zur Pathogenese der Lese-Rechtschreib-schwäche", in: *Pädiatrie und Grenzgebiete* 27/1988, S. 373–379

Warnke, A.: *Legasthenie und Hirnfunktion*, Bern/Stuttgart/Toronto: Huber, 1990

Warnke, F.: *Was Hänschen nicht hört ...*, Freiburg: VAK, 1992

Zapke, E.: „Beeinträchtigungen im Bereich der Graphomotorik", in: *Milz. I.: Sprechen, Lesen, Schreiben*, Heidelberg: Edition Schindele, 1994, S. 132-153

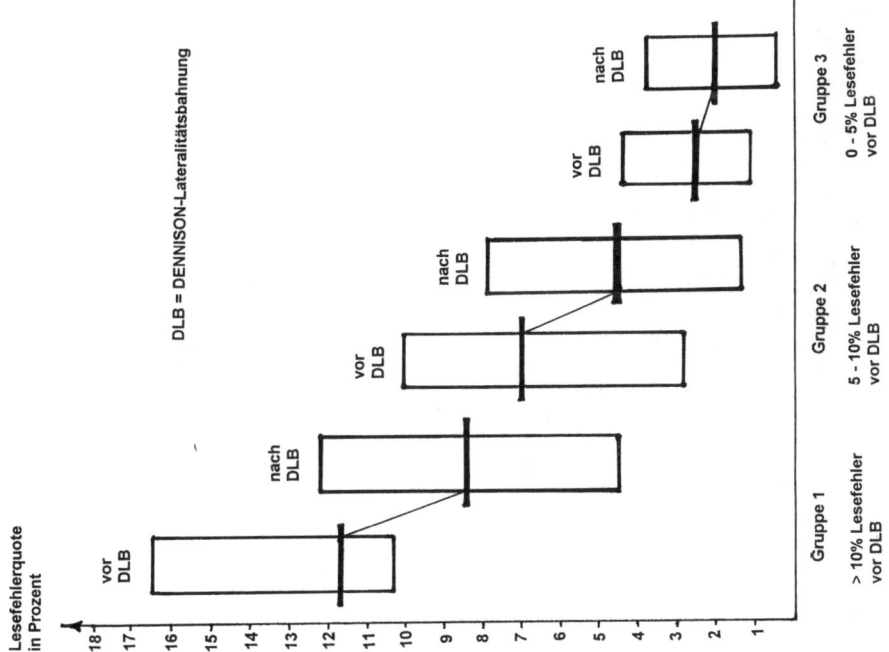

Abbildung 1: Senkung der Lesefehlerquote nach einmaliger DLB in den Untergruppen in Medianen und Quartilen

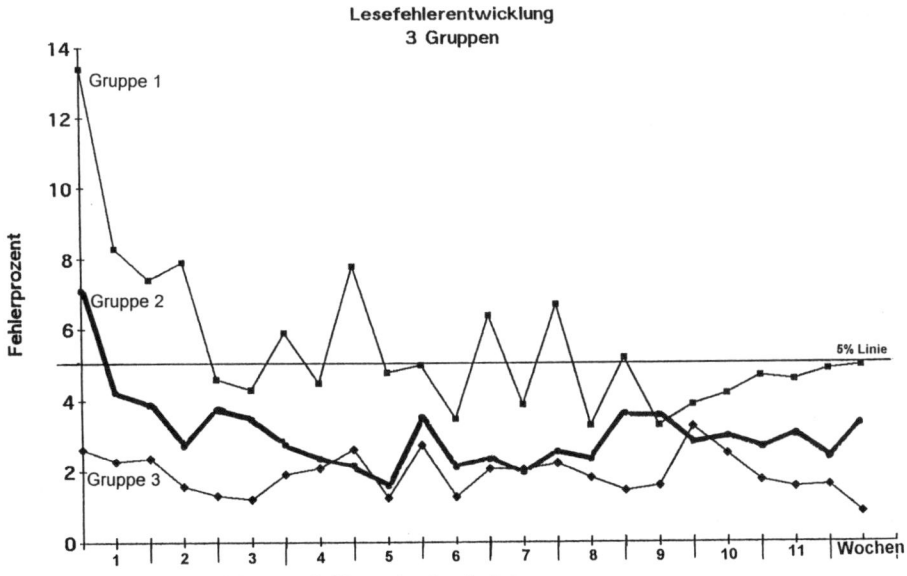

Abbildung 2: Lesefehlerentwicklung in den Leistungsgruppen

277

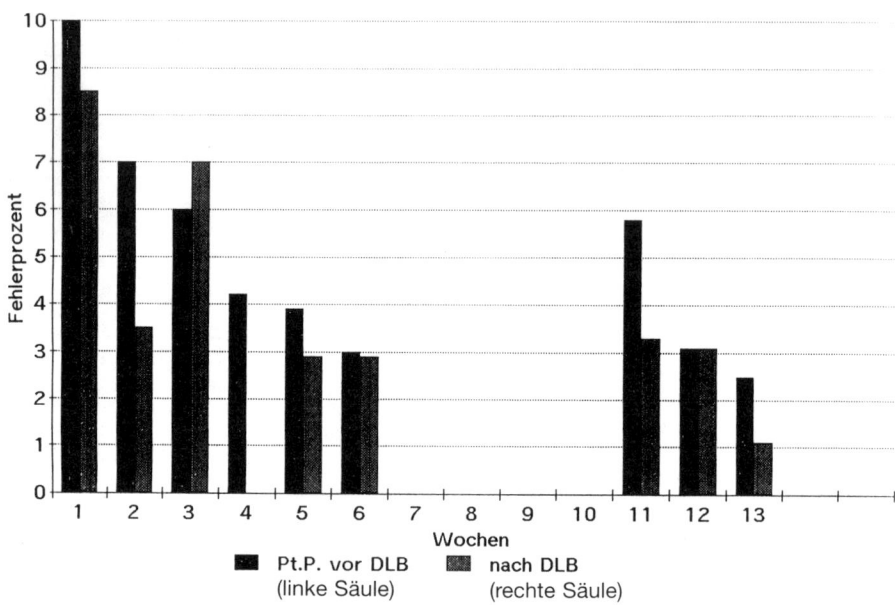

Abbildung 3: Lesefehlerentwicklung Patient P.

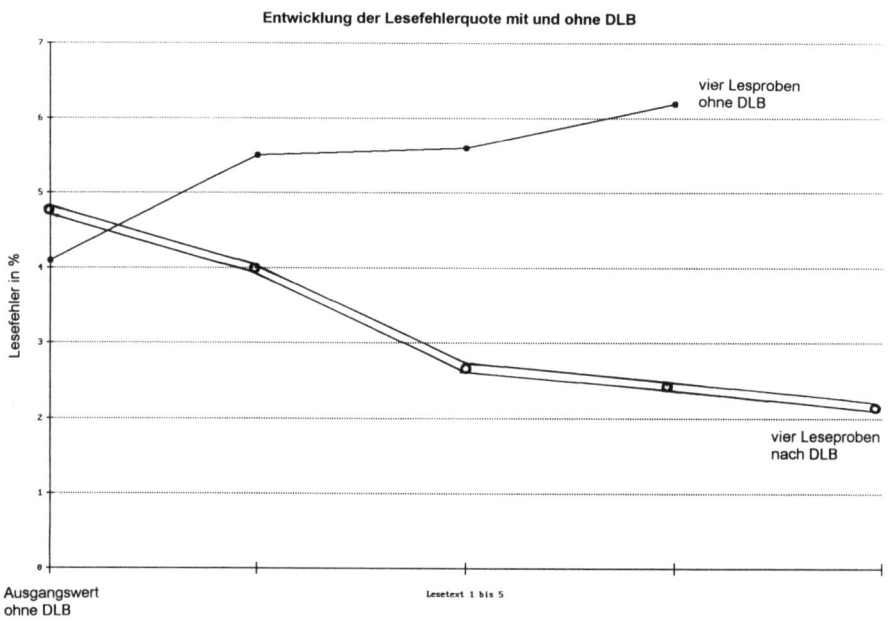

Abbildung 4: Lesefehlerquote mit und ohne DLB bei mehreren aufeinanderfolgenden Leseübungen

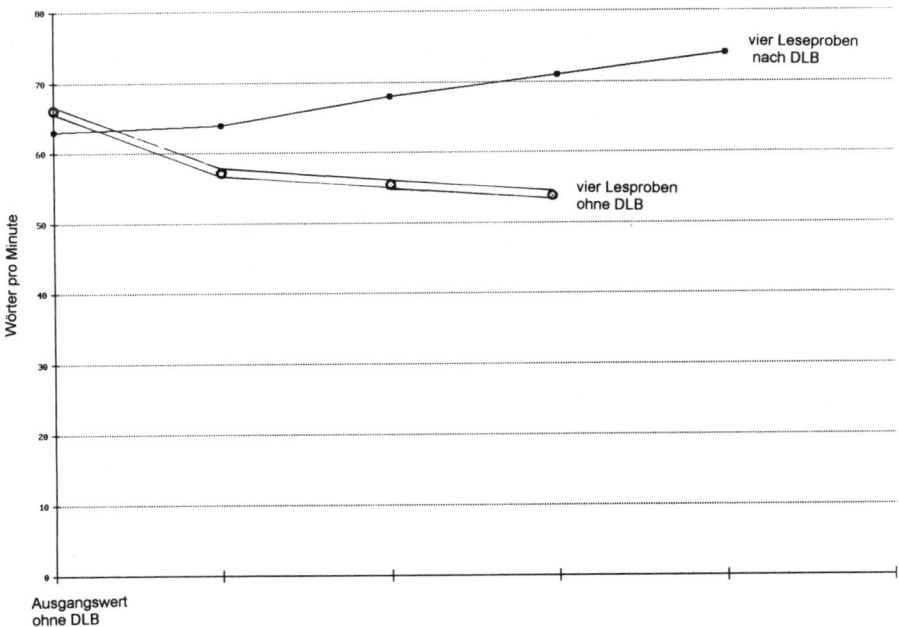

Abbildung 5: Lesetempo mit und ohne DLB bei mehreren aufeinanderfolgenden Leseübungen

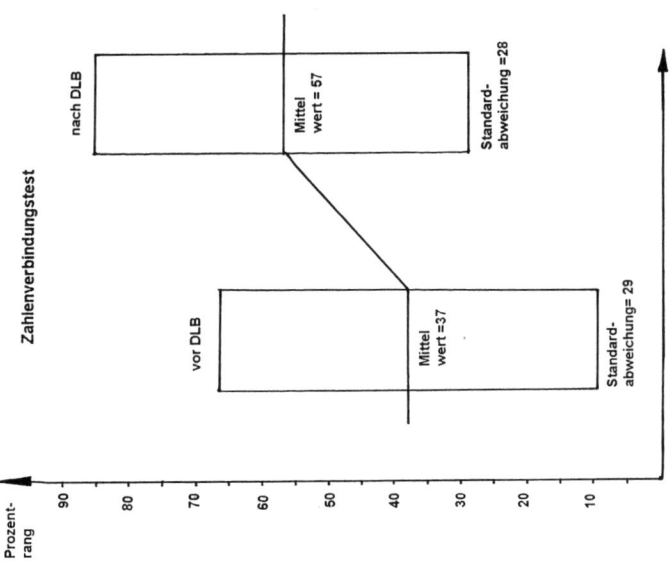

Abbildung 6: Veränderungen der Leistungen im Zahlenverbindungstest vor und nach DLB

279

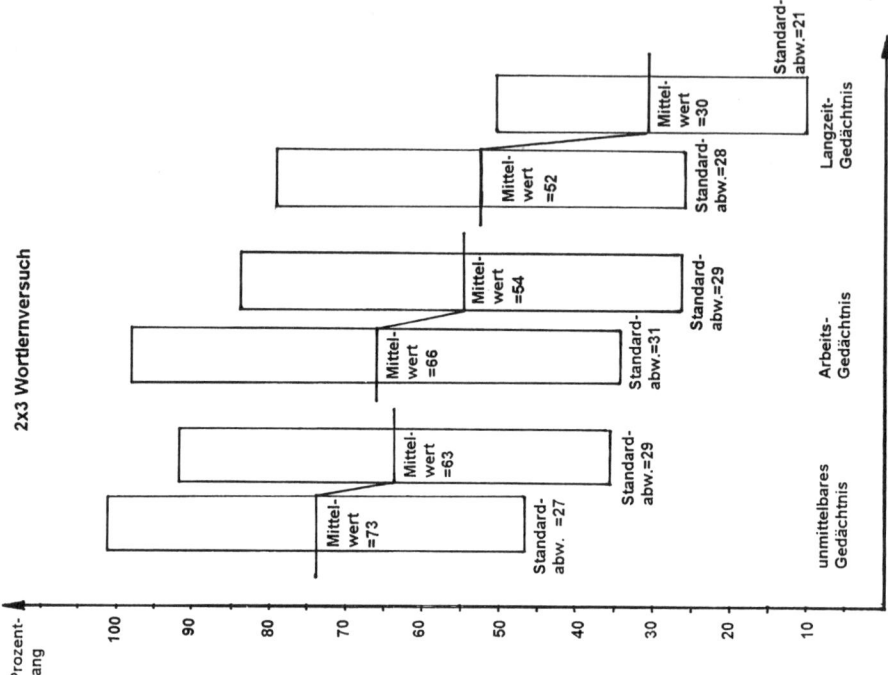

Abbildung 7: Veränderungen verbal-auditiver Lern- und Gedächtnisleistungen vor und nach DLB

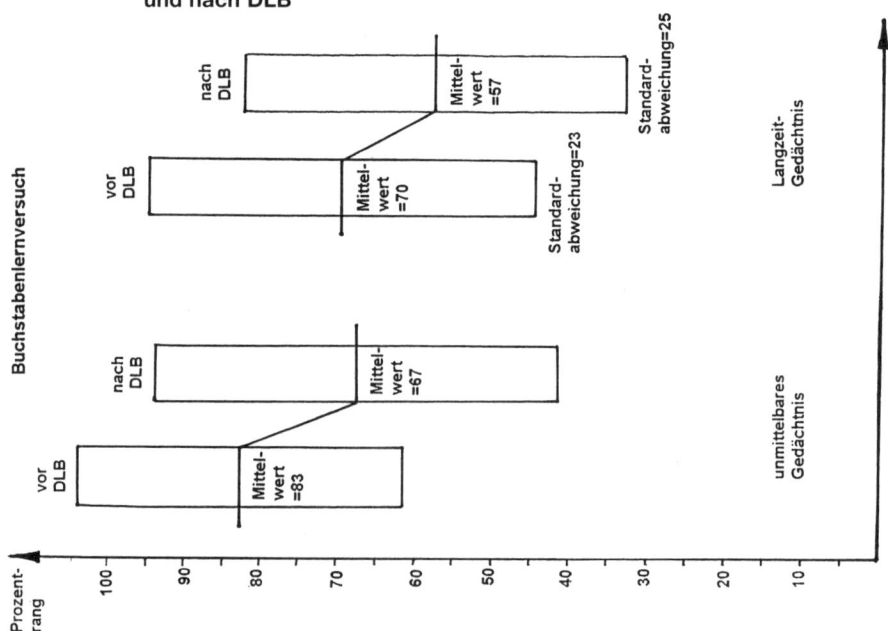

Abbildung 8: Veränderungen visueller Lern- und Gedächtnisleistungen vor und nach DLB

280

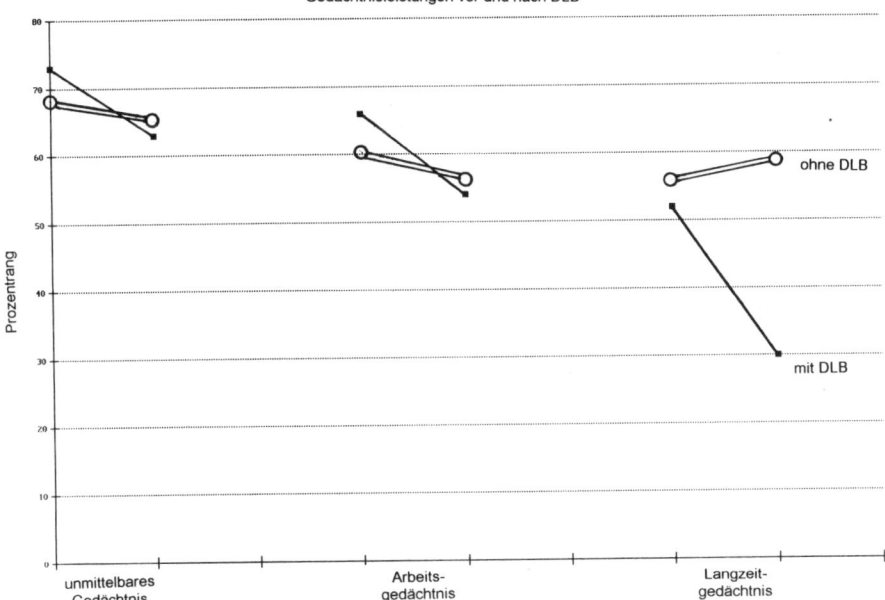

2x3-Wortlernversuch
Gedächtnisleistungen vor und nach DLB

**Abbildung 9: Vergleich verbal-auditiver Lern- und Gedächtnisleistungen mit und
ohne DLB (Kontrolluntersuchung)**

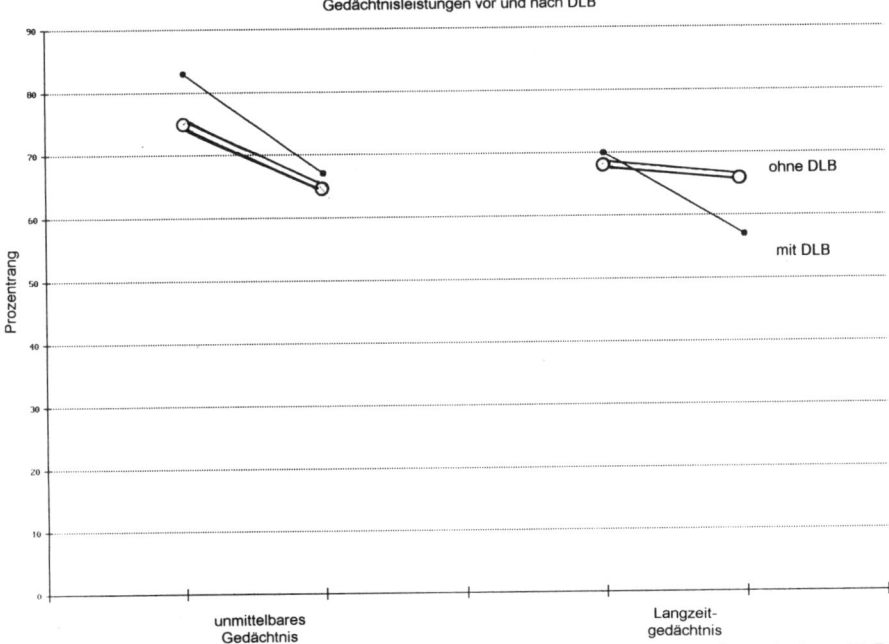

Buchstabenlernversuch
Gedächtnisleistungen vor und nach DLB

**Abbildung 10: Vergleich visueller Lern- und Gedächtnisleistungen mit und ohne DLB
(Kontrolluntersuchung)**

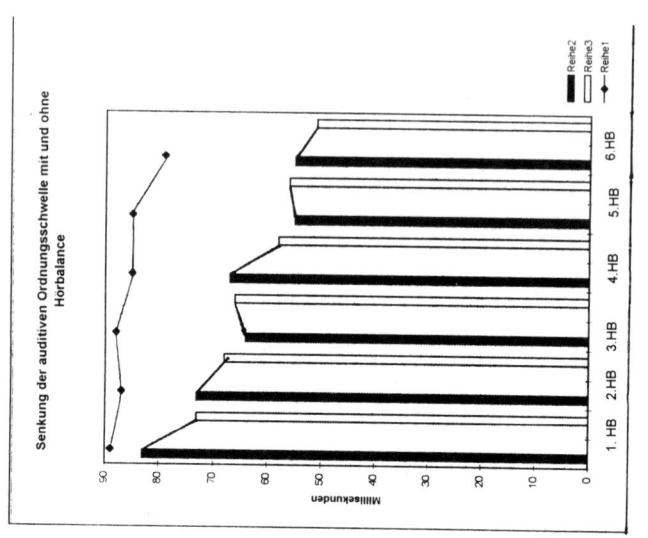

Abbildung 11: Senkung der auditiven Ordnungsschwelle mit und ohne Hörbalance

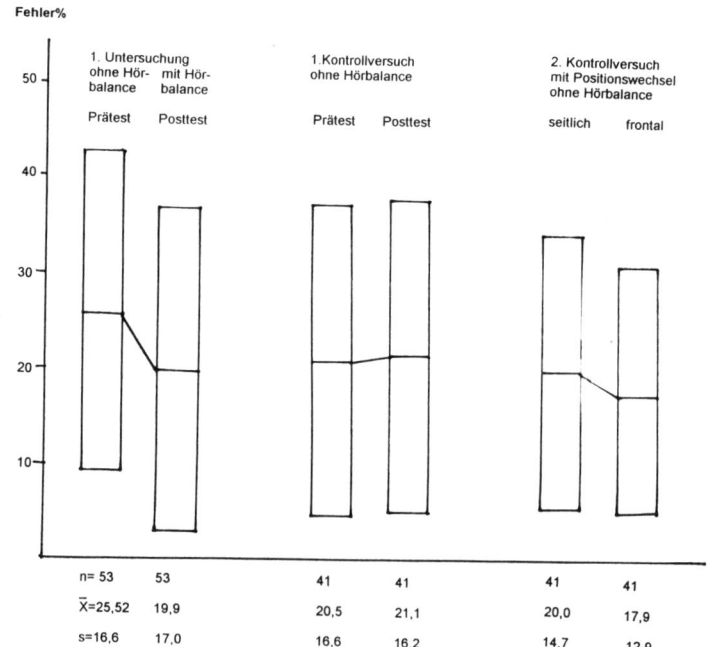

Abbildung 12: Kontrolluntersuchungen zur Hörbalance

282

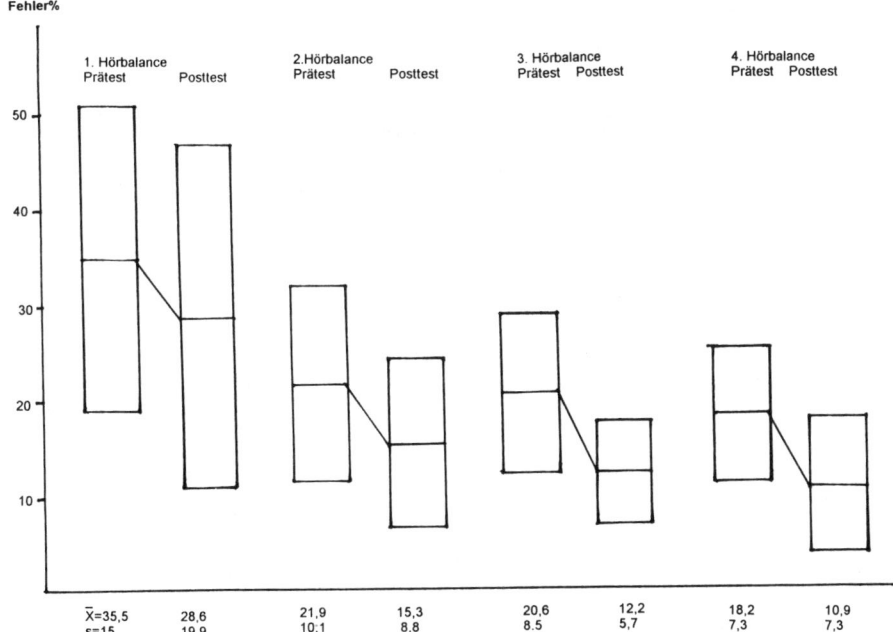

Fehler%

X̄=35,5	28,6	21,9	15,3	20,6	12,2	18,2	10,9
s=15,	19,9	10;1	8,8	8.5	5,7	7,3	7,3

Abbildung 13: Ergebnisse mehrfacher Hörbalancen

Carla Hannaford,
in Zusammenarbeit mit Charles Harter:

Edu-Kinestetik und der Quantensprung der Wahrnehmungsverarbeitung

Auf meinen Reisen um die Welt höre ich Geschichten über bemerkenswerte Veränderungen bei Schulkindern und auch bei Erwachsenen, die Erfahrungen mit der Edu-Kinestetik gemacht haben. Diese Geschichten sind inzwischen gewöhnlich und alltäglich geworden – genauso gewöhnlich und alltäglich wie die Tatsache, daß es einen angeborenen, natürlichen Trieb gibt, der uns fortgesetzt weiterlernen und uns weiterentwickeln läßt und der es uns im Laufe unseres Lebens ermöglicht, selbstloser zu werden. Warum haben wir dann eigentlich eine offenbar weltweite Lernkrise?

Allein in den Vereinigten Staaten werden zur Zeit 7,5 Millionen Kinder als entwicklungsverzögert eingestuft – gegenüber 4,8 Millionen im Jahre 1991 (*National Center on Health Statistics*). Jede Woche werden 15.000 amerikanische Schulkinder für entsprechende Überprüfungen vorgeschlagen, und bis zu 80 Prozent aller amerikanischen Schulkinder werden als in irgendeiner Form lernbehindert betrachtet.

Die Lesefähigkeit schwindet im gleichen Maße, wie auch die physische Bewegung aus der gesamten Gesellschaft schwindet. Die gängigen Erziehungssysteme haben den wichtigen Zusammenhang zwischen Lernen und Bewegung einfach ignoriert. In den Vereinigten Staaten haben nur 36,3 Prozent der Schulkinder täglich Sport. Dies entspricht auch den Ergebnissen der amerikanischen Akademie für Kinderheilkunde, wonach weniger als die Hälfte aller Schulkinder ausreichend Bewegung für eine gesunde Entwicklung von Herz und Lungen haben. Bei unzureichender Herz-Lungen-Tätigkeit bekommt das Gehirn zu wenig Sauerstoff, um denken und lernen zu können.

Bewegung ist für den Lernprozeß wesentlich – und zwar Bewegung, die Sprechen, Schreiben und das Entdecken der Umwelt mit allen Sinnen und jeder möglichen Kombination von Muskelgruppen einschließt. Zahlreiche Studien haben bestätigt, daß Bewegung eine Schlüsselfunktion für die Verbesserung mentaler Verarbeitungsprozesse, des Gedächtnisses und der Kreativität sowohl bei Kindern als auch bei Erwachsenen hat.

Das folgende ist eine wahre Geschichte, die zeigt, welch unglaubliche Macht Bewegung im Lernprozeß hat.

Walks Tall lebte anderthalb Stunden von Gaborone in Botswana entfernt. Er wollte Versicherungsvertreter für die Botswana-Versicherungsgesellschaft werden, was bedeutete, daß er jeden Tag um 8 Uhr früh als Lehrling dort sein mußte, nachmittags Unterricht hatte und jeden Abend um 18 Uhr nach Hause ging, um dort auch noch zu lernen. Er war das typische Beispiel eines eifrigen Botswanaers, der auf die Versicherungsprüfungen hinarbeitete.

Bevor Glen Jansen als Trainer zur Botswana-Versicherungsgesellschaft kam, hatte keiner die Versicherungsprüfungen bestanden. Mit Hilfe seiner innovativen Ideen bestanden 26 Prozent der Bewerber. Wir, Glen und ich, fügten der Ausbildung noch ein Tagesseminar in Brain-Gym® (mehrere Monate vor dem Examen) hinzu.

Die Auszubildenden führten ihr Brain-Gym® regelmäßig durch und sagten, daß das Lernen ihnen damit leichter falle. Als Glen beim Examen Walks Tall die Examensunterlagen aushändigte, fuhr dieser mit seinen *Liegenden Achten*, der *Denkmütze*, dem *Elefant*, der *Eule*, den *Hook-ups* und weiteren *Überkreuzbewegungen* fort. Besorgt über die verstreichende Zeit schlug Glen ihm vor, doch endlich anzufangen. Walks Tall nickte nur und fuhr mit den Hook-ups fort. Erst nach einer ziemlich langen Zeit nahm er seinen Stift und begann zu schreiben. Glen war sich sicher, daß die verlorene Zeit Walks Talls Chancen, das Examen zu bestehen, empfindlich beeinträchtigen würde.

Einige Wochen später rief die Schulbehörde aus Johannesburg an, mit Fragen nach Walks Tall und seinem Examen: „Wer ist das?

Wurde das Examen korrekt überwacht?" Glen fragte, warum sie diese Fragen stellten. Die Antwort war, daß jeder das Examen bestanden habe und daß Walks Tall hundert Prozent erreicht habe – zum ersten Mal in der Geschichte Südafrikas. Glen erzählte Walks Tall die großartige Nachricht und fragte ihn, warum er so lange gebraucht habe, bis er anfangen konnte. Walks Tall erzählte ihm, daß er so lange Brain-Gym® machen mußte, bis er all die Versicherungsbücher, die er studiert hatte, in seinem Geist sehen konnte. So konnte er die Fragen beantworten.

Bewegungen wie Brain-Gym®, T'ai-chi, die Arbeit von Kephart oder Feldenkrais, die komplex und integrativ sind, haben alle einige Schlüsselelemente gemeinsam, die sie so tiefgreifend wirken lassen.

Als Werkzeuge zur Lernvorbereitung ...

... aktivieren sie bewußt die Funktion des integrierten ganzen Gehirns – weg von den Überlebenszentren des Gehirns (sympathisches Nervensystem und Hirnstamm). Alle Areale des Gehirns arbeiten effizient und aktiv, besonders die Frontallappen des Großhirns, die für Vernunft, Altruismus und Kreativität zuständig sind.

... aktivieren sie alle Teile des Körper-Geist-Systems (motorische und sensorische Bereiche gleichermaßen). So ist die Aufnahme und Wiedergabe von Information effizienter – das Lernen wird leichter.

Die Edu-Kinestetik-Balance geht mit ihrem eleganten 5-Schritte-Programm noch weiter und erlaubt so eine maximale Balance des Systems:

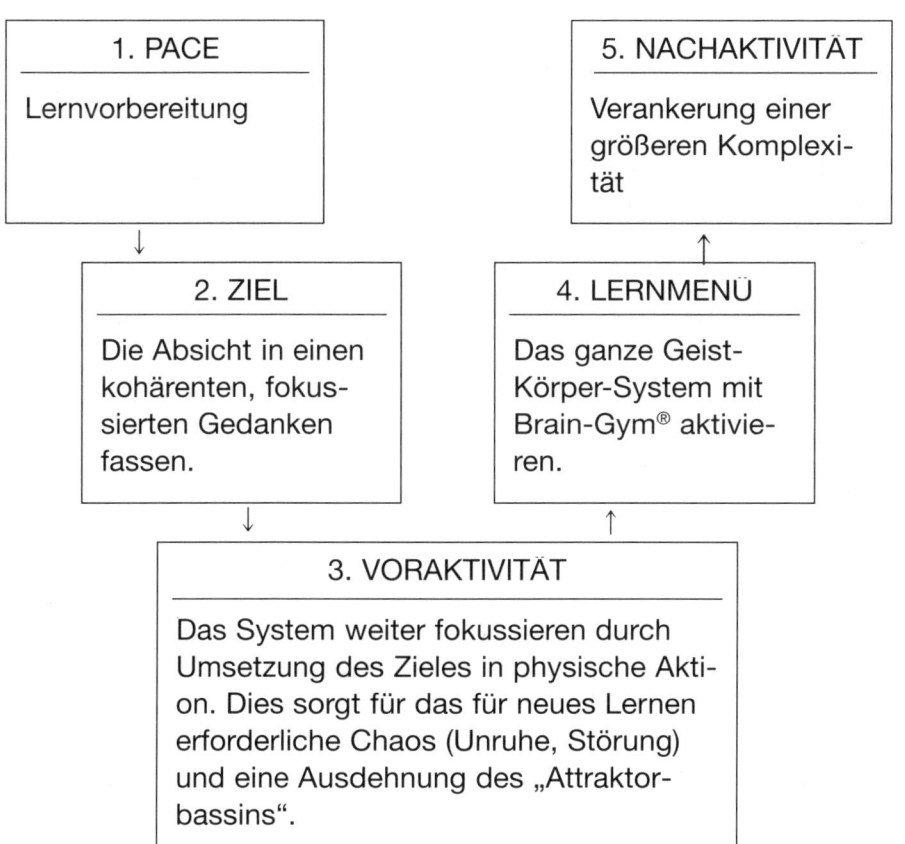

1. PACE

Lernvorbereitung

2. ZIEL

Die Absicht in einen kohärenten, fokussierten Gedanken fassen.

3. VORAKTIVITÄT

Das System weiter fokussieren durch Umsetzung des Zieles in physische Aktion. Dies sorgt für das für neues Lernen erforderliche Chaos (Unruhe, Störung) und eine Ausdehnung des „Attraktorbassins".

4. LERNMENÜ

Das ganze Geist-Körper-System mit Brain-Gym® aktivieren.

5. NACHAKTIVITÄT

Verankerung einer größeren Komplexität

Die hier verwendeten Begriffe werden im folgenden genauer erläutert.

Wie Edu-Kinestetik auf das Geist-Körper-System wirkt, kann mit Hilfe der geläufigen physiologischen Modelle über Gehirnstruktur und -funktion recht einfach erklärt werden. Unser Biologieunterricht beginnt auf der atomaren Ebene. Dieses wissenschaftliche Modell ermöglicht ein Verständnis der letzten Phase dessen, was durch Kinesiologie bzw. überhaupt bei Menschen allgemein geschieht – es erklärt den letzten neuralen und chemischen Ausdruck. Auf diesem Wege nicht erklärbar jedoch sind die darunter liegenden Wunder der menschlichen Existenz, des Lernens, der Kreativität oder der Transformationen, die so häufig durch Balancen mit Edu-Kinestetik geschehen.

Die subatomare Ebene

Was möglicherweise eine Antwort bereithält, ist ein Paradigma, das sich mit der subatomaren Ebene beschäftigt und seit fast hundert Jahren bekannt ist, ohne vollständig ausgelotet worden zu sein. Auf die Neue Physik bezogen besteht es aus der Relativitätstheorie Einsteins und den Ausführungen der Quantenphysik mit zusätzlichen Ergänzungen durch die Chaostheorie.

Um zu sehen, wie gut die Neue Physik die Edu-Kinestetik erklärt, müssen wir auf der subatomaren Ebene beginnen. Die subatomare Ebene besteht aus Partikeln (genauer: aus Schwingung und Raum) innerhalb und außerhalb des Atoms. Der Unterschied in der Wahrnehmung zwischen der subatomaren und der atomaren Ebene, auf der die Wissenschaft beginnt, ist riesig. Die Distanz zwischen dem Subatomaren und dem Atomaren ist größer als die zwischen dem Atom und dem menschlichen Körper.

Lernen, Denkfähigkeit und Kreativität beginnen mit unserer Fähigkeit, ein lebender Organismus zu sein. Relativitätstheorie und Quantenphysik enthalten möglicherweise den Schlüssel zur Erklärung der flüchtigen Lebenskraft: Gemeint ist der Prozeß der negativen Entropie, der uns zu einem lebenden Organismus macht, fähig zu lernen, zu denken und schöpferisch zu sein. (Negative Entropie meint vereinfacht gesagt soviel wie Zunahme, Erhöhung von „Ordnung".)

Als Biologin weiß ich seit langem, daß es da keine Fakten gibt – nur Gesetze, denen das Universum immer zu folgen scheint: die Gesetze der Energie bzw. der Thermodynamik. Für mich hat der 2. Hauptsatz der Thermodynamik in bezug auf die Lebensenergie nie einen Sinn gemacht. Er sagt aus, daß in einem geschlossenen System alles (Materie, Energie) natürlicherweise auf Zufallsverteilung („Unordnung") oder Entropie zugeht. Was aber ermöglicht uns dann, eine spezifische Struktur wie unseren Organismus für den Zeitraum eines Lebens aufrechtzuerhalten, wobei Atome in einer komplexen Konfiguration angepaßter Aufnahme und Abgabe zusammengehalten werden? Nur im Tod gehorchen unsere Körper dem Gesetz der Zufallsverteilung, und die Atome kehren in die Entropie zurück.

Einsteins Gleichung e = mc² (Materie und Energie sind gleich) hilft nicht dabei, die Tatsache zu erklären, daß Lebensformen der Entropie widerstehen. Als aber Heinrich Lorenz und William Tiller Einsteins Gleichung mathematisch leicht erweiterten, gab es neue Möglichkeiten des Verständnisses.

*

Interessanterweise ist das erste sensorische System, das sich bei Tieren (und im fünften vorgeburtlichen Monat bei Menschen) entwickelt, das Vestibulärsystem. Das Vestibulärsystem besteht aus halbkreisförmigen Kanälen des Innenohres, die für alle Schwingungen empfänglich sind. Diese Bogengänge aktivieren auch das retikuläre Aktivierungssystem und weisen das Gehirn damit auf eintreffende Informationen hin. Vestibulär bedeutet den Eingang betreffend. Die Hauptaufgabe des vestibulären Systems ist die eines Rezeptors für alle Schwingungen. An zweiter Stelle ist es für Schwerkraft und Gleichgewicht zuständig.

Je mehr ich mich mit der Gehirnentwicklung und ihren vorgeburtlichen Anfängen beschäftige, desto mehr bin ich überzeugt, daß diese im Entstehen begriffenen Wesen hochempfindliche, fein abgestimmte multisensorische Empfänger sind. Sie sind maximal darauf ausgerichtet, über ihre Umgebung und den Lebensprozeß zu lernen. Im Uterus beginnend, nehmen sie feine Schwingungen wie Schwerkraft, Klang, Bewegung, elektromagnetische Felder und sogar den emotionalen Zustand der Mutter auf und antworten auf sie.

Sich entwickelnde Menschen sind holographische, dreidimensionale Empfängersysteme, die einer nicht-linearen Dynamik folgen und möglicherweise Informationen von Überlichtgeschwindigkeit auf der subatomaren Ebene jeder Zelle aufnehmen. (Nicht-linear bedeutet hier soviel wie sprunghaft, im Sinne von: kleine Ursache – große Wirkung.) Auf irgendeine Weise erlaubt ihnen dies, lebendig zu sein und die Entropie zu überwinden, indem sie ihre menschliche Struktur, Funktion und einzigartige Erfahrung bilden und immer wieder erneuern.

Um die nicht-lineare Dynamik menschlicher Wesen zu erforschen, brauchen wir die Chaostheorie. Die Chaostheorie arbeitet die flexible Natur des Menschen heraus, sich in jedem Moment, in dem er von neuer Information „aufgestört" wird, zu verändern. Wir benutzen Energie, um unsere Atome in einer flexiblen Konfiguration zusammenzuhalten, die unausgesetzt schwingt und in der Lage ist, sich auf Störung hin sofort zu verändern. Aus dieser Flexibilität heraus entsteht Lernen und die fortgesetzte Restrukturierung des Netzwerks Nervensystem.

Sich entwickelnde menschliche Wesen nehmen Ereignisse und Umstände durch ihren empfindlichen Empfangsapparat in sich hinein, und auf der Grundlage dieses Inputs geben sie ihrer Welt auf ihre ganz besondere Weise einen Sinn. Ihre flexible Atomstruktur wird in einer Weise organisiert, daß sie handeln, reagieren, sich bewegen, Laute machen, weitere Information verarbeiten und von einem komplexen Kontext her, der jedem Individuum eigentümlich ist, antworten können – und zwar jeweils abhängig vom speziellen Input.

*

An dieser Stelle kommen die „Attraktoren" ins Spiel (vereinfachend erklärt: Anziehungspunkte). Attraktoren verursachen einen Grenzbereich, in dem Chaos auftreten kann. Chaos entsteht, wenn alle Möglichkeiten das System auf einmal bombardieren, weil es weit geöffnet ist. Vielleicht ist Chaos der optimale Lernzustand. Das System ist gegenüber allem Input weit geöffnet (Störung), bis die Attraktoren anfangen, Grenzen zu setzen – das Chaos wird beschränkt. So wird beispielsweise die Physiologie unseres Blutes von zyklischen Reaktionen und Gegenreaktionen reguliert. Sie erschaffen eine Homöostase, welche auf festen Regeln (Attraktorgrenzen) basiert und das Leben auf unserem Planeten erhält. Die Regeln der Blutchemie stellen unseren normalen Blutwert auf ph 7,3 ein. Wenn der Blut-ph-Wert auf 7,0 fällt oder auf 7,6 steigt, sterben wir. Diese begrenzten Attraktorbassins erlauben harmonische Muster zwischen allen miteinander verbundenen Systemen und zielen auf das Überleben des Organismus bei möglichst geringem Energieverbrauch ab.

Diese Begrenzungen oder Attraktorbassins finden auch Anwendung auf menschliches Verhalten und Lernen und veranlassen Menschen innerhalb einer bestimmten Kultur, einander ähnlich zu sein. Attraktoren wie gesellschaftliche Werte und Überzeugungen werden in der frühen Kindheit gelernt und enthalten auch, was eine Gesellschaft als angemessenes Verhalten bezeichnet.

In den stark auf Konkurrenz ausgerichteten westlichen Gesellschaften schließen diejenigen Attraktoren, die festlegen, was wir als intelligent bezeichnen, ein, daß Kinder im Alter von sechs Jahren Lesen, Schreiben und Rechnen lernen. Wenn diese Erwartungen nicht erfüllt werden, werden die Kinder als „entwicklungsverzögert" oder Schlimmeres betrachtet. Selbstachtung und Selbstwert werden von guten Noten bestimmt; davon, daß man das tut, was man gesagt bekommt; und davon, daß man sich auf eine spezielle Weise verhält, die allgemein eher als „gut" denn als „schlecht" betrachtet wird. Aus Gründen des Überlebens innerhalb der Kultur möchten die Menschen „dazugehören und anerkannt sein"; deshalb beginnen sie, allen Input abzublocken, der nicht zum Attraktorbassin paßt.

Attraktoren können so stark sein, daß der meiste Input ausgefiltert wird und das Attraktorbassin ziemlich klein wird. Dies trifft auf rigide, nichtdynamische Systeme und Gedankenwelten zu wie dogmatische erzieherische, politische, wissenschaftliche oder religiöse Glaubensgrundsätze. Jedoch ist das Potential, das Attraktorbassin für weiteren Input zu öffnen, immer dadurch vorhanden, daß das System sich neuen Attraktoren zuwenden kann.

Der Balanceprozeß der Edu-Kinestetik unterstützt die Erweiterung des Attraktorbassins dadurch, daß er das System auf das Lernen vorbereitet und dann eine Absicht (Ziel) setzt. Dadurch, daß eine Absicht für neue Handlungen und Gedanken gesetzt wird, stimmt das System seine sensorischen Rezeptoren darauf ab, mehr Input aufzunehmen – alles, was einen Bezug zur Absicht hat.

Ein Ziel zu setzen ist der Prozeß, Gedanken kohärent auszurichten. Wenn diffuses Licht einer Glühbirne kohärent ausgerichtet wird, wenn alle Photonen des Lichts miteinander arbeiten, entsteht ein Laserstrahl, der Stahl schneiden kann. Dasselbe trifft für die Zielsetzung zu. Die Energie wird fokussiert und erhöht so die Schwingungsenergie um die flexible subatomare und atomare Struktur, wodurch mehr Information aufgenommen werden und Lernen und Veränderung stattfinden kann.

Durch den Einsatz von Voraktivitäten, die das Ziel in physische Aktion umsetzen, bringen wir das System in einen hohen Zustand von Chaos. Während der Voraktivität erfahren wir das Gefühl des Niedrigen Gangs, das wir bei Unbekanntem haben – vermutlich deshalb, weil das System sich neue Attraktorbassins eröffnet. Während das System auf diese Weise vorbereitet (im Chaos) ist, fügen wir die integrativen Aktivitäten des Brain-Gym® (oder welchen Teil des Lernmenüs das System auch immer verlangt) hinzu. Diese Aktivitäten öffnen und integrieren alle multisensorischen Rezeptoren, so daß sie alle Informationen aufnehmen und den Fokus darauf auf alle Zellen im Körper ausdehnen können. Dieser Zuwachs von Energie, die auf der subatomaren und atomaren Ebene fokussiert wird, verändert Schwingung, Struktur und damit verbundene Überzeugungen, so daß sie sich auf eine Linie mit dem Ziel ausrichten.

Voilà, die Veränderung ist da!

Wenn wir dem Chaos (dem Unbekannten) gegenüber offen sind, haben wir einen großen funktionellen Vorteil. Es macht uns flexibler und anpassungsfähiger an Variationen in Bedingungen und Anforderungen, die die Umwelt an uns stellt, wie zum Beispiel das Erlernen komplexer Strukturen und Ideen.

Das Chaos verstärkt kleine Fluktuationen und erlaubt damit natürlichen Systemen den Zugang zu Neuem – was das Reich der Stirnlappen in Verbindung mit der Amygdala (emotionales Gehirn) ist. Zusammen sorgen diese für die Fähigkeit zu komplexer Vernunft, Selbstlosigkeit, Kreativität und Veränderung von Überzeugungen und Gedankenstrukturen. Sie erlauben uns, uns auch mit dem Unbekannten und dem Doppeldeutigen behaglich zu fühlen, so daß wir in der Lage sind, davon zu lernen und es schöpferisch zu verwenden oder einfach angepaßter zu funktionieren. Nach über zehn Jahren des Durchführens von Balancen habe ich festgestellt, daß ich viel anpassungsfähiger und weniger leicht gestreßt bin, wenn ich neuen Situationen oder Lernprozessen ausgesetzt bin.

Das Resultat, welches wir mit der Nachaktivität verankern, ist höhere Komplexität. Das System ist jetzt in der Lage, von einer Ebene größerer integrierter Gewahrsamkeit zu arbeiten – was das Leben viel einfacher und aufregender macht.

Ein Beispiel ist ein autistisches Kind von acht Jahren, mit dem ich gearbeitet habe. Sie war noch nie zur Toilette gegangen und trug noch Windeln, als ich sie traf. Das Ziel, das sie sich durch ihre Mutter als Surrogat setzte, war, sich ihrer körperlichen Bedürfnisse, rechtzeitig zur Toilette zu gehen, bewußt zu werden. Was waren die Variablen, das Chaos und die Attraktoren, die dies alles zusammenbrachten, nachdem jahrelang jeder Versuch, sie dazu zu bewegen, gescheitert war? Indem wir das Ziel setzten und es laserähnlich im gesamten Geist-Körper-System fokussierten, das System mit neuem Input aus seiner Ruhe aufstörten und mit Hilfe von Brain-Gym® integrierten, wurde das „Zur-Toilette-Gehen" der neue Attraktor.

Wenn ein Mensch für das Lernen offen ist, reicht auch ein minimales „Aufstören" des Energieflusses, wie zum Beispiel durch Halten von Akupunkturpunkten, Klopfprozeduren, sensomotorische Aktivierung und Integration, um Veränderungen zu erreichen. Dee Coulter nennt dies „Mikro-Interventionen".

Störungen, wie beispielsweise Balancen sie darstellen, werden vom System nicht einfach absorbiert. Sie destabilisieren das Netzwerk und zwingen es in Richtung auf ein anderes Attraktorbassin (das vorher festgelegte Ziel, die Absicht), von wo es nicht mehr in das vorherige zurückkehren kann. Das System hat jetzt seine Möglichkeiten in Richtung auf eine größere Komplexität hin ausgeweitet, und seine Wahlmöglichkeiten im Leben sind größer.

Die Ebene der herkömmlichen Wissenschaft

Nun zum geläufigen Wissenschaftsmodell. Die Veränderung auf der subatomaren und der atomaren Ebene aktiviert die Freisetzung bestimmter Chemikalien – Neurotransmitter des Nervensystems, die die Struktur und Funktion des Körpers bestimmen. Dieses in Verbindung mit einem neugeordneten Nervennetzwerk stellt ein neues Attraktorbassin dar, und das System kann wachsen und lernen.

In einer Presseveröffentlichung habe ich kürzlich festgestellt, daß das Wichtigste, was Eltern und Erzieher für den Lernprozeß eines Kindes tun können, ist:

• der Anwalt des Kindes zu sein im Vertrauen darauf, daß das Kind sich in seinem eigenen Tempo entwickeln wird, vorausgesetzt es erhält Liebe, Verständnis, eine Umgebung reich an Sinneserfahrungen, Ermutigung, sich zu bewegen und zu entdecken, und Eltern oder Beschützer als Ratgeber, die fortlaufend neue Möglichkeiten aufzeigen.

• selbst in der Lage zu sein, ein gutes Streßmanagement zu praktizieren und in dieser Hinsicht beispielhaft für das Kind zu sein.

Ein gutes Streßmanagement ist wesentlich, denn es ist einer der Schlüssel, die das rezeptive System des Kindes öffnen oder abschalten. Außer Dogmen und begrenzenden Überzeugungen ist Streß der nächste wesentliche Block für die Fähigkeit zu lernen, zu denken und kreativ zu sein.

Unter Streß schaltet der Körper auf den gesamten Kontext von Überlebensstrategie um, was die Empfänglichkeit der Rezeptoren und die Ganzhirnfunktion abschaltet. Dadurch wird die Wirksamkeit integrativer Funktionen vermindert. Chronischer Streß begrenzt unser Attraktorbassin und nimmt uns gefangen mit ausschließlich der Information, die für das Überleben relevant ist, statt daß wir unsere Sicht auf alle Möglichkeiten ausdehnen können. Streß blockiert alle eingehenden Schwingungen, die nicht mit dem unmittelbaren Bedürfnis des Überlebens zu tun haben. Hierdurch wird der Input überhaupt begrenzt, und es gibt keine Erweiterung.

Die Priorität ist, sich aus der Gefahr zu bringen, zu kämpfen oder zu fliehen, und zwar so schnell wie möglich. In einer solchen Situation reagiert der Körper mit unmittelbaren Impulsen, „aus dem Bauch heraus".

Unter Streß wird an den Nervenenden des sympathischen Nervensystems und in den Nebennieren Adrenalin erzeugt. Es stimuliert oder hemmt Funktionen im gesamten Körper. Es erweitert die Blutgefäße zu den großen Muskeln, damit die Person kämpfen oder weglaufen kann. Es hemmt die Verdauungsfunktionen, denn Verdauung ist in einer Überlebenssituation nicht wichtig. Es erhöht Atmung und Herzschlag, damit genügend Sauerstoff und Blut zu den Muskeln kommen kann. Es erweitert die Pupillen der Augen, um das Licht maximal hereinzulassen, und bewirkt, daß die Augen sich im peripheren Sichtfeld bewegen, um alle möglichen Gefahren der Umgebung wahrzunehmen.

Adrenalin aktiviert auch die Freisetzung von Cortisol, einem Hormon, das den Blutzuckerspiegel anhebt, damit die Muskeln ausreichend Nahrung für die Bewegung haben. Wie von vielen Forschern festgestellt, hat Cortisol noch einen anderen interessanten Effekt. Es hemmt die Lernfähigkeit und das Gedächtnis und verursacht auch den Zusammenbruch von Geweben, indem es Glykogen aus den Speichern herauslöst und in verwertbare Zucker umwandelt. Über einen längeren Zeitraum hin verursacht dies den Zusammenbruch des Körpers.

Sehr anschaulich ist dies beim Lachs zu sehen. Während der Lachs stromaufwärts schwimmt, nimmt das Cortisol im Gewebe zu und verursacht das Ende des Fisches nach dem Laichen. Eine Zeit lang dachte man, daß der Streß des Schwimmens den Anstieg des Cortisols und damit den Zusammenbruch bewirke; als die Lachse jedoch zu ihren Laichplätzen getragen und umsorgt wurden, produzierten sie immer noch Cortisol und starben nach dem Laichen. Dies ist möglicherweise ein Schlüsselfaktor im Alterungsprozeß.

Zurück zur Abnahme von Lernfähigkeit und Gedächtnis. Da Streß die Lernfähigkeit und das Gedächtnis herabsetzt, würde es viel Sinn machen, eine absolut *streßfreie* Lernumgebung zu schaffen. Dieses stellt uns vor ein Paradoxon. Einer der Wege, wie wir sehr nachhaltig lernen, ist der, daß unser System *gestört* wird. Für uns bedeutet das, einen Schritt ins Unbekannte zu tun. Etwas Neuem zum allerersten Mal gegenüberzustehen. Das Paradoxe liegt in unserer Haltung (dies als Streß aufzufassen) und in unserer Absicht, welche die Freisetzung der Chemikalien in unserem Körper beeinflussen. Alles in unserem Leben ist lediglich ein Ereignis, sogar der Tod, der Verlust des Arbeitsplatzes, Scheidung, Geburt und alle die anderen Lebensveränderungen, die unser System aufstören. Wenn wir jede neue Situation oder jedes Ereignis in unserem Leben als eine *Lernmöglichkeit* auffassen, produzieren wir kein Adrenalin. Wenn wir jedoch statt dessen die Situation oder das Ereignis als streßbesetztes Problem wahrnehmen, produzieren wir Adrenalin und das begleitende Cortisol. Das hat also seinen Ursprung in unserer Haltung, oder, um es genauer zu fassen, in unserer Absicht.

Durch unsere Gedankenmuster erschaffen wir unausgesetzt die Absicht unseres Lebens. Das ist ungefähr so wie das fortwährende Setzen kleiner Miniziele. „Ich sehe fürchterlich aus", „Ich bin dumm", „Ich kann das nicht", „Ich werde kontrolliert", „Ich bin klug", „Ich habe Talent", „Ich bin in Ordnung", „Ich liebe und werde geliebt", etc. Diese Gedankenmuster bestimmen die Reichweite unseres Attraktorbassins, die Art und Weise, wie wir die Welt wahrnehmen und auf sie antworten, und unsere Fähigkeit, die ganze Bandbreite verfügbarer Information aufzunehmen. Sie geben auch die Richtung unserer inneren Körperchemie an und bestimmen unser Ganzsein oder unseren Streß. Die daraus entstehenden Grundmuster verfestigen sich durch ihre Benutzung, seien sie nun überlebensorientiert oder integrativ.

Wenn wir Situationen oder Ereignisse als Problem wahrnehmen, vermindert das Gehirn die Funktion der nichtdominanten Gehirnhälfte und der Sinnesorgane. In der Essenz bedeutet das, daß wir in unserer Verarbeitungsweise homolateral werden, unfähig, Sinnesreize integriert aufzunehmen oder die Gesamtheit unserer Möglichkeiten zu sehen. Unser Rezeptorsystem für die Feinabstimmung wird beschränkt. Dem Lernprozeß wirkt dieser Effekt im höchsten Maße entgegen.

Wenn unsere Dominanz im logischen Gehirn liegt, können wir nur Details aufnehmen und versäumen es, die Bedeutung des gesamten Bildes zu verstehen. Wir fixieren uns auf einzelne Stücke und verpassen die emotionale Verbindung, die für kreative Vernunft auf hohem Niveau sorgt. Wir analysieren, reden und schreiben, um etwas herauszufinden, aber wir verpassen die ganze Bandbreite integrativer Möglichkeiten.

Wenn andererseits die Dominanz im Gestaltgehirn liegt, können wir nur den Überblick wahrnehmen, verpassen aber die wichtigen Details, die für logische Verarbeitung notwendig sind. Es fällt dann schwer, den Überblick in einzelne Stücke von Sprache umzusetzen und so unsere Ideen mitzuteilen. Wir werden vom gesamten Bild überwältigt und verfangen uns in Emotionen. Damit verlieren wir unsere Fähigkeit, lineare Fertigkeiten, die für unsere Kompetenz notwendig sind, zu erlernen.

Dies ist auch mit der Unfähigkeit verbunden, beide Augen zu benutzen und das Detail bei gleichzeitiger Aufnahme der vollen Perspektive zu sehen. Die Ohren arbeiten ineffektiv, wenn es darum geht, den Einzelheiten zuzuhören und gleichzeitig den emotionalen Kontext von Klang und Stimmlage aufzunehmen. Wir werden ungeschickt oder fühlen Schmerzen in verschiedenen Bereichen des Körpers, weil die Muskeln nicht in einer integrierten, effizienten Weise arbeiten. Dies beeinträchtigt nicht nur unsere großen Bewegungen, sondern auch die Muskeln, die für Sprechen und Schreiben zuständig sind.

Einfach und physiologisch ausgedrückt, aktiviert Brain-Gym® alle Bereiche des Geist-Körper-Systems auf einmal und fokussiert die elektrische Energie im Nervensystem weg von den Überlebenszentren. Es leitet Energie bewußt um, so daß der Überlebensaspekt und seine Möglichkeit, Lernen zu blockieren, nicht länger der Fokus sind. Brain-Gym® ermöglicht uns, ausgezeichnete „Streßbewältiger" zu werden und damit ein gutes Beispiel für unsere Umgebung zu sein. *Hook-ups* und *Positive Punkte* sind mit die nützlichsten Hilfen für Streßabbau.

Kinesiologie hilft, indem sie alte Programme der Dysbalance im Körper identifiziert und dann die neue Absicht mit ihren entsprechenden Einsichten in den Körper integriert. Auf diese Weise verändert sie Physiologie und Anatomie des Körpers. Einmal in der Anatomie des Körpers angekommen, wird sie aufgrund der neuen Attraktoren dort bleiben. Kinesiologie ersetzt die Verhaltensweisen, mit denen sich der Körper bislang in Homöostase befunden hat, so daß das Geist-Körper-System einen anpassungsfähigeren Weg des Zugangs zu allen Möglichkeiten und Lernpotentialen hat.

Edu-Kinestetik ist einfach ein Ritual, das komplexe integrative Aktionen bereitstellt, welche auf eine neue Weise Absichten im Geist-Körper-System verankern. Hierdurch steigert sich die Komplexität des Systems. Ich stelle mir das wie den Mechanismus zur Feinabstimmung vor, der uns zurückführt zu unseren unbegrenzten Potentialen mit ihren unendlichen Möglichkeiten.

Wenn wir bedächten, daß alle Kinder hochsensible Empfängersysteme sind, könnte uns dies dazu bewegen, in unseren Gedanken und Absichten ihnen gegenüber rein zu sein. Es könnte uns auch dessen gewahr werden lassen, welche Bedeutung die Gewährleistung des offenen Fließens von Ideen für ihren Wachstumsprozeß hat: Es regt ihren Entdeckergeist und ihre Fähigkeit zu tiefgehenden Gedanken an. *Und*: Wenn wir uns und andere als Empfänger betrachten, die nur vorübergehend ihre Wahlmöglichkeiten eingeschränkt haben, aber dennoch das Potential besitzen, die rezeptiven Fähigkeiten wieder zu erweitern – dann werden wir jeden einzelnen Menschen auf diesem Planeten als wertvollen Lernenden mit großartigen Anlagen betrachten! Die integrierenden Bewegungen, die die rezeptiven Systeme anschalten, und unser Balanceaufbau, der die Absicht festlegt, sind die Schlüssel zur Wiedererweckung unserer wundervollen und unbegrenzten Systeme.

(Aus dem Amerikanischen übersetzt von Elfriede Kirchhoff)

Literatur:

Chopra, Deepak: *Die heilende Kraft*, Bergisch Gladbach: Bastei/Lübbe, 1992

Damasio, Antonio R.: *Descartes' Error. Emotion, Reason and the Human Brain*, New York: Grosset/Putnam Books, 1994

Edelmann, Gerald: *Bright Air, Brilliant Fire*, New York: Basis Books, 1992

Gerber, Richard: *Vibrational Medicine*, Santa Fe/New Mexico: Bear & Company, 1988

Gleick, James: *Chaos – die Ordnung des Universums*, München: Knaur, 1990

Kaku, Michio: *Hyperspace*, New York: Anchor Books Doubleday, 1994

Prigogine, Ilya / Stengers, Isabelle: *Order out of Chaos*, New York: Bantam Books, 1984

Ornstein, Robert / Sobel, David: *Das Gehirn, Schlüssel zur Gesundheit*, Freiburg: VAK, 1995

Zukav, Gary: *The Seat of the Soul*, New York: Simon & Schuster, 1989

Fachwörterverzeichnis

Altersrezession: Eine Möglichkeit aus der Angewandten Kinesiologie, die auch innerhalb der fortgeschrittenen Edu-K-Balancen und von THREE IN ONE CONCEPTS (ONE BRAIN) eingesetzt werden kann. Bei der Altersrezession finden wir mit Hilfe des Muskeltests das Lebensalter, in dem das jeweilige Problem begann. Es ist nicht notwendig, sich an das Alter, um das es geht, bewußt erinnern zu können; das Trauma ist vom Körper-Geist-System gespeichert worden. In der Altersrezession wird das Problem wieder zugänglich, so daß der Streß abgelöst werden kann.

Bahnung: Die korrekte Bezeichnung lautet: *Dennison-Lateralitätsbahnung*. Mit Hilfe des Muskeltests kann bei einem Menschen mit homolateralem Bewegungsmuster durch eine bestimmte Abfolge von Bewegungen des Körpers und der Augen das Überkreuzmuster in Körper und Gehirn verankert werden.

Balance: Bezeichnung für die kinesiologische Einzelarbeit.

Brain-Gym®: Bedeutet wörtlich „Gehirngymnastik". Da dies eine unglückliche Bezeichnung wäre, wird der amerikanische Name meist beibehalten. Oft auch als „Lerngymnastik" bezeichnet. Es handelt sich dabei um unterschiedliche Bewegungsübungen, die von Dr. Paul Dennison und seiner Frau Gail zusammengestellt und in ihrer Wirkung beschrieben wurden. Es gibt darunter *Energieübungen,* die helfen, die Energie im Körper und die Informationen zwischen Gehirn und Körper besser fließen zu lassen. Zweitens gibt es *Mittellinienbewegungen,* die durch das Überqueren der Körpermittellinie beide Gehirnhälften zur Zusammenarbeit, zur Integration, bringen. Drittens gibt es *Längungsübungen,* die eine Bewegungsumschulung für Muskeln auf der Körperrückseite darstellen, die sich aufgrund von Gefahrempfinden verkürzt und zusammengezogen haben. Da Lesen, Schreiben und freies Sprechen heute von vielen Menschen als direkte Bedrohung erlebt werden, sind diese Übungen für sie sehr wirkungsvoll, besonders bei allen Sprachschwierigkeiten.

Edu-Kinestetik (auch Edu-K, EK): Ende der siebziger Jahre entwickelte Dr. Paul Dennison die Educational Kinesiology auf den Grundlagen der Angewandten Kinesiologie und der neuesten Gehirn- und Legasthenieforschung. Dieses pädagogische Konzept des „Lernens durch Bewegung" berücksichtigt den Zusammenhang zwischen Denk- und Bewegungsfähigkeit und bringt so beim Lernen den Körper wieder „ins Spiel". Im Laufe der folgenden Jahre wurde von Dennison und seiner Frau Gail dieses Konzept immer weiter entwickelt und optimiert und zu einem umfassenden Integrationsmodell für Körper und Gehirn ausgebaut. In der Edu-K wird Lernen als ein Prozeß betrachtet, der nicht auf die Schule begrenzt ist, sondern uns das ganze Leben begleitet. Wir lernen jeden Tag, wenn wir Neuem begegnen, uns im Prozeß der Veränderung befinden und mit neuen Situationen umgehen müssen. So gesehen sind unsere Lernerfahrungen Lebenserfahrungen, und unsere Lernprobleme können zu Lebensproblemen werden. Edu-K bietet die Möglichkeit, durch Energiebalancen und Integrationsübungen aktiv Lernblockaden abzubauen, und ermöglicht so dem einzelnen, den nächsten Schritt auf ein gewünschtes Lernziel/Lebensziel oder eine gewünschte Veränderung hin zu tun. Edu-Kinestetik schafft neue Bewegungsmöglichkeiten im weitesten Sinne und die Voraussetzung für streßfreies Lernen und selbstbestimmtes Handeln.

Homolateral: Kinesiologische Bezeichnung für ein gleichseitiges Bewegungsmuster des Körpers. Beispiel: Rechter Arm und rechtes Bein werden gleichzeitig angehoben. Es kommt zu diesen (oft unfreiwilligen) homolateralen Bewegungen, wenn in der frühkindlichen Entwicklung das Überkreuzmuster im Gehirn nicht aufgerichtet wurde oder wenn man sich in einer Streßsituation befindet. Ausgelöst werden diese homolateralen Bewegungen durch die Desintegration der beiden Gehirnhälften.

Langsamer Gang: Dennisons Metapher vom „langsamen Gang" meint das Lernen von Neuem, das Langsamerwerden, um sich zu orientieren, meint die bewußte Bewegung. Das Lernen im langsamen Gang wird in der linken, der analytischen Gehirnhälfte lokalisiert.

Muskeltest: Beim Muskeltest handelt es sich um ein körpereigenes Biofeedback-Instrument. Er ist das Gemeinsame aller kinesiologischen Richtungen. Der Muskeltest wird benutzt, um Informationen über das Körper-Geist-System eines Menschen zu bekommen; es handelt sich um eine besondere Kommunikationsform. Für den Muskeltest kann jeder Muskel des Körpers benutzt werden. Nicht die physische Kraft, sondern die energetische Versorgung des Muskels zu einem bestimmten Thema wird getestet. Wirklich aussagefähiges Muskeltesten ist nur durch den Besuch von kinesiologischen Ausbildungskursen und durch regelmäßiges, langfristiges Üben erlernbar. Ein bloßes Auf-den-Arm-Drücken ist noch kein kinesiologischer Muskeltest.

Noticing: Wahrnehmendes Beobachten, eine Anwendungsmethode in der Edu-Kinestetik.

ONE BRAIN: Kurzbezeichnung von THREE IN ONE CONCEPTS, einem Ansatz zur Streßbekämpfung, der 1972 von Gordon Stokes und Daniel Whiteside begründet wurde. Durch diese Methode kann mit Hilfe des Muskeltests herausgefunden werden, um welchen ungelösten emotionalen Streß und um welche negativen Glaubensmuster es jeweils geht. Diese Methode hat sich besonders bei der Arbeit mit „Legasthenikern" bewährt. Durch die besonderen Techniken des ONE BRAIN werden Stressoren aus Gegenwart und Vergangenheit abgelöst; man kommt wieder in den Zustand der Wahlmöglichkeit, und das „eigene Drehbuch" kann umgeschrieben werden.

PACE: Von Paul Dennison geschaffener Begriff. PACE meint einen Zustand, der zunächst erreicht werden muß, um durch den Muskeltest einwandfreie Aussagen zu bekommen. In diesem Sinne ist PACE eine Art „Klar-Check" vor jedem Muskeltesten.

PACE bezeichnet auch vier Zustände – **p**ositiv, **a**ktiv, **c**lear (klar), **e**nergetisch –, die durch vier verschiedene Brain-Gym®-Übungen erreicht werden und Körper und Gehirn lernbereit machen. Die PACE-Übungen ermöglichen uns, mit dem ganzen Gehirn zu lernen.

Schneller Gang: Diese Metapher benutzt Dennison im Zusammenhang mit dem Ausführen von Bekanntem, bereits Erlerntem und Automatisiertem; es bedarf hierbei keiner bewußten Denkleistung mehr. Der schnelle Gang wird in der rechten, intuitiven Gehirnhemisphäre angesiedelt.

Überkreuzgehen: Eine der einfachsten und wirkungsvollsten Brain-Gym®-Übungen: Man bewegt zu gleicher Zeit einen Arm und das gegenüberliegende Bein. Dadurch werden beide Gehirnhemisphären gleichzeitig aktiviert. Alle Fertigkeiten, die ein Überkreuzen der Körpermittellinie erfordern – wie Lesen und Schreiben –, fallen nach dieser Übung leichter.

X: Symbol für das neurologische Überkreuzmuster im Gehirn, das dafür sorgt, daß jede Gehirnhälfte die jeweils gegenüberliegende Körperseite steuert.

Literaturempfehlungen

Ayres, A. Jean: *Bausteine der kindlichen Entwicklung*, Berlin/ Heidelberg: Springer, 2. Auflage 1992

Ballinger, Erich: *Lerngymnastik*, Wien: Breitschopf, 1992

ders.: *Alex mit den rosa Ohren*, Wien: Breitschopf, 1993

ders.: *Lerngymnastik 2*, Wien: Breitschopf, 1994

Buchner, Christina: *Lesen lernen mit links und rechts, gehirnfreundlich und ohne Streß,* Freiburg: VAK, 2. Aufl. 1995

dies.: *Stillsein ist lernbar*, Freiburg: VAK, 2. Aufl. 1995

dies.: *Neues Lesen – Neues Lernen*, Freiburg: VAK, 6. Aufl. 1996

Dennison, Paul E.: *Befreite Bahnen*, Freiburg: VAK, 1984; 11. Auflage: 1996

Dennison, Paul E. & Dennison, Gail: *EK für Kinder. Das Handbuch der Edu-Kinestetik für Eltern, Lehrer und Kinder jeden Alters*, Freiburg: VAK, 1987; 11. Auflage 1995

dies.: *Brain-Gym®*, Freiburg: VAK, 1990; 7., neu illustr. u. bearbeitete Auflage 1996

dies.: *Brain-Gym®-Lehrerhandbuch*, Freiburg: VAK, 1991; 7., neu illustr. und vollständig überarbeitete Auflage 1995

Hannaford, Carla: *Bewegung – das Tor zum Lernen*, Freiburg: VAK, 1996

Hering, Jochen: *Lernen braucht Bewegung. Einführung in gehirnfreundliches Lernen für Eltern und Kinder*, Freiburg: VAK, 1993 (Audiokassette)

Meister Vitale, Barbara: *Lernen kann phantastisch sein. Kinderleichtes Lernen durch optimalen Einsatz beider Gehirnhälften*, Berlin: Synchron, 1994

dies.: *Frei fliegen*, Berlin: Synchron, 1988

Meyenburg, Claudia (Hrsg.): *Die Sache mit dem X. Brain-Gym® in der Schule*, Freiburg: VAK, 3. Aufl. 1996

Rosival, Dr. rer. nat., Vera: *Hyperaktivität natürlich behandeln*, München: Gräfe & Unzer

la Tourelle, Maggie & Courtenay, Anthea: *Was ist Angewandte Kinesiologie?*, Freiburg: VAK, 1992, 4. Auflage 1996

Wild, Rebeca: *Erziehung zum Sein. Erfahrungsbericht einer aktiven Schule*, Heidelberg: Arbor, 1992

dies.: *Sein zum Erziehen. Mit Kindern leben*, Heidelberg: Arbor, 1992

dies.: *Kinder in Pesta*, Heidelberg: Arbor, 1993

Autorinnen und Autoren

Anna Beuting: Sonderschullehrerin und Brain-Gym®-Instruktorin. Sie arbeitet seit dreizehn Jahren an der Schule für Körperbehinderte in Paderborn und ist Beauftragte für den Schulsport im Regierungsbezirk Detmold. Sie leitet Fortbildungsveranstaltungen im Bereich Psychomotorik und Edu-Kinestetik.
Anschrift: Von-der-Recke-Straße 35, D-33161 Hövelhof,
Tel: 0 52 57-16 19

Heiderose Brüders: Geboren 1944; nach dem Abitur Studium an der Pädagogischen Hochschule mit dem Wahlfach Sport, das ich nach fünf Semestern wegen Schwangerschaft und Heirat abbrach. 1965 Geburt eines Sohnes, danach eine einjährige Ausbildung in der Höheren Wirtschaftsschule. Es folgte eine Anstellung in einer Lackfabrik als Sachbearbeiterin, die ich fünf Jahre, bis zur Geburt einer Tochter, innehatte. Erneuter Anlauf, Lehrerin zu werden, durch die Ausbildung im katechetischen Dienst als Religionslehrerin mit 29 Jahren. Bis heute arbeite ich in diesem Beruf. Ich befaßte mich intensiv mit Theologie, Gestalttherapie, Astrologie und Kinesiologie. Es folgte meine Ausbildung zur Heilpraktikerin. Zur Zeit arbeite ich als Religionslehrerin, als Heilpraktikerin in eigener Praxis, und als Seminarleiterin innerhalb der LehrerInnenfortbildung.
Anschrift: Barnhelmstraße 25 D, D-14129 Berlin,
Tel: 0 30-8 03 85 51

Susanne Codoni: Seit vierzehn Jahren Vorsteherin des Logopädischen Dienstes des Kantons Basel-Stadt, ist diplomierte Primar-, Gehörlosen-, Schwerhörigen- und Sprachheillehrerin. Sie arbeitete während sieben Jahren an der regionalen Schule für Körperbehinderte. Im Rahmen ihrer Arbeit mit sprachbehinderten Kindern hat sie Zusatzausbildungen in Myofunktioneller Therapie erworben, ist Brain-Gym®-Instruktorin, hat Kurse in Touch for Health, Three-in-One-Concepts und Angewandter Kinesiologie besucht. Seit vielen Jahren befaßt sie sich mit kraniosakraler Bewegungstherapie, viszeraler Manipulation und hat – auf der Basis neuerer physiologischer Richtungen – ein ganzheitlich orientiertes Sprachtherapiekonzept entwickelt, das sie auch in der Behandlung mehrfach-

behinderter Menschen anwendet. In Basel organisierte sie Kurse mit D. Garliner (MFT), Paul und Gail Dennison (Brain-Gym® für schulische Fertigkeiten), mit Frank Mahony und Sunny Mello. Sie ist Lehrbeauftragte am universitären Institut für Spezielle Pädagogik und Psychologie und hält Workshops und Vorträge im In- und Ausland.
Anschrift: Logopädischer Dienst Basel-Stadt, Binningerstrasse 6, CH-4051 Basel, Tel.: 0 61-2 67 68 68,
Fax: 061-2 67 68 67

Dr. Jochen Donczik: Jahrgang 1936; Lehrerstudium, Studium der pädagogischen und der klinischen Psychologie. Tätig als klinischer Psychologe seit 1978. Schwerpunkt: Arbeit mit Kindern, die Lernstörungen haben, dabei mit insbesondere Legasthenikern. Interesse an wissenschaftlicher Arbeit. Kinesiologisch tätig seit fünf Jahren, mit dem Bemühen, durch Sammeln von empirischem Material wissenschaftliche Grundlagen für die Kinesiologie zu erarbeiten.
Anschrift: Mühlbachstraße 77, D-84547 Emmerting,
Tel: 0 86 71-50 94 83

Monika Gemke: Lehrerin für Sonderpädagogik. Zum Zeitpunkt der Durchführung der Unterrichtsreihe „Die Gespenster sind los" Lehramtsanwärterin an der Schule für Körperbehinderte in Paderborn mit dem Fach Mathematik.

Irmtraud Große-Lindemann: 1952 in Bremen geboren. Studium der Datenverarbeitung in Hamburg. Nach ihrem Examen (1972) stieg sie auf Heilpädagogik um. Nach dreizehn Jahren Tätigkeit als Sonderschullehrerin für Sprach- und Körperbehindertenpädagogik verließ sie den Schuldienst, um therapeutisch mit der Kinesiologie arbeiten zu können. Zweieinhalb Jahre arbeitete sie als Logopädin in einem Heim für geistig behinderte Kinder und in ihrer eigenen Praxis. Seit Anfang 1995 ist sie in eigener Praxis als Heilpraktikerin und Lernberaterin tätig. Sie ist Instruktorin für Brain-Gym®, Touch for Health und Three in One Concepts. Seit 1992 arbeitet sie an einer Weiterentwicklung von Applied Physiology an the Brain von Richard Utt und hat damit eine eigene kinesiologische Richtung geschaffen, die Neuro-Meridian-Kinestetik (NMK), die sie in Kursen vermittelt.
Anschrift: An der Lesumer Kirche 30, D-28717 Bremen

Theo Fußgänger: Lehrer an einer Orientierungsstufe, seit 1984 Fachberater für Sport; er arbeitet dort seit 1986 mit unterschiedlichen Methoden der Kinesiologie. Theo Fußgänger ist Instruktor für Edu-Kinestetik, Touch for Health und Three in One Concepts, er ist Mitglied des „Arbeitskreises Edu-Kinestetik in der Schule". Seit 1988 Vortrags- und Seminartätigkeit im Rahmen der Lehrerfortbildung.
Anschrift: Vor der Häke, 31812 Bad Pyrmont

Dr. Carla Hannaford: Erzieherin, Neurophysiologin und Biologin; arbeitet seit achtundzwanzig Jahren im Bildungsbereich, ist Beraterin für Sonderpädagogik und war sechs Jahre internationale Erziehungsberaterin in fünfzehn Ländern. Sie ist zudem Ausbilderin in Neurophysiologie und Biologie und an der Universität Hawaii Lehrerin mit besonderer Auszeichnung. Außerdem ist sie Fakultätsmitglied der Educational Kinesiology Foundation. Seit fünf Jahren arbeitet sie mit geistig und psychisch behinderten Kindern im Alter von fünf bis fünfzehn Jahren und erforscht die physiologischen Grundlagen der Edu-Kinestetik. Die Resultate dieser Arbeit werden in Kursen vorgestellt, die vom IAK Institut für Angewandte Kinesiologie GmbH, Freiburg, und von Renate Wennekes organisiert werden. Ihr Buch *Smart Moves. Why learning ist not all in your head* erscheint bei VAK unter dem Titel *Bewegung – das Tor zum Lernen*. Außerdem gibt es von ihr ein Video: *Education in Motion*.

Dr. med. Charles Harter: Dreiundzwanzig Jahre lang Tätigkeit in der Notfallmedizin, Hospitalleiter im Sudan und in Kasachstan. Verwaltungsdirektor der Notfallabteilung und Vorsitzender der Medizinischen Notfallversorgung in Tucson, Arizona. Besondere Studien: Jung-Psychologie, antike griechische Heilmethoden, ayurvedische Medizin, Edu-Kinestetik und Applied Physiology.

Otto Jäger: Jahrgang 1943; Ausbildung als Augenoptiker. Abitur auf dem Abendgymnasium Köln, studierte dann an der Pädagogischen Hochschule Köln; seit 1972 arbeitete er als Lehrer, stellvertretender Seminarleiter, Grundschulrektor und übte eine erziehungswissenschaftliche Tätigkeit an der Universität Köln aus. Zeitweise Mitarbeit am Landesinstitut für Lehrerfortbildung Nordrhein-Westfalen, maßgeblich beteiligt an der Entwicklung des

Modells Projektwoche. Mitautor diverser Publikationen zum Thema Projektwoche, Rechtschreibübungswerke. Zusatzausbildung in NLP, Brain-Gym®-Instruktor, Movement-Dynamics-Instruktor.
Anschrift: Nordhang 6, D-51588 Nümbrecht,
Tel: 0 22 93-71 23.

Elfriede Kirchhoff: Studienrätin mit langjähriger Unterrichts-erfahrung in Schule und Erwachsenenbildung. Sie machte Weiter-bildungen und sammelte Erfahrungen mit verschiedenen Ansätzen ganzheitlichen Lernens und ganzheitlicher Gesundheitslehre (Schwerpunkt auf Bewegung). Zudem ist sie Yogalehrerin und Kinesiologin. Seit 1986 ist sie als Dozentin für Gesundheitsbildung und ganzheitliches Lernen an Volkshochschulen und verschiede-nen anderen Institutionen sowie im Rahmen privater Lehrtätigkeit und in der eigenen Praxis tätig. Sie ist Lehrbeauftragte der Univer-sität Bremen, Mitglied der *International Association of Spezialized Kinesiologists (IASK)*, autorisierte Ausbilderin verschiedener Rich-tungen der Kinesiologie und Mitglied des „Arbeitskreises Edu-K in der Schule".
Anschrift: Neubergedorfer Damm 2, D-27726 Worpswede,
Tel: 0 47 92-39 57

Sunny Mello: Lebt in Santa Barbara, Kalifornien, und leitet inter-national Workshops für die Educational Kinesiology Foundation. Ihr Spezialgebiet ist der Unterricht in Brain Gym Movement Dynamics. In der Vergangenheit hat Sunny Mello Sonderturnen (Sport und kreative Bewegung für leicht Behinderte) in Schulen unterrichtet. Heute arbeitet sie mit Klienten in Einzelsitzungen und leitet Kurse über die Anwendung von Brain-Gym® in Schule, Beruf und Familie. In ihre Arbeit mit anderen als Erzieherin, Autorin und Beraterin fließt ihre Liebe zu Tanz, Theater, Musik und Bewegung ein. Einigen ist Sunny auch als Judy bekannt.

Claudia Meyenburg: Jahrgang 1944; ist Kinesiologin, Heilprakti-kerin und Oberstudienrätin an Sonderschulen. Nach neunjähriger Tätigkeit als Arzthelferin, studierte sie über den zweiten Bildungs-weg an der Pädagogischen Hochschule in Lüneburg und absol-vierte ein Aufbaustudium als Sonderschullehrerin in den Fach-richtungen Lernbehinderten- und Verhaltensgestörtenpädagogik.

Von 1972 bis 1996 war sie als Sonderschullehrerin in Hamburg tätig. Sie ist Instruktorin in den kinesiologischen Bereichen Edu-Kinestetik, Touch for Health, Movement Dynamics und Vision-circles und ist Dozentin des Institutes für Lehrerfortbildung in Hamburg, wo sie Einführungskurse in die Arbeit mit Brain-Gym® gibt. 1994 gab sie *Die Sache mit dem X* heraus. Nach der Absolvierung der Heilpraktikerprüfung arbeitet sie seit 1996 als selbständige Kinesiologin und gibt Kurse in den genannten kinesiologischen Richtungen. Sie ist Mitglied des „Arbeitskreises Edu-K in der Schule".
Anschrift: Weißbirkenkamp 8, D-22391 Hamburg;
Tel: 0 40-5 36 60 07, Fax: 0 40-5 36 89 27

Regina Padberg: Diplompädagogin und Lehrerin. Sie arbeitet seit 1974 als Lehrerin an der Gesamtschule. Ihre kinesiologische Ausbildung begann sie 1985 bei Renate Wennekes. Sie ist Lehrerin für Edu-Kinestetik und Touch for Health, Mitglied des „Arbeitskreises Edu-K zur Selbsthilfe" und des „Arbeitskreises Edu-K in der Schule".
Anschrift: Papenburger Straße 7, D-48155 Münster

Edelgard von Raußendorf: Jahrgang 1949, verheiratet, eine Tochter. Sie studierte nach dem Abitur Pädagogik und Anglistik an der Universität in Hamburg. Seit dem Referendariat ist sie im Hamburger Schuldienst tätig, vorwiegend an einer Grundschule in einem sozialen Brennpunkt der Stadt. Die Förderung von Kindern mit Lernschwierigkeiten lag ihr schon immer am Herzen. Auf der Suche nach effektiven ergänzenden Möglichkeiten der Lernförderung begann sie 1993, sich mit der Kinesiologie zu beschäftigen und absolvierte Ausbildungskurse in Edu-Kinestetik, Movement Dynamics und Touch for Health.
Anschrift: Barenkrug 12, D-22159 Hamburg, Tel: 0 40-66 43 90

Annelie Steinkamp: Durch Renate Wennekes habe ich 1990 die Edu-Kinestetik kennengelernt, und seither hat mich dieses Thema nicht mehr losgelassen. Ich belegte unter anderem noch Touch for Health- und Three in One Concepts-Kurse und Kurse zur Entwicklungskinesiologie. Seit 1993 bin ich ausgebildete Edu-Kinestetik-

Lehrerin und setze mein Wissen auch gezielt im Unterricht ein. Schüler, Eltern und Kollegen bestätigen mir seither eine deutlich positive Veränderung bezüglich des Lern- und Sozialverhaltens meiner Klasse. Mit meinem Beitrag in diesem Buch möchte ich allen Lehrkräften Mut machen, neue Wege zu gehen, um jeden Schüler seinen Lernvoraussetzungen gemäß fördern zu können, mögliche Ursachen für Blockaden oder Schwächen zu erkennen und anzugehen. Nach dem Motto: "Strecken statt stressen."

Anschrift: Meggerhof 3, D-49196 Müschen/ Bad Laer

Ernst A. Tumpold: Jahrgang 1945; Studium der Naturwissenschaften an der Universität Wien. Seit 1969 Professor an einem Wiener Gymnasium für Mathematik und Physik. Ausbildungen in Gestaltpädagogik und Suggestopädie. Seit 1983 intensive Beschäftigung mit verschiedenen kinesiologischen Richtungen. Lehrerfortbildner an pädagogischen Instituten, Seminarleiter im Rahmen privater Lehrtätigkeit und in freier Praxis. Ernst A. Tumpold ist Vorsitzender des Österreichischen Berufsverbandes für Kinesiologie und (Co-)Autor mehrerer Bücher, Kassetten und Poster, die in seinem Beitrag erwähnt werden.

Anschrift: Schleifgasse 7/3/2, A-1210 Wien.
Tel: 02 22-2 70 23 25, Fax: 02 22-2 78 21 75

Richard Wenzing: 1940 in Hamburg geboren, verheiratet, zwei Söhne im Alter von 29 und 30 Jahren. Von 1964 bis 1987 war er in der Hamburger Verwaltung als Regierungsamtmann tätig. Seine frühzeitige Pensionierung erfolgte aus gesundheitlichen Gründen, die von der Schulmedizin nicht in den Griff zu bekommen waren. Das gelang danach mit alternativen Methoden in wenigen Wochen. Aufgrund dieser und ähnlicher Erfahrungen belegte er einen Heilpraktikerkurs, durch den er mit der Kinesiologie in Berührung kam. Ihr galt fortan sein vornehmliches Interesse. Es folgten Ausbildungskurse in Brain-Gym® und Touch for Health bei Marie-Theres Mächler, in Neural- und Psychokinesiologie bei Dr. Klinghardt und zuletzt die Ausbildung als Sportkinesiologe bei John Varun Maguire und Michael S. Ugljesa, USA.

Anschrift: Julius-Vossler-Straße 75 B, D-22527 Hamburg,
Tel: 0 40-56 78 55

Renate Wennekes: Diplompädagogin und Lehrerin. Sie ist Fakultätsmitglied der Edu-K Foundation und berechtigt, Edu-K-Lehrer auszubilden. Sie arbeitet seit 1981 mit Kinesiologie und ist anerkannte Lehrerin für Edu-K, Touch for Health und Three in One Concepts. Renate Wennekes hat eine eigene Kursreihe entwickelt (Mein Körper und ich) und gemeinsam mit Angelika Stiller die Entwicklungskinesiologie geschaffen. Der „Arbeitskreis Edu-K zur Selbsthilfe", ein Kreis, in dem sich Kinesiologinnen gemeinsam fortbilden und gemeinsam Kurse anbieten, wurde von ihr begründet, ebenso der „Arbeitskreis Edu-Kinestetik in der Schule". Seit 1995 ist sie Mitglied des Vorstandes der Edu-K Foundation (Board of Directors) als Repräsentantin der Fakultät.
Anschrift: Astrup 31, D-49434 Neuenkirchen-Vörden

Elisabeth Winkler: Kindergärtnerin, Horterzieherin und Brain-Gym®-Instruktorin. Sie ist verheiratet und Mutter von vier Kindern: zwei Töchter, 25 und 23, sowie zwei Söhne, 23 und 16 Jahre alt. Arbeitet seit zweiunddreißig Jahren mit Kindern im Alter von drei Jahren bis zum Schuleintritt und beschäftigt sich seit vier Jahren intensiv mit Brain-Gym®, unter besonderer Berücksichtigung der frühkindlichen motorischen Entwicklung.